胡玉縉著作集

四庫全書總目提要補正

經部

胡玉縉 撰
王欣夫 輯

上海書店出版社

圖書在版編目(CIP)數據

四庫全書總目提要補正：全4册 / 胡玉縉撰；王欣夫輯. — 上海：上海書店出版社，2020.9(2025.9重印)
ISBN 978-7-5458-1938-0

Ⅰ.①四… Ⅱ.①胡… ②王… Ⅲ.①《四庫全書總目提要》─注釋 Ⅳ.①Z833

中國版本圖書館CIP數據核字(2020)第120772號

特約編輯 趙太和
責任編輯 張 冉 吕高升
封面設計 酈書徑

四庫全書總目提要補正
胡玉縉 撰 王欣夫 輯

出　　版 上海書店出版社
(201101 上海市閔行區號景路159弄C座)
發　　行 上海人民出版社發行中心
印　　刷 常州市金壇古籍印刷廠有限公司
開　　本 889×1194 1/32
印　　張 60
版　　次 2020年9月第1版
印　　次 2025年9月第4次印刷
ISBN 978-7-5458-1938-0/Z.83
定　　價 580.00元(全四册)

再版説明

爲《四庫全書總目提要》作糾謬訂訛的著作，在20世紀有兩部最有影響，堪稱雙峰并峙。一部爲余嘉錫的《四庫提要辨證》，對《四庫全書總目提要》中近五百種提要的疏失訛誤做了細緻精闢的辨析考證，博大精深，嘉惠學林。故而後世影印重版不斷，版本較多。另一種即是這部由胡玉縉撰寫，王欣夫編定的《四庫全書總目提要補正》。本書依四部分類，補正《提要》二千三百餘種提要之訛，用功既深，考補尤力，實爲治版本目録學者不可或缺之參考書。此書原由中華書局上海編輯所於1964年首次整理出版，我社曾於1998年據以影印再版，以饗讀者。迄今二十餘年，市面無有再版，考慮到此書作爲學術經典，且讀者仍有訂購需求，故我社決定將此書重新影印出版。舊版爲上下兩册，頗爲厚重，此次則依經、史、子、集四部分爲四册，擴大版面使更疏朗，并修訂舊版的墨色不勻、版面髒污等，以便爲讀者提供更好的閱讀體驗。其他内容則保持不變。

上海書店出版社

二〇二〇年八月

出版說明

清乾隆時編輯四庫全書，對每一種著錄或存目的書籍，都曾做了程度不等的考訂工作，並且概括其主要內容，寫成了提要，後來輯成四庫全書總目提要二百卷，是目錄學中一種極重要的著作。但四庫全書的編輯，在清皇朝有其政治上的目的，主持工作者又有學術上的門戶之見，因此，對古籍的處理並不都是很客觀和公正的。同時，四庫館蒐訪遺書，規模雖然很大，但有許多書的版本並沒有較徹底地摸清，有些書則根本沒有見到。同時，這個工作的範圍很廣，工作人員的水平也不一致，因此全書存在的問題很多，反映在提要中的謬誤、失當之處亦復不少。當時因爲這是一部皇朝"欽定"的書，誰也不敢公然撰著"糾謬"之作。直至清末，陸存齋(心源)打算撰書匡正提要的缺失，俞曲園(樾)還諄諄勸他不要這樣做，以免惹出意外的是非來。

自乾隆嘉慶以還，考證學、目錄學和版本學等日益發展，學者的心思更加縝密，眼界更加拓廣，對於各種古籍，時有論述，或寫在藏書志裏，或寫在讀書記裏，也有寫在筆記、日記、文集裏面，不論長篇或短章，往往能根據新的發現或正確的見解，對具體的問題提出正面的意見，雖不標明與四庫提要較量短長，事實上是對提要做了不少匡謬、補闕的工作。這些資料，對於使用四庫提要者來說，是非常重要的。它們可以幫助我們少走彎路，免受矇蔽，或者以誤傳誤。可惜這些資料分散在羣書中，一一檢讀，固然非常費力；若要臨時查核提要中某一書的論述是否正確，或有無不同的說法，那就更爲困難了。

胡綏之（玉縉）先生這部補正，就能很好地彌補這個缺憾。他博採羣籍，按提要的原來次序，分別輯錄，滙爲一編，又對於阮芸臺（元）的四庫未收書目提要也做了同樣的處理。使我們能省時、省力地找到所需要的資料。同時，他又常常把自己的意見和考辨提供出來，或補前人所未及，或就爭論的問題表示自己的看法，這就使本書的內容更加充實。綏之先生畢生瘁力於此，直至一九四〇年去世時仍未寫成定稿。後經王欣夫先生加以整理，編定爲提要補正六十卷、未收書目提要補正二卷。我們現在卽根據這個稿本刊行。

近世糾訂四庫提要闕失的著作，尙有余季豫（嘉錫）先生所作四庫提要辨證一書，對提要的謬誤和前人考訂未當的地方，有許多精闢的辨議。但余書所辨訂的種數不足五百種，這本書則有二千三百多種。閱讀四庫提要者如能將這兩部書參照同讀，那就更好了。

當然，輯錄羣言來糾訂提要的闕失，也是一件大事，要做到完美無缺是很困難的。綏之先生生前雖費了極大的勞力，但仍不免有疏漏之處，例如他有時從一部書中輯錄了某一部分，却遺落了其他部分，如永嘉叢書中所錄四庫提要，時有孫仲容（詒讓）附加的按語，本書在劉左史集下是迻錄了，但橫塘集、止齋文集、浪語集等的按語卻失收，其實這些訂正都是正確的，應當要吸收進去。綏之先生自己的按語，固多精審，但也有可商之處。例如提要將朝野類要的作者趙升之名誤書爲趙昇，惠定宇（棟）所藏鈔本作"升"不誤，下加按語云："此當以昇字見於說文新附而改升。"其實此書五卷，四庫全書本及出自庫本的聚珍版叢書本、知不足齋叢書本都祗是書前的提要和卷一題名誤作"昇"，以後四卷題名都沒有錯誤；我們看見的明弘治刊本從卷一至卷五都作"升"。於此可以證明惠定宇本的作"升"，祗是原本無誤，與他的小學研究沒有什麽關係。這些疏漏，雖無損於本書的大體，但有待於我們加以補苴、核訂的地方，也還是不少的。

綏之先生除四庫全書總目提要補正、四庫未收書目提要補正外，還有四庫未收書目提要續編二十四卷，許廎經籍題跋二十卷（此書即清儒著述提要），遺稿亦經王欣夫先生整理就緒，將陸續予以出版。

中華書局上海編輯所

一九六二年三月

四庫全書總目提要補正目錄

再版說明

出版說明

總目補正

總目補正卷一……1

　經部總敍……2

　經部……3

　　易類一……3

總目補正卷二……29

　　易類二……29

總目補正卷三……50

　　易類三……50

　　易類存目……67

總目補正卷四……74

　　書類……74

　　書類存目……98

總目補正卷五……101

　　詩類……101

　　詩類存目……120

總目補正卷六……122

禮類……122
禮類存目……150
總目補正卷七……157
春秋類……157
春秋類存目……184
孝經類……185
總目補正卷八……193
五經總義類……193
五經總義類存目……215
總目補正卷九……217
四書類……217
四書類存目……233
樂類……236
總目補正卷十……240
小學類一……240
總目補正卷十一……269
小學類二……269
總目補正卷十二……300
小學類三……300
小學類存目……313
總目補正卷十三……320
史部……320
正史類一……320
總目補正卷十四……360

正史類二…… 360
總目補正卷十五…… 380
編年類一…… 380
總目補正卷十六…… 407
編年類二…… 407
編年類存目…… 425
總目補正卷十七…… 431
紀事本末類…… 431
別史類…… 445
別史類存目…… 462
總目補正卷十八…… 464
雜史類…… 464
雜史類存目…… 470
詔令奏議類…… 481
總目補正卷十九…… 486
傳記類…… 486
傳記類存目…… 516
史鈔類…… 525
史鈔類存目…… 527
總目補正卷二十…… 529
載記類…… 529
載記類存目…… 560
總目補正卷二十一…… 563
時令類…… 563

時令類存目……564
地理類一……565
總目補正卷二十二……582
地理類二……582
總目補正卷二十三……611
地理類三……611
地理類存目……630
總目補正卷二十四……643
職官類……643
職官類存目……647
政書類……648
政書類存目……661
總目補正卷二十五……665
目錄類……665
目錄類存目……694
總目補正卷二十六……701
史評類……701
史評類存目……714
總目補正卷二十七……717
子部……717
儒家類一……717
總目補正卷二十八……744
儒家類二……744
儒家類存目……765

總目補正卷二十九…………………………………………… 769
兵家類………………………………………………………… 769
兵家類存目…………………………………………………… 779
法家類………………………………………………………… 779
法家類存目…………………………………………………… 787
農家類………………………………………………………… 791
農家類存目…………………………………………………… 793
總目補正卷三十………………………………………………… 795
醫家類………………………………………………………… 795
醫家類存目…………………………………………………… 824
總目補正卷三十一……………………………………………… 829
天文算法類…………………………………………………… 829
天文算法類存目……………………………………………… 835
術數類一……………………………………………………… 837
總目補正卷三十二……………………………………………… 849
術數類二……………………………………………………… 849
術數類存目…………………………………………………… 865
總目補正卷三十三……………………………………………… 872
藝術類………………………………………………………… 872
藝術類存目…………………………………………………… 897
總目補正卷三十四……………………………………………… 898
譜錄類………………………………………………………… 898
譜錄類存目…………………………………………………… 907
總目補正卷三十五……………………………………………… 911

雜家類一……911
總目補正卷三十六……945
雜家類二……945
總目補正卷三十七……965
雜家類三……965
總目補正卷三十八……984
雜家類四……984
總目補正卷三十九……1017
雜家類五……1017
雜家類存目……1027
總目補正卷四十……1051
類書類……1051
類書類存目……1077
總目補正卷四十一……1086
小說家類一……1086
總目補正卷四十二……1126
小說家類二……1126
小說家類存目……1137
釋家類……1142
道家類……1147
道家類存目……1161
總目補正卷四十三……1163
集部……1163
楚辭類……1163

別集類一……1168
總目補正卷四十四……1196
別集類二……1196
總目補正卷四十五……1232
別集類三……1232
總目補正卷四十六……1272
別集類四……1272
總目補正卷四十七……1295
別集類五……1295
總目補正卷四十八……1317
別集類六……1317
總目補正卷四十九……1343
別集類七……1343
總目補正卷五十……1369
別集類八……1369
總目補正卷五十一……1397
別集類九……1397
總目補正卷五十二……1438
別集類十……1438
總目補正卷五十三……1463
別集類十一……1463
總目補正卷五十四……1493
別集類十二……1493
總目補正卷五十五……1523

別集類存目……1523
總目補正卷五十六……1567
總集類一……1567
總目補正卷五十七……1607
總集類二……1607
總目補正卷五十八……1631
總集類三……1631
總集類存目……1644
總目補正卷五十九……1657
詩文評類……1657
詩文評類存目……1677
總目補正卷六十……1681
詞曲類……1681
詞曲類存目……1700
總目補正補遺……1704
四書類……1704
雜家類……1706
詩文評類……1708
未收書目補正
未收書目補正卷一……1711
未收書目補正卷二……1738
跋……1764
本書書名四角號碼索引……1765

四庫全書總目提要補正細目

總目補正

卷一……1
經部總敘……2
經部……3
易類一……3
子夏易傳十一卷……3
陸氏易解一卷……9
周易注十卷……10
周易正義十卷……14
周易集解十七卷……17
周易舉正三卷……21
易數鉤隱圖三卷附遺論九事一卷……22
周易口義十二卷……24
溫公易說六卷……24
横渠易說三卷……25
了翁易說一卷……25
吳園易解九卷……26
周易新講義十卷……27
紫巖易傳十卷……27
讀易詳說十卷……28

卷二……29
易類二……29
周易窺餘十五卷……29
易璇璣三卷……29
易變體義十二卷……29
周易經傳集解三十六卷……30
周易古占法一卷古周易章句外編一卷……32
周易本義十二卷附重刻周易本義四卷……32
周易義海撮要十二卷……34
南軒易說三卷……35
復齋易說六卷……35
楊氏易傳二十卷……35
誠齋易傳二十卷……37
易傳燈四卷……39
易裨傳二卷……40
厚齋易學五十二卷……40
童溪易傳三十卷……40
周易總義二十卷……41
易通六卷……43
周易經傳訓解二卷……43
周易要義十卷……43
周易輯聞六卷附易雅一卷筮宗一卷……44
淙山讀周易記二十一卷……44
周易傳義附錄十四卷……44

易學啓蒙通釋二卷……46
三易備遺十卷……46
周易集說四十卷……47
周易象義十六卷……48
易圖通變五卷易筮通變三卷……49
卷三……50
易類三……50
易原奧義一卷周易原旨六卷……50
周易程朱傳義折衷三十三卷……51
周易衍義十六卷……51
易學濫觴一卷……51
周易本義通釋十二卷……52
周易集傳八卷……52
易學變通六卷……53
周易爻變義蘊四卷……54
易經蒙引十二卷……55
易學啓蒙意見五卷……55
像象管見九卷……56
周易易簡說三卷……56
易象正十六卷……56
兒易內儀以六卷兒易外儀十卷……56
古周易訂詁十六卷……57
易經通注九卷……57
周易稗疏四卷附考異一卷……57

仲氏易三十卷……58
周易述二十三卷……58
易漢學八卷……58
易例二卷……59
周易辨畫四十卷……59
乾坤鑿度二卷……60
周易乾鑿度二卷……61
易緯稽覽圖二卷……62
易緯通卦驗二卷……63
易緯乾元序制記一卷……63
易緯是類謀一卷……64
易類存目……67
周易繫辭精義二卷……67
易序叢書十卷……68
大易法象通贊七卷……69
易脩墨守一卷……69
九正易因無卷數……69
大象觀二卷……69
今易詮二十四卷……70
易經兒說四卷……70
易經澹窩因指八卷……70
易經會通十二卷……70
易林疑說無卷數……70
易窺無卷數……71

周易説統十二卷……71
周易辨疑無卷數……71
易存無卷數……71
周易惜陰錄四十六卷……71
易論無卷數……71
周易本義拾遺六卷……72
周易蛾術七十四卷……73
易經本義翼十二卷……73
卷四……74
書類……74
東坡書傳十三卷……74
尙書全解四十卷……74
鄭敷文書說一卷……75
禹貢指南四卷……75
禹貢論五卷後論一卷山川地理圖二卷……75
禹貢說斷四卷……78
書說三十五卷……78
尙書說七卷……79
絜齋家塾書鈔十二卷……81
書集傳六卷……82
尙書精義五十卷……83
尙書詳解五十卷……83
洪範統一一卷……84
尙書要義十七卷序說一卷……84

尚書集傳或問二卷……85
尚書表注二卷……87
尚書集傳纂疏六卷……87
讀書叢說六卷……88
尚書輯錄纂注六卷……88
尚書通考十卷……89
書蔡傳旁通六卷……90
讀書管見二卷……90
書傳會選六卷……90
書傳大全十卷……91
尚書考異五卷……91
古文尚書疏證八卷……92
古文尚書冤詞八卷……94
禹貢錐指二十卷圖一卷……95
尚書大傳四卷補遺一卷……97
書類存目……98
書古文訓十六卷……98
尚書引義六卷……99
尚書小疏一卷……100
卷五……101
詩類……101
毛詩本義十六卷……101
詩集傳二十卷……101
詩總聞二十卷……101

詩集傳八卷……103
呂氏家塾讀詩記三十二卷……105
毛詩講義十二卷……106
毛詩集解二十五卷……106
詩緝三十六卷……107
詩考一卷……108
詩傳通釋二十卷……108
詩經疏義二十卷……109
詩疑問七卷附詩辨說一卷……112
六家詩名物疏五十四卷……113
詩經世本古義二十八卷……113
詩義折中二十卷……113
詩所八卷……113
詩說三卷……114
三家詩拾遺十卷……114
詩瀋二十卷……115
詩序補義二十四卷……116
韓詩外傳十卷……117
詩類存目……120
詩經說通十三卷……120
詩經圖史合考二十卷……120
詩牖十五卷……120
詩觸四卷……120
卷六……122

禮類 …… 122
周禮注疏四十二卷 …… 122
周官新義十六卷附考工記解二卷 …… 122
周禮詳解四十卷 …… 123
太平經國之書十一卷 …… 123
周官總義三十卷 …… 124
周禮句解十二卷 …… 125
周禮集說十卷 …… 125
欽定周官義疏四十八卷 …… 127
周禮訓纂二十一卷 …… 127
周官集注十二卷 …… 127
周官祿田考三卷 …… 128
儀禮注疏十七卷 …… 128
儀禮釋宮一卷 …… 129
儀禮圖十七卷儀禮旁通圖一卷 …… 129
儀禮要義五十卷 …… 131
儀禮逸經傳二卷 …… 131
儀禮集說十七卷 …… 131
經禮補逸九卷 …… 132
儀禮述注十七卷 …… 133
儀禮章句十七卷 …… 133
補饗禮一卷 …… 134
讀禮通考一百二十卷 …… 134
禮記集說一百六十卷 …… 134

禮記纂言三十六卷…………………………………… 135
雲莊禮記集說十卷…………………………………… 136
陳氏禮說集說補正三十八卷……………………… 137
大戴禮記十三卷……………………………………… 138
夏小正戴氏傳四卷…………………………………… 140
三禮圖集注二十卷…………………………………… 141
郊社禘祫問一卷……………………………………… 142
禮書一百五十卷……………………………………… 142
儀禮經傳通解三十七卷續二十九卷……………… 142
五禮通考二百六十二卷……………………………… 144
書儀十卷……………………………………………… 147
家禮五卷附錄一卷…………………………………… 147
禮類存目……………………………………………… 150
周禮補亡六卷………………………………………… 150
周禮集注七卷………………………………………… 150
周禮定本四卷………………………………………… 150
讀禮疑圖六卷………………………………………… 151
周禮注疏合解十八卷………………………………… 151
周禮說略六卷………………………………………… 151
周禮文物大全無卷數………………………………… 152
高注周禮二十二卷…………………………………… 152
周官析疑三十六卷考工記析義四卷……………… 152
周官辨一卷…………………………………………… 153
周禮集傳六卷………………………………………… 153

周禮輯義十二卷…………………………153
周禮拾義無卷數…………………………153
喪禮吾說篇十卷…………………………153
服制圖考八卷……………………………155
批點檀弓二卷……………………………156
禮記章句十卷……………………………156
四禮疑五卷………………………………156
卷七………………………………………157
春秋類……………………………………157
春秋左傳正義六十卷……………………157
春秋公羊傳注疏二十八卷………………157
春秋穀梁傳注疏二十卷…………………160
春秋集傳纂例十卷………………………161
春秋集傳辨疑十卷………………………162
春秋名號歸一圖二卷……………………162
春秋尊王發微十二卷……………………162
春秋權衡十七卷…………………………164
春秋傳十五卷……………………………164
春秋經解十三卷…………………………164
春秋集解十二卷…………………………165
春秋辨疑四卷……………………………166
春秋經解十二卷…………………………166
春秋五禮例宗七卷………………………167
春秋通訓六卷……………………………167

春秋讞二十二卷…… 168
春秋集解三十卷…… 168
春秋傳三十卷…… 169
春秋左氏傳説二十卷…… 170
春秋左氏傳續説十二卷…… 170
詳注東萊左氏博議二十五卷…… 171
春秋比事二十卷…… 171
春秋分紀九十卷…… 173
春秋集義五十卷綱領三卷…… 174
春秋集注十一卷綱領一卷…… 175
春秋纂言十二卷總例一卷…… 175
春秋讞義九卷…… 176
春秋諸傳會通二十四卷…… 176
春秋師説三卷…… 177
春秋屬辭十五卷…… 177
春秋左氏傳補注十卷…… 177
春秋大全七十卷…… 178
春秋明志録十二卷…… 178
春秋孔義十二卷…… 178
左傳杜林合注五十卷…… 179
春秋稗疏二卷…… 179
春秋地名考略十四卷…… 179
春秋闕如編八卷…… 179
春秋大事表五十卷…… 180

左傳補注六卷……183
春秋繁露十七卷……183
春秋類存目……184
左傳節文十五卷……184
春秋左傳句解三十五卷……185
左傳拾遺二卷……185
孝經類……185
古文孝經孔氏傳一卷附宋本古文孝經一卷……185
孝經正義三卷……190
孝經定本一卷……191
卷八……193
五經總義類……193
鄭志三卷補遺一卷……194
經典釋文三十卷……195
七經小傳三卷……195
六經圖六卷……197
刊正九經三傳沿革例一卷……199
四如講稾六卷……200
六經奥論六卷……200
明本排字九經直音二卷……203
五經說七卷……204
簡端錄十二卷……204
七經孟子考文補遺一百九十九卷……204
九經誤字一卷……209

經問十八卷經問補三卷……209
十三經注疏正字八十一卷……211
九經辨字瀆蒙十二卷……212
古經解鉤沈三十卷……213
古微書三十六卷……214
五經總義類存目……215
峚陽草堂說書七卷……215
卷九……217
四書類……217
孟子正義十四卷……217
論語義疏十卷……220
論語筆解二卷……223
孟子音義二卷……224
孟子傳二十九卷……225
尊孟辨三卷續辨二卷別錄一卷……225
大學章句一卷論語集注十卷孟子集注七卷
中庸章句一卷……225
論孟精義三十四卷……226
大學疏義一卷……227
讀四書叢說四卷……227
四書通二十六卷……228
四書蒙引十五卷別附一卷……228
論語類考二十卷……228
孟子雜記四卷……229

四書講義困勉錄三十七卷…… 229
論語稽求篇四卷…… 230
四書釋地一卷四書釋地續一卷四書釋地又續二卷四書釋地三續二卷…… 232
四書逸箋六卷…… 232
四書類存目…… 233
或問小注三十六卷…… 233
重訂四書輯釋二十卷…… 234
大學管窺一卷…… 235
四書湖南講九卷…… 235
三經見聖編一百八十卷…… 235
四書反身錄六卷續補一卷…… 236
樂類…… 236
皇祐新樂圖記三卷…… 236
律呂新書二卷…… 236
瑟譜六卷…… 237
樂律全書四十二卷…… 238
律呂闡微十卷…… 239
琴旨二卷…… 239
卷十…… 240
小學類一…… 240
爾雅注疏十一卷…… 240
爾雅注三卷…… 240
方言十三卷…… 241

釋名八卷…… 244
匡謬正俗八卷…… 247
羣經音辨七卷…… 247
埤雅二十卷…… 248
爾雅翼三十二卷…… 249
駢雅七卷…… 249
字詁一卷…… 252
别雅五卷…… 253
急就章四卷…… 253
説文解字三十卷…… 254
説文繫傳四十卷…… 256
説文繫傳考異四卷附録一卷…… 259
説文解字篆韻譜五卷…… 260
重修玉篇三十卷…… 260
干禄字書一卷…… 264
五經文字三卷…… 265
九經字樣一卷…… 267
卷十一…… 269
小學類二…… 269
汗簡三卷…… 269
佩觿三卷…… 270
古文四聲韻五卷…… 271
類篇四十五卷…… 272
歷代鐘鼎彝器款識法帖二十卷…… 273

復古編二卷…………274
漢隸字源六卷…………276
班馬字類五卷…………277
龍龕手鑑四卷…………278
周秦刻石釋音一卷…………279
字鑑五卷…………279
說文字原一卷六書正譌五卷…………279
漢隸分韻七卷…………280
六書本義十二卷…………281
字孿四卷…………281
隸辨八卷…………281
廣韻五卷…………283
重修廣韻五卷…………285
集韻十卷…………288
切韻指掌圖二卷附檢例一卷…………289
韻補五卷…………292
附釋文互注禮部韻略五卷附貢舉條式一卷…………294
增修互注禮部韻略五卷…………295
增修校正押韻釋疑五卷…………296
九經韻補一卷…………297
五音集韻十五卷…………298
卷十二…………300
小學類三…………300
古今韻會舉要三十卷…………300

洪武正韻十六卷 …… 305
毛詩古音考四卷 …… 305
屈宋古音義三卷 …… 306
音論三卷 …… 306
詩本音十卷 …… 308
唐韻正二十卷 …… 309
古音表二卷 …… 309
古今通韻十二卷 …… 311
唐韻考五卷 …… 311
古韻標準四卷 …… 311
小學類存目 …… 313
小爾雅一卷 …… 313
說文解字五音韻譜十卷 …… 316
續千文一卷 …… 316
四聲篇海十五卷 …… 316
六書溯源十二卷 …… 317
增修復古編四卷 …… 317
從古正文五卷 …… 317
六書賦音義三卷 …… 318
廣金石韻府五卷 …… 318
黃公說字無卷數 …… 318
聲韻源流考 …… 318
四聲切韻表一卷 …… 319
卷十三 …… 320

史部…………………………………………………………………… 320
正史類一……………………………………………………………… 320
史記一百三十卷……………………………………………………… 321
史記索隱三十卷……………………………………………………… 323
漢書一百二十卷……………………………………………………… 326
班馬異同三十五卷…………………………………………………… 327
後漢書一百二十卷…………………………………………………… 327
補後漢書年表十卷…………………………………………………… 332
兩漢刊誤補遺十卷…………………………………………………… 334
三國志六十五卷……………………………………………………… 335
三國志辨誤三卷……………………………………………………… 337
三國志補注六卷附諸史然疑一卷…………………………………… 340
晉書一百三十卷……………………………………………………… 342
宋書一百卷…………………………………………………………… 346
南齊書五十九卷……………………………………………………… 348
梁書五十六卷………………………………………………………… 349
陳書三十六卷………………………………………………………… 350
魏書一百十四卷……………………………………………………… 351
北齊書五十卷………………………………………………………… 354
周書五十卷…………………………………………………………… 357
隋書八十五卷………………………………………………………… 358
卷十四………………………………………………………………… 360
正史類二……………………………………………………………… 360
南史八十卷…………………………………………………………… 360

北史一百卷…… 362
舊唐書二百卷…… 364
新唐書二百二十五卷…… 364
新唐書糾謬二十卷…… 365
舊五代史一百五十卷目錄二卷…… 366
新五代史記七十五卷…… 368
五代史記纂誤三卷…… 372
宋史四百九十六卷…… 372
遼史一百十六卷…… 374
金史一百三十五卷…… 375
欽定遼金元三史國語解四十六卷…… 377
明史三百三十六卷…… 377
卷十五…… 380
編年類一…… 380
竹書紀年二卷…… 380
漢紀三十卷…… 388
後漢紀三十卷…… 390
元經十卷…… 393
大唐創業起居注三卷…… 395
資治通鑑二百九十四卷…… 396
資治通鑑釋文辨誤十二卷…… 400
通鑑地理通釋十四卷…… 402
資治通鑑目錄三十卷…… 402
通鑑釋例一卷…… 402

稽古錄二十卷…… 403
通鑑外紀十卷目錄五卷…… 404
卷十六…… 407
編年類二…… 407
皇王大紀八十卷…… 407
中興小紀四十卷…… 407
續資治通鑑長編五百二十卷…… 408
大事記十二卷通釋三卷解題十二卷…… 408
建炎以來繫年要錄二百卷…… 411
宋九朝編年備要三十卷…… 412
續宋編年資治通鑑十五卷…… 414
靖康要錄十六卷…… 415
兩朝綱目備要十六卷…… 416
宋季三朝政要六卷…… 417
宋史全文三十六卷…… 419
通鑑前編十八卷舉要三卷…… 421
通鑑續編二十四卷…… 425
編年類存目…… 425
五代春秋二卷…… 426
少微通鑑節要五十卷…… 426
續宋編年資治通鑑十八卷…… 427
增節音注資治通鑑一百二十卷…… 427
通鑑綱目測海三卷…… 428
明大政記二十五卷…… 429

宋元資治通鑑一百五十七卷…………………430
卷十七…………………………………………431
紀事本末類…………………………………431
通鑑紀事本末四十二卷……………………431
蜀鑑十卷……………………………………432
炎徼紀聞四卷………………………………432
宋史紀事本末二十六卷……………………432
元史紀事本末四卷…………………………433
綏寇紀略十二卷……………………………435
明史紀事本末八十卷………………………440
繹史一百六十卷……………………………444
別史類………………………………………445
逸周書十卷…………………………………445
東觀漢記二十四卷…………………………445
建康實錄二十卷……………………………446
隆平集二十卷………………………………448
古史六十卷…………………………………449
通志二百卷…………………………………450
東都事略一百三十卷………………………451
路史四十七卷………………………………453
契丹國志二十七卷…………………………454
大金國志四十卷……………………………455
續後漢書四十七卷…………………………457
春秋別典十五卷……………………………459

歷代史表五十三卷…… 460
後漢書補逸二十一卷…… 461
尙史一百七卷…… 461
別史類存目…… 462
歷代帝王纂要譜括一卷…… 462
徵吾錄二卷…… 462
藏書六十八卷…… 463
南宋書六十卷…… 463
卷十八…… 464
雜史類…… 464
國語補音三卷…… 464
戰國策注三十三卷…… 465
鮑氏戰國策注十卷…… 465
貞觀政要十卷…… 466
五代史闕文一卷…… 467
五代史補五卷…… 468
咸淳遺事二卷…… 469
大金弔伐錄四卷…… 469
錢塘遺事十卷…… 469
平宋錄三卷…… 469
弇山堂別集一百卷…… 470
雜史類存目…… 470
避戎夜話一卷…… 470
孤臣泣血錄一卷…… 471

靖康蒙塵錄一卷……471
南渡錄二卷竊憤錄一卷……472
使金錄一卷……472
襄陽守城錄一卷……473
南遷錄一卷……473
皇元聖武親征錄一卷……474
庚申外史二卷……474
姜氏祕史一卷……476
明良集十二卷……478
革除遺事節本六卷……478
議處安南事宜一卷……478
遜國逸書七卷……478
先撥志始二卷……479
東林始末一卷……480
平寇志十二卷……481
詔令奏議類……481
兩漢詔令二十三卷……481
政府奏議二卷……482
包孝肅奏議十卷……482
盡言集十三卷……483
諸臣奏議一百五十卷……484
歷代名臣奏議三百五十卷……485
卷十九……486
傳記類……486

東家雜記二卷 …… 486
晏子春秋八卷 …… 488
魏鄭公諫錄五卷 …… 491
李相國論事集六卷 …… 492
金陀稡編二十八卷續編三十卷 …… 492
象臺首末五卷 …… 493
古列女傳七卷續列女傳一卷 …… 493
高士傳三卷 …… 495
春秋列國諸臣傳三十卷 …… 496
廉吏傳二卷 …… 497
紹興十八年同年小錄一卷 …… 497
名臣言行錄前集十卷後集十四卷續集八卷
　別集二十六卷外集十七卷 …… 498
名臣碑傳琬琰集一百七卷 …… 501
慶元黨禁一卷 …… 502
寶祐四年登科錄一卷 …… 502
京口耆舊傳九卷 …… 504
昭忠錄一卷 …… 505
唐才子傳八卷 …… 505
元朝名臣事略十五卷 …… 505
殿閣詞林記二十二卷 …… 506
嘉靖以來首輔傳八卷 …… 507
明名臣琬琰錄二十四卷續錄二十二卷 …… 507
元儒考略四卷 …… 508

明儒學案六十二卷 …… 508
東林列傳二十四卷 …… 512
入蜀記六卷 …… 513
西使記一卷 …… 514
保越錄一卷 …… 515
傳記類存目 …… 516
孔氏實錄一卷 …… 516
三遷志十二卷 …… 516
孟子生卒年月考一卷 …… 517
韓魏公家傳二卷 …… 518
韓魏公別錄三卷 …… 518
三蘇年表二卷 …… 518
君臣相遇錄十卷 …… 519
謝皋羽年譜一卷 …… 519
漢末英雄記一卷 …… 519
南渡十將傳十卷 …… 520
草莽私乘一卷 …… 520
吳中往哲記一卷續吳中往哲記一卷續吳中往哲記補遺一卷 …… 520
台學源流七卷 …… 521
名臣言行錄前集十二卷後集十二卷 …… 521
列卿紀一百六十五卷 …… 521
宰相守令合宙十三卷 …… 523
楚寶四十五卷 …… 524

勤王記一卷……524
安祿山事蹟三卷……524
僞豫傳一卷……524
史鈔類……525
兩漢博聞十二卷……525
通鑑總類二十卷……526
史鈔類存目……527
十七史詳節二百七十三卷……527
漢雋十卷……528
卷二十……529
載記類……529
吳越春秋十卷……529
越絕書十五卷……531
華陽國志十二卷附錄一卷……534
鄴中記一卷……539
十六國春秋一百卷……540
別本十六國春秋十六卷……542
蠻書十卷……543
釣磯立談一卷……543
江南野史十卷……545
錦里耆舊傳四卷……545
五國故事二卷……546
蜀檮杌二卷……546
南唐書三十卷……547

南唐書十八卷音釋一卷……547
吳越備史四卷補遺一卷……550
十國春秋一百十四卷……553
越史略三卷……559
載記類存目……560
晉史乘一卷楚史檮杌一卷……560
高麗史二卷……561
唐餘紀傳二十四卷……562
卷二十一……563
時令類……563
歲時廣記四卷……563
御定月令輯要二十四卷圖說一卷……564
時令類存目……564
日涉編十二卷……564
地理類一……565
三輔黃圖六卷……565
元和郡縣志四十卷……566
太平寰宇記一百九十三卷……569
元豐九域志十卷……572
方輿勝覽七十卷……572
明一統志九十卷……573
吳郡圖經續記三卷……574
乾道臨安志三卷……574
淳熙三山志四十二卷……576

吳郡志五十卷…… 577
新安志十卷…… 578
剡錄十卷…… 578
嘉泰會稽志二十卷寶慶續志八卷…… 579
卷二十二…… 582
地理類二…… 582
嘉定赤城志四十卷…… 582
寶慶四明志二十一卷開慶續志十二卷…… 583
景定建康志五十卷…… 585
景定嚴州續志十卷…… 586
咸淳臨安志九十三卷…… 586
至元嘉禾志三十二卷…… 587
大德昌國州圖志七卷…… 588
齊乘六卷…… 588
至大金陵新志十五卷…… 589
無錫縣志四卷…… 590
姑蘇志六十卷…… 591
武功縣志三卷…… 592
朝邑縣志二卷…… 595
江西通志一百六十二卷…… 596
浙江通志二百八十卷…… 596
山東通志三十六卷…… 597
歷代帝王宅京記二十卷…… 597
水經注四十卷…… 598

水經注釋四十卷……604
崑崙河源考一卷……607
水道提綱二十八卷……609
卷二十三……611
地理類三……611
赤松山志一卷……611
西湖遊覽志二十四卷志餘二十六卷……611
洛陽伽藍記五卷……613
吳地記一卷附後集一卷……613
長安志二十卷……615
洛陽名園記一卷……615
長安志圖三卷……616
石柱記箋釋五卷……616
南方草木狀三卷……617
北戶錄三卷……617
益部方物略記一卷……618
東京夢華錄十卷……619
六朝事迹編類二卷……619
中吳紀聞六卷……621
夢粱錄二十卷……621
武林舊事十卷……622
益部談資三卷……622
龍沙紀略一卷……622
東城雜記二卷……624

遊城南記一卷……625
徐霞客遊記十二卷……625
佛國記一卷……626
宣和奉使高麗圖經四十卷……626
東西洋考十二卷……627
職方外紀五卷……627
赤雅三卷……628
異域錄一卷……630
海國聞見錄二卷……630
地理類存目……630
歷代地理指掌圖一卷……630
輿地名勝志一百九十三卷……631
天下郡國利病書一百二十卷……631
山河兩戒考十四卷……632
嘉興府志三十二卷……632
弘治湖州府志二十四卷……632
湖州府志十四卷……633
括蒼彙紀十五卷……633
嘉靖仁和縣志十四卷……633
蕭山縣志刊誤三卷……634
湖南通志一百七十四卷……634
澳門記略二卷……635
潞水客談一卷……636
秦邊紀略四卷……637

茅山志十五卷…… 637
仙都志二卷…… 638
齊雲山志五卷…… 638
閣皁山志二卷…… 638
昌平山水記二卷…… 638
泰山道里記一卷…… 639
南湖紀略稾六卷…… 639
山東考古錄一卷…… 640
京東考古錄一卷…… 640
譎觚一卷…… 641
神州古史考一卷方輿通俗文一卷…… 641
天下名山記鈔無卷數…… 641
西洋朝貢典錄三卷…… 642
卷二十四…… 643
職官類…… 643
唐六典三十卷…… 643
翰林志一卷…… 644
麟臺故事五卷…… 644
南宋館閣錄十卷續錄十卷…… 645
宋宰輔編年錄二十卷…… 645
祕書監志十一卷…… 646
百官箴六卷…… 646
晝簾緒論一卷…… 647
職官類存目…… 647

南京太僕寺志十一卷…… 647
念初堂集十二卷…… 647
政書類…… 648
通典二百卷…… 648
唐會要一百卷…… 649
五代會要三十卷…… 651
建炎以來朝野雜記四十卷…… 652
漢制考四卷…… 654
文獻通考三百四十八卷…… 655
明會典一百八十卷…… 656
大唐開元禮一百五十卷…… 656
政和五禮新儀二百二十卷…… 656
歷代建元考十卷…… 657
廟制圖考一卷…… 657
補漢兵志一卷…… 658
唐律疏義三十卷…… 658
營造法式三十四卷…… 660
政書類存目…… 661
杜氏通典詳節四十二卷…… 661
元典章前集六十卷附新集…… 662
年號韻編一卷…… 663
紀元彙考三十五卷…… 663
聖門禮樂統二十四卷…… 663
學宮備考十卷…… 664

明律三十卷…… 664

卷二十五…… 665

目錄類…… 665

崇文總目十二卷…… 665

郡齋讀書志四卷後志二卷…… 667

遂初堂書目一卷…… 670

直齋書錄解題二十二卷…… 670

漢藝文志考證十卷…… 676

欽定天祿琳琅書目十卷…… 676

千頃堂書目三十二卷…… 676

經義考三百卷…… 678

集古錄十卷…… 678

金石錄三十卷…… 680

法帖刊誤二卷…… 681

法帖釋文十卷…… 681

籀史一卷…… 682

隸釋二十七卷…… 682

隸續二十一卷…… 682

絳帖平六卷…… 683

石刻鋪敍二卷…… 684

法帖譜系二卷…… 684

蘭亭考十二卷…… 685

寶刻叢編二十卷…… 685

輿地碑記目四卷…… 686

寶刻類編八卷…… 688
古刻叢鈔一卷…… 689
名蹟錄六卷…… 691
金薤琳琅二十卷…… 691
法帖釋文考異十卷…… 692
石墨鐫華六卷附錄二卷…… 692
金石史二卷…… 693
石經考一卷…… 693
嵩陽石刻集記二卷…… 693
竹雲題跋四卷…… 694
目錄類存目…… 694
菉竹堂書目六卷…… 694
經序錄五卷…… 695
國史經籍志六卷…… 696
讀書敏求記四卷…… 696
述古堂書目無卷數…… 697
金石表一卷…… 697
瘞鶴銘考一卷…… 698
金石遺文錄十卷…… 699
中州金石考八卷…… 699
石蹟記一卷…… 700
卷二十六…… 701
史評類…… 701
史通二十卷…… 701

史通通釋二十卷…… 703
唐鑑二十四卷…… 705
唐史論斷三卷…… 707
唐書直筆四卷…… 707
六朝通鑑博議十卷…… 708
大事記講義二十三卷…… 708
舊聞證誤四卷…… 709
通鑑答問五卷…… 711
歷代名賢確論一百卷…… 712
十七史纂古今通要十七卷…… 712
御批通鑑綱目五十九卷通鑑綱目前編一卷
外紀一卷…… 713
欽定古今儲貳金鑑六卷…… 713
史評類存目…… 714
讀史管見三十卷…… 714
宋紀受終考三卷…… 714
史韻二卷…… 715
卷二十七…… 717
子部…… 717
儒家類一…… 717
孔子家語十卷…… 717
荀子二十卷…… 718
孔叢子三卷…… 724
新語二卷…… 726

新書十卷……729
鹽鐵論十二卷……729
新序十卷……732
說苑二十卷……734
法言集注十卷……736
潛夫論十卷……738
申鑒五卷……738
中論二卷……738
傅子一卷……739
中說十卷……740
卷二十八……744
儒家類二……744
太極圖說述解一卷通書述解一卷西銘述解一卷 744
張子全書十四卷附錄一卷……744
儒言一卷……745
童蒙訓三卷……745
上蔡語錄三卷……745
小學集注六卷……746
朱子語類一百四十卷……747
知言六卷附錄一卷……748
麗澤論說集錄十卷……748
經濟文衡前集二十五卷後集二十五卷續集二十二卷……749
大學衍義四十三卷……749

讀書記六十一卷 …… 750
心經一卷 …… 751
政經一卷 …… 751
黄氏日鈔九十五卷 …… 752
北溪字義二卷 …… 760
性理羣書句解二十三卷 …… 760
東宫備覽六卷 …… 761
朱子讀書法四卷 …… 761
家山圖書一卷 …… 761
困知記二卷續記二卷附錄一卷 …… 761
讀書劄記八卷 …… 762
聖學宗要一卷學言三卷 …… 762
儒家類存目 …… 765
忠經一卷 …… 765
聖門事業圖一卷 …… 765
顏子鼎編二卷 …… 766
道一編六卷 …… 766
同異錄二卷 …… 767
學蔀通辨十二卷 …… 767
王門宗旨十四卷 …… 767
經書孝語無卷數 …… 768
卷二十九 …… 769
兵家類 …… 769
六韜六卷 …… 769

吳子一卷 …… 772
司馬法一卷 …… 772
尉繚子五卷 …… 774
黃石公三略三卷 …… 774
三略直解三卷 …… 775
太白陰經八卷 …… 775
武經總要四十卷 …… 776
虎鈐經二十卷 …… 776
何博士備論一卷 …… 777
陣紀四卷 …… 778
兵家類存目 …… 779
廣名將譜十七卷 …… 779
法家類 …… 779
管子二十四卷 …… 779
管子補注二十四卷 …… 784
鄧析子一卷 …… 784
韓子二十卷 …… 785
疑獄集四卷補疑獄集六卷 …… 785
折獄龜鑑八卷 …… 786
棠陰比事一卷附錄一卷 …… 787
法家類存目 …… 787
刑統賦二卷 …… 787
洗冤錄二卷 …… 789
農家類 …… 791

齊民要術十卷…… 791
農書三卷附蠶書一卷…… 791
農書二十二卷…… 792
野菜博錄四卷…… 793
農家類存目…… 793
別本農政全書四十六卷…… 793
卷三十…… 795
醫家類…… 795
黃帝素問二十四卷…… 795
靈樞經十二卷…… 796
難經本義二卷…… 799
甲乙經八卷…… 800
金匱要略論注二十四卷…… 801
巢氏諸病源候論五十卷…… 801
千金要方九十三卷…… 801
銀海精微二卷…… 804
外臺祕要四十卷…… 804
銅人鍼灸經七卷…… 805
明堂灸經八卷…… 806
博濟方五卷…… 806
蘇沈良方八卷…… 807
脚氣治法總要二卷…… 807
傷寒總病論六卷附音訓一卷修治藥法一卷…… 807
聖濟總錄纂要二十六卷…… 808

證類本草三十卷…………809
全生指迷方四卷…………811
類證普濟本事方十卷…………811
太平惠民和劑局方十卷指南總論三卷…………813
鍼灸資生經七卷…………814
三因極一病證方論十八卷…………814
產育寶慶方二卷…………815
濟生方八卷…………815
仁齋直指二十六卷附傷寒類書活人總括七卷…………815
急救仙方六卷…………816
素問元機原病式一卷…………816
宣明論方十五卷…………816
傷寒直格方三卷傷寒標本心法類萃二卷…………817
儒門事親十五卷…………818
內外傷辨惑論三卷…………819
脾胃論三卷…………819
瑞竹堂經驗方五卷…………819
脈訣刊誤二卷附錄二卷…………820
玉機微義五十卷…………820
仁端錄十六卷…………821
名醫類案十二卷…………821
神農本草經百種錄一卷…………821
蘭臺軌範八卷…………822
醫家類存目…………824

難經經釋二卷……824
杜天師了證歌一卷……824
瘄瘍經驗全書十三卷……825
傷寒心鏡一卷……825
流注指微賦一卷……825
類編南北經驗方大成十卷……826
神應經一卷……826
藥鏡四卷……827
心印紺珠經二卷……828
臨證指南醫案十卷……828
安驥集三卷……828
卷三十一……829
天文算法類……829
六經天文編二卷……829
原本革象新書五卷……829
乾坤體義二卷……830
五曹算經五卷……830
數學九章十八卷……830
測圓海鏡十二卷……834
弧矢算術一卷……834
幾何原本六卷……834
天文算法類存目……835
星經二卷……835
步天歌七卷……835

算法統宗十七卷…… 837
術數類一…… 837
太玄經十卷…… 837
潛虛一卷附潛虛發微論一卷…… 840
皇極經世書十二卷…… 840
皇極經世索隱二卷…… 842
觀物篇解五卷附皇極經世解起數訣一卷…… 842
天原發微五卷…… 843
易象圖說內篇三卷外篇三卷…… 844
三易洞璣十六卷…… 844
靈臺祕苑十五卷…… 845
唐開元占經一百二十卷…… 845
卷三十二…… 849
術數類二…… 849
宅經二卷…… 849
葬書一卷…… 849
撼龍經一卷疑龍經一卷葬法倒杖一卷…… 850
天玉經內傳三卷外編一卷…… 850
靈城精義二卷…… 850
催官篇二卷…… 852
發微論一卷…… 853
靈棋經二卷…… 853
易林十六卷…… 853
京氏易傳三卷…… 861

六壬大全十二卷……862
李虛中命書三卷……862
珞琭子三命消息賦注二卷……863
星學大成十卷……864
太乙金鏡式經十卷……864
禽星易見一卷……865
術數類存目……865
正易心法一卷……865
皇極經世節要無卷數……866
乙巳占略例十五卷……866
玄珠密語十七卷……866
清類天文分野之書二十四卷……867
注解祥異賦七卷……868
葬經一卷……868
披肝露膽經一卷……868
玉靈聚義五卷……869
範圍數無卷數……869
禮緯含文嘉三卷……869
丙丁龜鑑五卷續錄二卷……870
太乙統宗寶鑑二十卷……871
卷三十三……872
藝術類……872
墨藪二卷附法帖釋文刊誤一卷……872
五代名畫補遺一卷……872

圖畫見聞志六卷…… 872
墨池編六卷…… 874
德隅齋畫品一卷…… 875
畫史一卷…… 875
宣和畫譜二十卷…… 876
宣和書譜二十卷…… 877
山水純全集一卷…… 878
廣川書跋十卷…… 878
廣川畫跋六卷…… 878
畫繼十卷…… 879
寶眞齋法書贊二十八卷…… 880
書苑菁華二十卷…… 881
書錄三卷…… 881
衍極二卷…… 881
圖繪寶鑑五卷續編一卷…… 882
書史會要九卷補遺一卷續編一卷…… 883
珊瑚木難八卷…… 883
趙氏鐵網珊瑚十六卷…… 884
寓意編一卷…… 887
清河書畫舫十二卷…… 888
庚子銷夏記八卷…… 892
江村銷夏錄三卷…… 894
式古堂書畫彙考六十卷…… 895
琴史六卷…… 895

樂府雜錄一卷……896
藝術類存目……897
金壺記三卷……897
壺譜一卷……897
雙陸譜一卷……897
卷三十四……898
譜錄類……898
考古圖十卷續考古圖五卷釋文一卷……898
嘯堂集古錄二卷……900
宣和博古圖三十卷……900
墨譜三卷……902
墨史二卷……902
雲林石譜三卷……903
茶經三卷……903
宣和北苑貢茶錄一卷附北苑別錄一卷……904
北山酒經三卷……904
洛陽牡丹記一卷……905
劉氏菊譜一卷……905
百菊集譜六卷菊史補遺一卷……906
竹譜一卷……906
筍譜一卷……907
御定廣羣芳譜一百卷……907
譜錄類存目……907
別本考古圖十卷……907

程氏墨苑十二卷……907
湯品無卷數……908
酒史六卷……908
疏食譜一卷……908
瓊花譜一卷……909
香雪林集二十六卷……909
蟲天志十卷……910
卷三十五……911
雜家類一……911
鬻子一卷……911
墨子十五卷……913
子華子二卷……914
尹文子一卷……915
愼子一卷……915
鶡冠子三卷……915
鬼谷子一卷……917
呂氏春秋二十六卷……917
淮南子二十一卷……917
人物志三卷……921
金樓子六卷……922
顏氏家訓二卷……924
長短經九卷……924
兩同書二卷……925
化書六卷……926

白虎通義四卷……926
刊誤二卷……928
近事會元五卷……928
東觀餘論二卷……929
靖康緗素雜記十卷……931
能改齋漫録十八卷……931
西溪叢語三卷……932
學林十卷……933
容齋隨筆十六卷續筆十六卷三筆十六卷四筆十六卷五筆十卷……933
考古編十卷……937
演繁露十六卷續演繁露六卷……937
緯略十二卷……937
甕牖閒評八卷……938
芥隱筆記一卷……939
蘆浦筆記十卷……939
野客叢書三十卷附野老紀聞一卷……940
考古質疑六卷……941
賓退録十卷……941
學齋佔畢四卷……942
鼠璞一卷……943
朝野類要五卷……943
困學紀聞二十卷……943
識遺十卷……943

坦齋通編一卷…… 944
卷三十六…… 945
雜家類二…… 945
日損齋筆記一卷…… 945
譚苑醍醐九卷…… 945
疑燿七卷…… 946
巵林十卷補遺一卷…… 949
拾遺錄一卷…… 950
日知錄三十二卷…… 950
義府二卷…… 951
潛邱劄記六卷…… 952
義門讀書記五十八卷…… 956
訂譌雜錄十卷…… 956
論衡三十卷…… 957
風俗通義十卷附錄一卷…… 960
麈史三卷…… 961
夢溪筆談二十六卷補筆談二卷續筆談一卷…… 962
珩璜新論一卷…… 962
冷齋夜話十卷…… 963
卷三十七…… 965
雜家類三…… 965
曲洧舊聞十卷…… 965
元城語錄三卷附行錄一卷…… 965
春渚紀聞十卷…… 966

石林燕語十卷考異一卷……966
避暑錄話二卷……967
巖下放言三卷……971
卻掃編三卷……972
五總志一卷……972
雲麓漫鈔十五卷……973
示兒編二十三卷……974
游宦紀聞十卷……976
密齋筆記五卷續記一卷……976
澗泉日記三卷……977
老學菴筆記十卷續筆記二卷……978
琴堂諭俗編二卷……979
鶴林玉露十六卷……979
貴耳集一卷二集一卷三集一卷……980
脚氣集二卷……982
佩韋齋輯聞四卷……983
卷三十八……984
雜家類四……984
困學齋雜錄一卷……984
隱居通議三十一卷……984
敬齋古今黈八卷……985
玉堂嘉話八卷……986
庶齋老學叢談三卷……986
北軒筆記一卷……987

閒居錄一卷……987
霏雪錄二卷……988
震澤長語二卷……988
居易錄三十四卷……990
池北偶談二十六卷……1002
香祖筆記十二卷……1008
古夫于亭雜錄六卷……1012
分甘餘話四卷……1013
卷三十九……1017
雜家類五……1017
負暄野錄二卷……1017
意林五卷……1018
紺珠集十三卷……1019
類說六十卷……1020
事實類苑六十三卷……1021
仕學規範四十卷……1022
自警編九卷……1022
說郛一百二十卷……1024
古今說海一百四十二卷……1024
玉芝堂談薈三十六卷……1024
儼山外集三十四卷……1024
鈍吟雜錄十卷……1024
雜家類存目……1027
於陵子一卷……1027

天祿閣外史八卷……1028
冬遊記一卷……1029
辨學遺牘一卷……1029
西學凡一卷附錄唐大秦寺碑一篇……1030
激書無卷數……1030
潛書四卷……1030
兩山墨談十八卷……1031
灼薪劇談二卷……1031
讀書考定三十卷……1031
菰中隨筆三卷……1032
別本潛邱劄記六卷……1032
天祿識餘二卷……1033
古今釋疑十八卷……1034
螺江日記八卷……1035
試筆一卷……1035
捫蝨新話十五卷……1035
宜齋野乘一卷……1038
碧湖雜記一卷……1038
志雅堂雜鈔一卷……1039
海涵萬象錄四卷……1040
荷亭辨論十卷……1041
眞珠船八卷……1041
七修類稾五十一卷……1041
留青日札三十九卷……1042

槃薖三編十二卷……1043
湧幢小品三十二卷……1043
焦氏筆乘八卷……1044
棗林雜俎無卷數……1044
讀書偶然錄十二卷……1044
筠廊偶筆二卷二筆二卷……1044
居家必用事類全集十卷……1045
飛鳧語略一卷……1045
臥游錄一卷……1046
忍經一卷……1046
瑯嬛記三卷……1046
勸善書二十卷……1047
君鑒五十卷……1047
景仰撮書一卷……1047
爲善陰騭十卷……1048
灼艾集八卷……1048
歷代小史一百五卷……1048
智品十三卷……1048
稗史彙編一百七十五卷……1049
愧林漫錄十卷……1049
廣百川學海無卷數……1049
五子纂圖互注四十二卷……1050
昭代叢書一百五十卷……1050
卷四十……1051

類書類……1051
編珠二卷補遺二卷續編珠二卷……1051
藝文類聚一百卷……1051
北堂書鈔一百六十卷……1052
初學記三十卷……1053
元和姓纂十八卷……1053
白孔六帖一百卷……1055
蒙求集注二卷……1056
册府元龜一千卷……1057
事物紀原十卷……1057
書敍指南二十卷……1059
海錄碎事二十二卷……1059
古今姓氏書辨證四十卷……1060
帝王經世圖譜十六卷……1061
職官分紀五十卷……1062
歷代制度詳說十二卷……1062
錦繡萬花谷前集四十卷後集四十卷續集四十卷……1063
事文類聚前集六十卷後集五十卷續集二十八卷别集三十二卷新集三十六卷外集十五卷遺集十五卷……1064
記纂淵海一百卷……1064
名賢氏族言行類稾六十卷……1066
羣書會元截江網三十五卷……1066

全芳備祖前集二十七卷後集三十一卷…………1066
山堂考索前集六十六卷後集六十五卷續集五十六卷別集二十五卷…………1067
源流至論前集十卷後集十卷續集十卷別集十卷…………1068
玉海二百卷附辭學指南四卷…………1068
姓氏急就篇二卷…………1069
韻府羣玉二十卷…………1069
排韻增廣事類氏族大全二十二卷…………1070
荊川稗編一百二十卷…………1070
萬姓統譜一百四十六卷附氏族博考十四卷……1071
御定佩文韻府四百四十四卷…………1071
讀書紀數略五十四卷…………1072
別號錄九卷…………1074
宋稗類鈔三十六卷…………1075
類書類存目…………1077
聖賢羣輔錄二卷…………1077
標題補注蒙求三卷…………1078
春秋經傳類對賦一卷…………1078
詩律武庫前後集三十卷…………1078
璧水羣英待問會元選要八十二卷…………1079
翰墨大全一百二十五卷…………1079
侍兒小名錄拾遺一卷…………1080
諸史偶論十卷…………1080

敏求機要十六卷……1081
四六叢珠彙選十卷……1081
永樂大典二萬二千八百七十七卷目錄六十卷……1081
彊識略四十卷……1084
續文獻通考二百五十四卷……1084
春秋內外傳類選八卷……1085
同姓名錄八卷……1085
卷四十一……1086
小說家類一……1086
西京雜記六卷……1086
世說新語三卷……1088
朝野僉載六卷……1089
劉賓客嘉話錄一卷……1089
大唐傳載一卷……1089
教坊記一卷……1090
松窗雜錄一卷……1090
雲仙雜記十卷……1090
唐摭言十五卷……1091
鑑戒錄十卷……1092
南部新書十卷……1093
澠水燕談錄十卷……1094
歸田錄二卷……1094
嘉祐雜志二卷……1095
龍川略志十卷別志八卷……1096

後山談叢四卷……1096
孫公談圃三卷……1097
孔氏談苑四卷……1097
湘山野錄三卷續錄一卷……1097
玉壺野史十卷……1099
侯鯖錄八卷……1099
國老談苑二卷……1100
墨客揮犀十卷……1100
唐語林八卷……1102
南窗記談一卷……1102
過庭錄一卷……1103
萍洲可談三卷……1105
高齋漫錄一卷……1105
默記三卷……1106
揮麈前錄四卷後錄十一卷第三錄三卷餘話
二卷……1106
張氏可書一卷……1111
聞見前錄二十卷……1111
雞肋編三卷……1112
聞見後錄三十卷……1113
北窗炙輠錄一卷……1115
步里客談二卷……1115
桯史十五卷……1116
癸辛雜識前集一卷後集一卷續集二卷別集

二卷……1117
東南紀聞三卷……1118
歸潛志十四卷……1118
山房隨筆一卷……1120
遂昌雜錄一卷……1120
樂郊私語一卷……1120
輟耕錄三十卷……1121
菽園雜記十五卷……1124
先進遺風二卷……1125
卷四十二……1126
小說家類二……1126
山海經十八卷……1126
穆天子傳六卷……1127
神異經一卷……1128
漢武故事一卷……1128
漢武帝內傳一卷……1129
漢武洞冥記四卷……1130
拾遺記十卷……1130
續齊諧記一卷……1131
博異記一卷……1131
杜陽雜編三卷……1131
劇談錄二卷……1132
唐闕史一卷……1132
甘澤謠一卷……1132

稽神錄六卷……1132
太平廣記五百卷……1133
夷堅支志五十卷……1134
博物志十卷……1134
酉陽雜俎二十卷續集十卷……1134
淸異錄二卷……1137
小說家類存目……1137
燕丹子三卷……1137
漢雜事祕辛一卷……1138
談藪一卷……1138
三朝野史一卷……1138
雙槐歲鈔十卷……1138
孤樹裒談十卷……1139
今世說八卷……1139
幽怪錄一卷續幽怪錄一卷……1140
靑瑣高議前集十卷後集十卷……1141
五色線二卷……1141
續夷堅志二卷……1141
效顰集三卷……1141
敝帚軒剩語三卷補遺一卷……1141
觚賸八卷續編四卷……1142
古杭雜記詩集四卷……1142
釋家類……1142
弘明集十四卷……1142

廣弘明集三十卷……1143
法苑珠林一百二十卷……1143
法藏碎金錄十卷……1145
道院集要三卷……1145
佛祖統紀五十四卷……1146
神僧傳九卷……1146
道家類……1147
陰符經解一卷……1147
陰符經考異一卷……1147
道德指歸論六卷……1148
老子注二卷……1149
道德眞經注四卷……1150
關尹子一卷……1151
列子八卷……1151
沖虛至德眞經解八卷……1152
南華眞經新傳二十卷……1152
莊子口義十卷……1153
文子二卷……1153
文子纘義十二卷……1153
列仙傳二卷……1154
周易參同契通眞義三卷……1156
周易參同契考異一卷……1158
抱朴子內外篇八卷……1158
眞誥二十卷……1159

亢倉子一卷……1159
雲笈七籤一百二十二卷……1160
古文龍虎經注疏三卷……1160
易外別傳一卷……1161
道家類存目……1161
墉城集仙錄六卷……1161
華山志一卷……1162
元品錄五卷……1162
至游子二卷……1162
卷四十三……1163
集部……1163
楚辭類……1163
楚辭章句十七卷……1163
楚辭補注十七卷……1165
楚辭集注八卷辨證二卷後語六卷……1166
離騷草木疏四卷……1167
欽定補繪離騷全圖二卷……1168
別集類一……1168
蔡中郎集六卷……1168
曹子建集十卷……1171
嵇中散集十卷……1172
陸士龍集十卷……1173
陶淵明集八卷……1174
璿璣圖詩讀法一卷……1174

鮑參軍集十卷……1175
謝宣城集五卷……1176
江文通集四卷……1176
庾子山集注十六卷……1177
東皋子集三卷……1178
寒山子詩集二卷附豐干拾得詩一卷……1179
駱丞集四卷……1180
陳拾遺集十卷……1181
張燕公集二十五卷……1182
曲江集二十卷……1182
李北海集六卷附錄一卷……1183
李太白集三十卷……1183
分類補注李太白集三十卷……1185
九家集注杜詩三十六卷……1186
黄氏補注杜詩三十六卷……1187
集千家注杜詩二十卷……1187
杜詩詳注二十五卷附編二卷……1188
王右丞集箋注二十八卷附錄二卷……1188
高常侍集十卷……1189
孟浩然集四卷……1189
常建詩三卷……1190
次山集十二卷……1190
顔魯公集十五卷……1191
杼山集十卷……1192

韋蘇州集十卷……1193
卷四十四……1196
別集類二……1196
錢仲文集十卷……1196
翰苑集二十二卷……1196
權文公集十卷……1198
韓集舉正十卷外集舉正一卷……1199
原本韓文考異十卷……1199
別本韓文考異四十卷外集十卷遺文一卷……1201
五百家注音辯昌黎先生文集四十卷……1201
東雅堂韓昌黎集注四十卷外集十卷……1203
韓集點勘四卷……1203
詁訓柳先生文集四十五卷外集二卷新編外集一卷……1203
增廣注釋音辯柳集四十三卷……1204
五百家注音辯柳先生文集二十一卷外集二卷新編外集一卷龍城錄二卷附錄八卷……1205
劉賓客文集三十卷外集十卷……1205
呂衡州集十卷……1205
張司業集八卷……1207
皇甫持正集六卷……1208
李文公集十八卷……1208
歐陽行周集十卷……1209
李元賓文編三卷外編二卷……1210

孟東野集十卷……1211
長江集十卷……1212
昌谷集四卷外集一卷……1212
箋注評點李長吉歌詩四卷外集一卷……1213
絳守居園池記注一卷……1213
沈下賢集十二卷……1214
會昌一品集二十卷别集十卷外集四卷……1214
白氏長慶集七十一卷……1215
白香山詩集四十卷附錄年譜二卷……1216
樊川文集二十卷外集一卷别集一卷……1217
溫飛卿集箋注九卷……1217
丁卯集二卷續集二卷續補一卷集外遺詩一卷……1218
文泉子集一卷……1218
李羣玉集三卷後集五卷……1218
孫可之集十卷……1219
皮子文藪十卷……1220
笠澤叢書四卷補遺一卷……1221
詠史詩二卷……1223
雲臺編三卷……1223
韓內翰别集一卷……1224
玄英集八卷……1225
唐風集三卷……1226
徐正字詩賦二卷……1227
黃御史集十卷附錄一卷……1228

羅昭諫集八卷……1229
白蓮集十卷……1230
廣成集十二卷……1230
卷四十五……1232
別集類三……1232
騎省集三十卷……1232
河東集十五卷附錄一卷……1233
逍遙集一卷……1234
寇忠愍公詩集三卷……1235
乖崖集十二卷附錄一卷……1236
小畜集三十卷小畜外集七卷……1236
和靖詩集四卷……1238
穆參軍集一卷附錄遺事一卷……1239
晏元獻遺文一卷……1240
春卿遺稾一卷……1241
東觀集十卷……1242
宋景文集六十二卷補遺二卷附錄一卷……1243
文正集二十四卷別集四卷補編五卷……1243
河南集二十七卷……1245
徂徠集二十卷……1246
蔡忠惠集三十六卷……1246
祖英集二卷……1248
蘇魏公集七十二卷……1248
古靈集二十五卷……1249

伐檀集二卷……1249
傳家集八十卷……1250
淸獻集十卷……1251
盱江集三十七卷年譜一卷外集三卷……1251
金氏文集二卷……1251
公是集五十四卷……1252
邕州小集一卷……1252
丹淵集四十卷拾遺二卷年譜一卷附錄二卷……1253
鄖溪集三十卷……1253
錢塘集十四卷……1253
元豐類藁五十卷……1254
龍學文集十六卷……1255
宛陵集六十卷附錄一卷……1256
忠肅集二十卷……1257
范太史集五十五卷……1257
潞公集四十卷……1258
擊壤集二十卷……1258
鄱陽集十二卷……1259
曲阜集四卷……1260
南陽集三十卷附錄一卷……1261
節孝集三十卷附錄一卷……1262
文忠集一百五十三卷附錄五卷……1263
歐陽文粹二十卷……1265
嘉祐集十六卷附錄二卷……1265

臨川集一百卷……1267
王荆公詩注五十卷……1269
廣陵集三十卷拾遺一卷……1269
卷四十六……1272
別集類四……1272
東坡全集一百十五卷……1272
東坡詩集注三十二卷……1275
施注蘇詩四十二卷東坡年譜一卷王注正譌一卷蘇詩續補遺二卷……1278
補注東坡編年詩五十卷……1279
欒城集五十卷欒城後集二十四卷欒城三集十卷應詔集十二卷……1282
山谷內集三十卷外集十四卷別集二十卷詞一卷簡尺二卷年譜三卷……1283
山谷內集注二十卷外集注十七卷別集注二卷……1283
後山集二十四卷……1284
后山詩注十二卷……1284
宛邱集七十六卷……1285
淮海集四十卷後集六卷長短句三卷……1286
寶晉英光集八卷……1287
青山集三十卷續集七卷……1289
倚松老人集二卷……1290
長興集十九卷……1292

西塘集十卷……1293
景迂生集二十卷……1294
卷四十七……1295
別集類五……1295
樂圃餘稾十卷附錄一卷……1295
龍雲集三十二卷……1295
姑溪居士前集五十卷後集二十卷……1296
潏水集十六卷……1296
道鄉集四十卷……1297
游廌山集四卷……1297
樂靜集三十卷……1297
北湖集五卷……1298
日涉園集十卷……1299
慶湖遺老集九卷……1299
東堂集十卷……1300
劉給事集五卷……1301
劉左史集四卷……1301
唐子西集二十四卷……1302
宗忠簡集八卷……1304
梁溪集一百八十卷附錄六卷……1305
初寮集八卷……1305
丹陽集二十四卷……1306
毘陵集十五卷……1306
浮溪集三十六卷……1307

浮溪文粹十五卷……1308
莊簡集十八卷……1309
松隱文集三十九卷……1310
石林居士建康集八卷……1310
簡齋集十六卷……1311
北山小集四十卷……1313
櫟溪居士集十二卷……1314
筠溪集二十四卷……1314
苕溪集五十五卷……1314
三餘集四卷……1315
大隱集十卷……1315
卷四十八……1317
別集類六……1317
栟櫚集十六卷……1317
鄱陽集四卷……1318
陵陽集四卷……1318
灊山集三卷……1318
雲溪集十二卷……1319
盧溪集五十卷……1319
屏山集二十卷……1319
鴻慶居士集四十二卷……1319
內簡尺牘編注十卷……1321
藏海居士集二卷……1321
豫章文集十七卷……1322

和靖集八卷……1322
郴江百詠一卷……1322
雙溪集十五卷……1323
少陽集十卷……1323
歐陽修撰集七卷……1324
東溪集二卷附錄一卷……1325
岳武穆遺文一卷……1326
雪溪集五卷……1327
東萊詩集二十卷……1327
澹菴文集六卷……1328
文定集二十四卷……1328
縉雲文集四卷……1329
嵩山居士集五十四卷……1329
知稼翁集二卷……1330
香溪集二十二卷……1330
雲莊集五卷……1331
竹軒雜著六卷……1331
竹洲集二十卷附棣華雜著一卷……1332
鄂州小集六卷附錄二卷……1332
晦菴集一百卷續集五卷別集七卷……1333
梁谿遺稾一卷……1336
文忠集二百卷……1337
網山集八卷……1338
東萊集四十卷……1338

止齋文集五十一卷附錄一卷……1339
格齋四六一卷……1340
梅溪集五十四卷……1340
攻媿集一百一十二卷……1341
卷四十九……1343
別集類七……1343
乾道稾一卷淳熙稾二十卷章泉稾五卷……1343
雙溪集二十七卷……1344
緣督集二十卷……1344
象山集二十八卷外集四卷附語錄四卷……1345
慈湖遺書十八卷續集二卷……1346
絜齋集二十四卷……1347
舒文靖集二卷……1348
雲莊集十二卷……1348
野處類稾二卷……1349
芸菴類稾六卷……1350
浪語集三十五卷……1350
石湖詩集三十四卷……1350
誠齋集一百三十三卷……1351
劍南詩稾八十五卷……1353
渭南文集五十卷逸稾二卷……1354
放翁詩選前集十卷後集八卷附別集一卷……1355
頤菴居士集二卷……1356
水心集二十九卷……1356

南澗甲乙稾二十二卷……1357
石屏集六卷……1357
江湖長翁文集四十卷……1359
省齋集十卷……1359
南軒集四十四卷……1359
勉齋集四十卷……1359
山房集九卷……1360
二薇亭集一卷……1361
洺水集三十卷……1361
龍川文集三十卷……1362
龍洲集十四卷附錄二卷……1362
鶴山全集一百九卷……1363
西山文集五十五卷……1364
平齋文集三十二卷……1365
翠微南征錄十一卷……1366
安晚堂詩集七卷……1367
卷五十……1369
別集類八……1369
友林乙稿一卷……1369
方壺存稾八卷……1370
鐵菴集三十七卷……1372
默齋遺稾二卷……1372
履齋遺集四卷……1373
敝帚稾略八卷……1374

滄浪集二卷……1374
後村集五十卷……1375
澗泉集二十卷……1376
矩山存稾五卷……1377
彝齋文編四卷……1377
玉楮集八卷……1378
秋崖集四十卷……1378
芸隱橫舟稾一卷芸隱倦遊稾一卷……1380
蒙川遺稾四卷……1380
北磵集十卷……1380
孝詩一卷……1381
文山集二十一卷……1382
文信公集杜詩四卷……1383
疊山集五卷……1384
本堂集九十四卷……1384
須溪集十卷……1385
蘭皐集三卷……1385
柳塘外集四卷……1385
四明文獻集五卷……1386
秋堂集三卷……1386
牟氏陵陽集二十四卷……1386
湖山類稾五卷水雲集一卷……1387
晞髮集十卷……1388
潛齋文集十一卷附鐵牛翁遺稾一卷……1389

四如集五卷……1389
林霽山集五卷……1390
勿軒集八卷……1391
廬山集五卷英溪集一卷……1393
西湖百詠二卷……1393
富山遺稾十卷……1394
百正集三卷……1394
紫巖詩選三卷……1395
寧極齋稾一卷附愼獨叟遺稾一卷……1395
自堂存稾四卷……1396
卷五十一……1397
別集類九……1397
拙軒集六卷……1397
滏水集二十卷……1397
滹南遺老集四十五卷……1397
湛然居士集十四卷……1399
藏春集六卷……1400
歸田類稾二十四卷……1400
桐江續集三十七卷……1401
野趣有聲畫二卷……1403
月屋漫稾一卷……1403
剡源集三十卷……1403
牆東類稾二十卷……1404
水雲村稾十五卷……1405

巴西文集一卷……1405
屏巖小稾一卷……1405
竹素山房詩集三卷……1406
松鄉文集十卷……1406
松雪齋集十卷外集一卷……1407
吳文正集一百卷……1408
金淵集六卷……1409
湛淵集一卷……1409
牧潛集七卷……1409
還山遺稾二卷附錄一卷……1410
魯齋遺書八卷附錄二卷……1411
靜修集三十卷……1412
存悔齋稾一卷補遺一卷……1413
默菴集五卷……1414
秋澗集一百卷……1414
雪樓集三十卷……1415
曹文貞詩集十集後錄一卷……1415
申齋集十五卷……1416
弁山小隱吟錄二卷……1416
知非堂稾六卷……1417
雲林集六卷附錄一卷……1417
梅花字字香前集一卷後集一卷……1418
靜春堂集四卷……1418
惟實集四卷外集一卷……1419

石田集十五卷……1419
道園學古録五十卷……1420
道園遺稾六卷……1421
楊仲弘集八卷……1422
范德機詩七卷……1422
文安集十四卷……1423
翠寒集一卷……1423
檜亭集九卷……1423
黄文獻集十卷……1424
圭齋集十五卷附録一卷……1425
所安遺集一卷……1427
禮部集二十卷……1428
秋聲集四卷……1428
雁門集三卷集外詩一卷……1429
杏亭摘稾一卷……1429
安雅堂集十三卷……1429
傅與礪詩文集二十卷……1430
俟菴集三十卷……1431
青陽集四卷……1431
鯨背吟集一卷……1431
近光集三卷扈從詩一卷……1432
經濟文集六卷……1432
純白齋類稾二十卷附録二卷……1433
圭峯集二卷……1433

蛻菴集五卷……1434
五峯集六卷……1435
野處集四卷……1435
夢觀集五卷……1435
金臺集二卷……1436
子淵詩集六卷……1436
栲栳山人集三卷……1436
卷五十二……1438
別集類十……1438
玩齋集十卷拾遺一卷……1438
羽庭集六卷……1438
句曲外史集三卷補遺三卷集外詩一卷……1438
僑吳集十二卷……1440
詠物詩一卷……1441
鹿皮子集四卷……1441
林外野言二卷……1442
師山文集八卷遺文五卷附錄一卷……1442
友石山人遺稾一卷……1444
聞過齋集八卷……1444
北郭集六卷補遺一卷……1444
玉笥集十卷……1445
丁鶴年集一卷……1445
貞素齋集八卷附錄一卷北莊遺稾一卷……1447
一山文集九卷……1447

江月松風集十二卷……1448
龜巢集十七卷……1449
梧溪集七卷……1449
樵雲獨唱六卷……1451
靜思集十卷……1452
九靈山房集三十卷補編二卷……1452
灤京雜詠一卷……1453
雲陽集十卷……1453
佩玉齋類稾十卷……1454
清閟閣集十二卷……1455
玉山璞稾一卷……1457
來鶴亭詩八卷補遺一卷……1457
花溪集三卷……1458
東山存稾七卷附錄一卷……1458
東維子集三十卷附錄一卷……1458
復古詩集六卷……1459
夷白齋稾三十五卷外集一卷……1460
可閒老人集四卷……1461
石門集七卷……1462
卷五十三……1463
別集類十一……1463
明太祖文集二十卷……1463
宋學士全集三十六卷……1463
宋景濂未刻集二卷……1466

誠意伯文集二十卷……1467
翠屏集四卷……1468
說學齋稾四卷……1469
雲林集二卷……1471
槎翁詩集八卷……1472
白雲稾五卷……1472
密菴集八卷……1472
淸江詩集十卷文集三十一卷……1472
胡仲子集十卷……1473
白石山房逸稾二卷……1474
滄螺集六卷……1474
臨安集六卷……1474
藍山集六卷……1474
藍澗集六卷……1475
大全集十八卷……1476
鳧藻集五卷……1476
靜居集四卷……1476
北郭集六卷……1477
半軒集十四卷……1477
西郊笑端集二卷……1477
耕學齋詩集十二卷……1478
強齋集十卷……1479
海桑集十卷……1479
竹齋集三卷續集一卷附錄一卷……1480

海叟集四卷集外詩一卷……1480
希澹園詩三卷……1481
滎陽外史集七十卷……1481
全室外集九卷續集一卷……1481
峴泉集四卷……1482
唐愚士詩二卷附會稽懷古詩一卷……1482
練中丞集二卷……1482
遜志齋集二十四卷……1482
靜學文集一卷……1483
野古集三卷……1484
文毅集十六卷……1485
虛舟集五卷……1486
東里全集九十七卷別集四卷……1486
省愆集二卷……1486
古廉集十一卷附錄一卷……1487
于忠肅集十三卷……1487
倪文僖集三十二卷……1488
白沙集九卷……1488
竹巖詩集一卷文集一卷補遺一卷……1490
清風亭稾七卷……1490
方洲集二十六卷附讀史錄四卷……1490
椒邱文集四十四卷……1491
石田詩選十卷……1491
清谿漫稾二十四卷……1492

康齋文集十二卷……1492
卷五十四……1493
別集類十二……1493
一峯集十卷……1493
篁墩集九十三卷……1493
震澤集三十六卷……1494
容春堂前集二十卷後集十四卷續集十八卷
別集九卷……1494
羅圭峯文集三十卷……1494
西村集八卷附錄一卷……1495
柏齋集十一卷……1495
大復集三十八卷……1496
迪功集六卷附談藝錄一卷……1496
太白山人漫稾八卷……1497
東洲初稾十四卷……1497
雲郁文集十四卷……1498
甫田集三十五卷附錄一卷……1498
遵巖集二十五卷……1499
念菴集二十二卷……1499
荊川集十二卷……1499
宗子相集十五卷……1502
霞川文集三十卷別集十卷……1502
劉蕺山集十七卷……1502
忠肅集三卷……1504

倪文貞集十七卷續編三卷奏疏十二卷講編
四卷詩集四卷……1505
梅村集四十卷……1505
湯子遺書十卷附錄一卷……1506
學餘堂文集二十八卷詩集五十卷外集二卷……1506
林蕙堂集二十六卷……1507
精華錄十卷……1507
堯峰文鈔五十卷……1508
松桂堂全集三十七卷延露詞三卷南徃集三卷……1508
曝書亭集八十卷附錄一卷……1509
西河文集一百七十九卷……1511
陳檢討四六二十卷……1512
蓮洋詩鈔十卷……1512
西陂類稾三十九卷……1513
湛園集八卷……1514
古懽堂集三十六卷附黔書二卷長河志籍考
十卷……1514
因園集十三卷……1515
敬業堂集五十卷……1517
望溪集八卷……1519
香屑集十八卷……1519
樊榭山房集二十卷……1520
果堂集十二卷……1521
卷五十五……1523

別集類存目……1523
杜律注二卷……1523
讀杜心解六卷……1523
樊紹述集注二卷……1524
李長吉歌詩彙解五卷……1524
歐陽遺粹十卷……1526
東坡外集八十六卷……1527
山谷刀筆二十卷……1528
精華錄八卷……1528
斜川集十卷……1530
雙峯存稾六卷……1531
李忠定集選四十四卷……1532
志道集一卷……1532
分類誠齋文膾後集十二卷……1533
朱子大同集十三卷……1533
止齋論祖五卷……1533
棠湖詩稾一卷……1534
斷腸集二卷……1534
石堂遺集四卷……1536
翦綃集二卷……1536
牧萊脞語十二卷二稾八卷……1536
心史七卷……1537
羅滄洲集五卷……1539
輝山存稾一卷……1540

剡源文鈔四卷……1540
水鏡集一卷……1541
存復齋集十卷……1541
坦齋文集二卷……1541
甘白集六卷……1543
黄忠宣集八卷……1543
林公輔集三卷……1543
東行百詠集句九卷附芳洲年譜一卷……1544
草窗集一卷……1544
菉竹堂稾八卷……1544
鳴秋集二卷……1544
龍皋文集十九卷……1545
石淙稾十九卷……1545
集古梅花詩四卷……1545
山堂萃稾十六卷……1546
常評事集一卷……1546
東原集七卷……1546
世經堂集二十六卷……1546
笠江集十二卷……1547
龍溪全集二十卷……1547
許水部稾三卷……1548
敬所文集三十卷……1548
太岳集四十六卷……1548
卓澂甫詩續集三卷……1549

李湘洲集十卷補遺一卷……1549
譚友夏合集二十三卷……1550
花王閣賸稾一卷……1551
石屋山居詩一卷……1551
金文通集二十卷……1552
南雷文定十一卷文約四卷……1552
二曲集二十二卷……1552
水田居士文集五卷……1553
擬故宮詞一卷……1553
精華錄訓纂十卷……1554
七頌堂集十四卷……1555
秋笳集八卷……1555
陋軒詩四卷……1556
臨野堂文集十卷……1557
有懷堂詩文稾二十八卷……1557
青門簏集十六卷附邵氏家錄一卷青門旅稾六卷青門賸稾八卷……1557
思復堂集十卷……1558
湛園未定稾六卷……1559
樸學齋詩集十卷……1559
滋蘭堂詩集十卷……1559
集虛齋學古文十二卷……1559
白田草堂存稾二十四卷……1562
寒香草堂集四卷……1563

抗言在昔集一卷……………………………………1563

栢坡居士集十二卷……………………………………1565

睫巢集六卷後集一卷…………………………………1566

卷五十六…………………………………………………1567

總集類一…………………………………………………1567

總集類……………………………………………………1567

文選注六十卷……………………………………………1567

六臣注文選六十卷………………………………………1570

玉臺新詠十卷……………………………………………1571

河岳英靈集三卷…………………………………………1572

中興間氣集二卷…………………………………………1572

二皇甫集七卷……………………………………………1573

竇氏聯珠集五卷…………………………………………1573

才調集十卷………………………………………………1574

搜玉小集一卷……………………………………………1574

古文苑二十一卷…………………………………………1575

文苑英華一千卷…………………………………………1578

唐文粹一百卷……………………………………………1579

西崑酬唱集二卷…………………………………………1580

同文館唱和詩十卷………………………………………1582

唐百家詩選二十卷………………………………………1583

會稽掇英總集二十卷……………………………………1587

樂府詩集一百卷…………………………………………1588

古今歲時雜詠四十六卷…………………………………1588

嚴陵集九卷……1589
萬首唐人絕句詩九十一卷……1590
聲畫集八卷……1591
宋文鑑一百五十卷……1591
五百家播芳大全文粹一百十卷……1594
崇古文訣三十五卷……1596
文章正宗二十卷續集二十卷……1596
天台前集三卷前集別編一卷續集三卷續集別編六卷……1597
赤城集十八卷……1598
衆妙集一卷……1599
江湖小集九十五卷……1599
江湖後集二十四卷……1601
三體唐詩六卷……1602
吳都文粹九卷……1603
月泉吟社一卷……1604
三國文類六十卷……1605
詩家鼎臠二卷……1605
柴氏四隱集三卷……1606
卷五十七……1607
總集類二……1607
中州集十卷附中州樂府一卷……1607
唐詩鼓吹十卷……1608
瀛奎律髓四十九卷……1610

谷音一卷……1611
梅花百詠一卷……1612
河汾諸老詩集八卷……1612
天下同文集四十四卷……1612
圭塘欸乃集二卷……1613
忠義集七卷……1613
元文類七十卷目錄三卷……1613
元風雅前集十二卷後集十二卷……1615
古樂府十卷……1616
玉山名勝集八卷外集一卷……1617
草堂雅集十三卷……1619
玉山紀遊一卷……1621
元音遺響十卷……1622
風雅翼十四卷……1622
荊南倡和集一卷……1623
唐詩品彙九十卷拾遺十卷……1623
元詩體要十四卷……1624
明文衡九十八卷……1624
經義模範一卷……1624
全蜀藝文志六十四卷……1625
文氏五家詩十四卷……1627
吳都文粹續集五十六卷補遺一卷……1628
石倉歷代詩選五百六卷……1628
四六法海十二卷……1629

隋文紀八卷……1629
釋文紀四十五卷……1630
卷五十八……1631
總集類三……1631
御選古文淵鑒六十四卷……1631
御定全金詩七十四卷……1631
明文海四百八十二卷……1632
唐賢三昧集三卷……1632
明詩綜一百卷……1633
宋詩鈔一百六卷……1637
宋元詩會一百卷……1641
元詩選一百一十一卷……1643
檇李詩繫四十二卷……1643
南宋雜事詩七卷……1644
總集類存目……1644
文選音義八卷……1644
中州啓劄二卷……1646
唐詩說二十一卷……1647
殘本光嶽英華十五卷……1647
金蘭集三卷附錄一卷……1647
江南春詞一卷……1647
春秋詞命三卷……1648
金華正學編十二卷……1648
崑山雜詠二十八卷……1648

唐音戊籤二百一卷閏餘六十四卷……1649
梁園風雅二十七卷……1650
詩歸五十一卷……1650
吳興藝文補四十八卷……1651
二十六家唐詩(無卷數)……1652
三蘇文粹七十卷……1652
古詩選三十二卷……1652
十種唐詩選十七卷……1653
明文授讀六十二卷……1653
楚風補五十卷……1655
卷五十九……1657
詩文評類……1657
文心雕龍十卷……1657
文心雕龍輯注十卷……1658
詩品三卷……1658
優古堂詩話一卷……1660
詩話總龜前集四十八卷後集五十卷……1660
彥周詩話一卷……1662
珊瑚鉤詩話三卷……1662
石林詩話一卷……1662
歲寒堂詩話二卷……1663
韻語陽秋二十卷……1663
唐詩紀事八十一卷……1663
四六談麈一卷……1664

竹坡詩話一卷……1664
苕溪漁隱叢話前集六十卷後集四十卷……1666
誠齋詩話一卷……1667
滄浪詩話一卷……1668
詩人玉屑二十卷……1668
草堂詩話二卷……1669
對牀夜話五卷……1670
修辭鑑衡二卷……1670
金石例十卷……1671
懷麓堂詩話一卷……1672
漁洋詩話三卷……1672
師友詩傳錄一卷續錄一卷……1673
聲調譜一卷……1674
宋詩紀事一百卷……1675
五代詩話十卷……1675
詩文評類存目……1677
詩式一卷……1677
吟窗雜錄五十卷……1677
全唐詩話十卷……1678
蠖齋詩話二卷……1678
圍爐詩話八卷……1679
原詩四卷……1679
卷六十……1681
詞曲類……1681

樂章集一卷……1681
安陸集一卷附錄一卷……1682
東坡詞一卷……1682
小山詞一卷……1682
晁无咎詞六卷……1683
漱玉詞一卷……1684
蘆川詞一卷……1686
于湖詞三卷……1687
克齋詞一卷……1687
稼軒詞四卷……1688
白石道人歌曲四卷別集一卷……1688
夢窗稾四卷補遺一卷……1689
斷腸詞一卷……1690
山中白雲詞八卷……1690
珂雪詞二卷……1691
尊前集二卷……1691
樂府雅詞三卷補遺一卷……1692
花菴詞選二十卷……1693
類編草堂詩餘四卷……1693
樂府補題一卷……1696
詞綜三十四卷……1696
十五家詞三十七卷……1697
碧雞漫志一卷……1697
沈氏樂府指迷一卷……1699

欽定詞譜四十卷……1699
詞律二十卷……1699
中原音韻二卷……1699
詞曲類存目……1700
壽域詞一卷……1700
風雅遺音二卷……1701
後村別調一卷……1701
宋名家詞無卷數……1701
樂府指迷一卷……1701
詞旨一卷……1702
張小山小令二卷……1702
碧山樂府五卷……1702
朝野新聲太平樂府八卷……1703
總目補正補遺
經部……1704
四書類……1704
四書逸箋六卷……1704
子部……1706
雜家類……1706
緯略十二卷……1706
南閩漫錄十卷……1707
集部……1708
詩文評類……1708
五代詩話十卷……1708

未收書目補正

卷一……1711
九國志十二卷……1711
皇宋通鑑長編紀事本末一百五十卷……1712
嘉定鎮江志二十二卷……1713
至順鎮江志二十一卷……1713
嚴氏明理論三卷後集一卷……1714
陸士衡文集十卷……1714
注解章泉澗泉二先生選唐詩五卷……1715
續復古編四卷……1715
四書待問二十二卷……1716
聱隅子二卷……1717
梅花喜神譜二卷……1717
晁具茨集十五卷……1717
通玄眞經注十二卷……1718
漢文鑑二十一卷……1718
蘋洲漁笛譜二卷……1718
洞霄詩集十四卷……1719
燕喜詞一卷……1719
重修琴川志十五卷……1719
華陽陶隱居集二卷……1721
三術撮要一卷……1721
鐵崖賦稾一卷……1722
日湖漁唱一卷……1723

重編海瓊白玉蟾文集六卷續集二卷……………1723
說文解字補義十二卷……………………………1724
支遁集二卷………………………………………1724
羣書治要五十卷…………………………………1724
岑嘉州集八卷……………………………………1725
讖書五卷…………………………………………1726
寶祐四年會天曆一卷……………………………1728
衢本郡齋讀書志二十卷…………………………1728
孫子十家注十三卷………………………………1730
千金寶要十七卷…………………………………1730
一切經音義二十五卷……………………………1732
古清涼傳二卷廣清涼傳三卷續清涼傳二卷……1732
道德眞經傳四卷…………………………………1733
春秋集傳十九卷…………………………………1733
九經疑難四卷……………………………………1734
爾雅新義二十卷…………………………………1735
太常因革禮一百卷………………………………1737
卷二…………………………………………………1738
史載之方二卷……………………………………1738
書齋夜話四卷……………………………………1740
遁甲符應經三卷…………………………………1740
增廣箋注簡齋詩集三十卷………………………1740
平安悔稾十二卷…………………………………1740
分類唐歌詩殘本十一卷…………………………1741

觀瀾集注三十卷……1742
陽春白雪八卷外集一卷……1742
元祕史十五卷……1742
遊志續編二卷……1744
桐江集八卷……1744
王徵士詩集八卷……1745
名儒草堂詩餘三卷……1745
名家詞十卷……1745
律文十二卷音義一卷……1746
莆陽比事七卷……1748
玉函經一卷……1748
詩說十二卷……1749
漢唐事箋十二卷後集八卷……1750
崑山郡志六卷……1750
羣書類編故事二十四卷……1751
釣磯文集五卷……1751
編類運使復齋郭公敏行錄……1752
廣黃帝本行記一卷……1752
圖解素問要旨論八卷……1753
元風雅三十卷……1753
通紀七卷續五卷……1754
增廣鐘鼎篆韻七卷……1755
玉峰志三卷玉峰續志一卷……1756
長春子遊記二卷……1756

軒轅黃帝傳一卷……1757
關尹子言外經旨三卷……1758
道德經論兵要義四卷……1758
遺山樂府五卷……1758
唐陸宣公奏議注十五卷……1759
楊氏算法三卷……1760
續墨客揮犀十卷……1761
陶靖節詩注四卷……1761
貞一齋詩文稾二卷……1762
輿地紀勝二百卷……1762
跋……1764

四庫全書總目提要補正卷一

繆荃孫丁氏善本書室藏書志序云:“考撰人之仕履，釋作書之宗旨，顯徵正史，僻采稗官，揚其所長，糾其不逮，四庫提要實集古今之大成。” 俞樾春在堂尺牘與陸存齋云:“大著正紀二卷，議論持平，考訂該洽，如摘盧刻大傳之譌;論北宋以前史記集解與索隱、正義無合刻本;辨楊誠齋不以黨禁罷官。皆確鑿有據。僕史學荒疏，末由贊一辭。重違來意，聊識數語於上方，不足以裨補高深也。惟鄙意竊有所未安者，提要雖紀文達手筆，而實是欽定之書。觀其進簡明目錄表有曰:‘元元本本，總歸聖主之權衡。是是非非，盡掃迂儒之膠柱。’則固有以間執後人之口矣。非如楊氏丹鉛錄，私家著述，陳氏耀文不妨有正楊之作也。世道多艱，人言可畏，吾輩生平又不爲俗人所喜，得無有持其後者乎!此鄙人‘彭祖觀井蔡公過航’之私見，未識高明以爲何如?” 李慈銘孟學齋日記丙集上云:“四庫總目雖紀文達、陸耳山總其成，然經部屬之戴東原，史部屬之邵南江，子部屬之周書倉，皆各集所長。書倉於子，蓋極畢生之力，吾鄉章實齋爲作傳言之最悉。故是部綜錄獨富，雖間有去取失宜及部敍未當者，要不能以一疵掩也。耳山後入館而先歿，雖及見四部之成，而目錄頒行時已不及待。故今言四庫者，盡歸功文達；然文達名博覽，而於經史之學實疏，集部尤非當家。經史幸得戴、邵之助，故經則力尊漢學，識詣旣眞，別裁自易。史則耳山本精於考訂，南江尤爲專門，故所失亦尠。子則文達涉略旣徧，又取資貸園，彌爲詳密。惟集部頗漏略乖錯，多滋異議。”

經部總敍

夫漢學具有根柢，講學者以淺陋輕之，不足服漢儒也；宋學具有精微，讀書者以空疏薄之，亦不足服宋儒也。

紀昀灤陽消夏錄云：“夫漢儒以訓詁專門，宋儒以義理相尙，似漢學粗而宋學精。然不明訓詁，義理何自而知？概用詆排，視猶土苴，未免旣成大輅，追斥椎輪，得濟迷川，遽焚寶筏，於是攻宋儒者又紛紛而起。故余撰四庫全書詩部總敍有曰：‘宋儒之攻漢儒，非爲說經起見也，特求勝於漢儒而已；後人之攻宋儒，亦非爲說經起見也，特不平宋儒之詆漢儒而已。’韋蘇州詩曰：‘水性自云靜，石中亦無聲。如何兩相激，雷轉空山驚。’此之謂矣。平心而論，王弼始變舊說，爲宋學之萌芽。宋儒不攻孝經，詞義明顯。宋儒所爭，祗今文、古文字句，亦無關弘旨，均姑置弗議。至尙書、三禮、三傳、毛詩、爾雅諸注疏，皆根據古義，斷非宋儒所能。論語、孟子，宋儒積一生精力字斟句酌，亦斷非漢儒所及。蓋漢儒重師傳，淵源有自。宋儒尙心悟，研索易深。漢儒或執舊文，過於信傳。宋儒或憑臆斷，勇於改經。計其得失，亦復相當。惟漢儒之學，非讀書稽古不能下一語。宋儒之學，則人人皆可以空談。其間蘭艾同生，誠有不盡饜人心者，是嗤點所自來。此種虛構之詞，亦非無因而作也。”羅汝懷綠漪草堂文集二十一與曾侍郎書云：“姚比部之論學也，謂必兼義理、詞章、考證。故惜抱集中，不乏考證之文；而復患矜尙漢學者之蔑棄宋儒，故爲危厲之辭，以爲非毀程、朱之必至絕嗣，其說頗近陰隲之談。然其時所與游，如袁子才頗議程、朱而不事漢學。孔撝約、錢獻之輩，專事漢學而不毀程、朱。然則比部所言亦何指乎？殆爲四庫纂修而發，其意亦見於尺牘中。蓋提要一書，於理學不無微辭。雖不顯議紫陽，而於各書中時引昔人指摘之語。比部大不謂然；而又不顯議提要，則借漢學以抒其憤。究之，戴爲漢學，紀非漢學，可知比部亦但惡非毀程、朱之人耳。今引申比部之說而揚其波，至謂漢學不知世有義理，大決廉恥之防，此與孫侍講之‘時事壞於漢學’同一不察也。”

經 部

易 類 一

子夏易傳十一卷

舊本題卜子夏撰，案，說易之家，最古者莫若是書，其僞中生僞至一至再而未已者亦莫若是書。唐會要載“開元七年詔:‘子夏易傳近無習者，令儒官詳定。’劉知幾議曰:‘漢志易有十三家而無子夏作傳者，至梁阮氏七錄始有子夏易六卷。或云韓嬰作，或云丁寬作，然據漢書韓易十二篇，丁易八篇。求其符合，事殊隳刺，必欲行用，深以爲疑。’司馬貞議亦曰:‘案劉向七略有子夏易傳，但此書不行已久，今所存多失眞本。’荀勖中經簿云:‘子夏傳四卷，或云丁寬，’”是先達疑非子夏矣。又隋書經籍志云:“子夏傳殘闕，梁六卷，今二卷，”知其書錯謬多矣。又王儉七志引劉向七略云:“易傳，子夏韓氏嬰也；今題不稱韓氏而載薛虞記。其質粗略，旨趣非遠，無益後學”云云。是唐以前所謂子夏傳已爲僞本。晁説之傳易堂記又稱:“今號爲子夏傳者乃唐張弧之易，”案，弧唐末爲大理寺評事，有素履子，別著錄。是唐時又一僞本並行。故宋國史志以假託子夏易傳與眞子夏易傳兩列其目，而崇文總目亦稱“此書篇第略依王氏，決非卜子夏之文”也。朱彝尊經義考證以陸德明經典釋文、李鼎祚周易集解、王應麟困學紀聞所引，皆今本所無。德明、鼎祚猶曰在張弧以前，應麟乃南宋末人，何以當日所見與今本又異？然則今本又出僞託，不但非子夏書，亦並非張弧書矣。

惠棟九經古義云:“隋經籍志有‘卜子夏周易傳二卷，殘缺，梁有六卷。’七略云:‘漢興，韓嬰傳。’中經簿錄云:‘丁寬所作。’張璠云:‘或馯臂子弓所作，薛虞記。’今所傳子夏易傳十一卷，以釋文及李氏集解校之，無一字相合者，案其文又淺近。或曰:‘唐人張弧僞作，’非也。此書與郭氏易舉正皆宋人僞撰，託之子夏、郭京者。唐時漢易尙存，子夏書雖殘缺，李鼎祚猶及采之。宋以來經典散亡，無可考證，故令二僞書傳於世，遺誤至今。有志於經學者，急須辭而闢之。”玉縉案：提要於周易舉正下嘗舉惠棟書名而此不之及。蓋已舉經義攷，而又未敢顯論是書之得失，由提要非出一人之手耳。 臧鏞堂拜經日記云：“釋文敍錄：‘子夏易傳三卷，卜商字子夏，衞人，孔子弟子，魏文侯師。’七略云：‘漢興，韓嬰傳。’中經簿錄云：‘丁寬所作。’張璠云：‘或馯臂子弓所作，薛虞記，’虞不詳何許人？文苑英華載唐司馬貞議云：‘王儉七志引劉向七略云：‘易傳，子夏韓氏嬰也；今題不稱韓氏而載薛虞記。又今祕閣有子夏傳，薛虞記。’又劉子玄議云：‘漢書藝文志：易有十三家，而無子夏作傳者。至梁阮氏七錄，始有子夏易六卷，或云韓嬰作，或云丁寬作，然據漢書藝文志韓易有十案：漢志韓氏二篇，脫十字，當補。二篇，丁易有八篇，求其符會，則事殊隳刺者矣。’隋書經籍志：‘周易二卷，魏文侯師卜子夏傳，殘缺。梁六卷。’庸案：考校是非，大較以最初者爲主，雖千百世之下可定也。七略劉子駿作，班孟堅據之以撰藝文志。七略旣云是漢興子夏韓氏嬰傳，便可知非孔子弟子卜子夏矣。漢書儒林傳云：‘韓嬰，燕人也，孝文時爲博士，景帝時至常山太傅。嬰推詩人之意而作內、外傳數萬言，亦以易授人，推易意爲之傳。燕、趙間好詩，故其易微，惟韓氏自傳之。孝宣時涿郡韓生，其後也。以易徵，待詔殿中，所受易，卽太傅所傳也。嘗受韓詩，不如韓氏易深，故專傳之。司隸校尉蓋寬饒，本受易於孟喜，見涿韓生說易而好之，卽更從受焉，’此尤爲韓嬰作易傳之明證。嬰爲幼孩，故名嬰字子夏，夏，大也，漢志：‘易傳韓氏二篇，名嬰，’與劉略合。但孟堅於志、傳皆祗書其名而不載其字，所以滋後人之疑。王儉、陸德明所引七略，可補班書所未備。其卷數多寡，第因分幷殘缺之由，不足遽。故漢志二卷，梁分六卷，至釋文三卷，隋、唐志二卷，又漸爲殘亡之徵也。中經簿錄係晉荀勗所爲，不知何以始誤爲丁寬？案漢志：‘寬字子襄’非子夏。宋王儉七志、梁阮孝緒七錄，俱載異人之說而不能定，至隋、唐志更專屬之卜子夏，益爲誣矣。” 張惠言易義別錄云：“漢書藝文志，易有韓氏二篇丁氏八篇，而無馯臂子弓，則張璠之言不足信。丁寬受易田何，上及馯臂子弓，受之商瞿，非自子夏，則荀勗言丁寬亦非。劉向父子博學近古，以爲韓嬰，當必有據。儒林傳稱‘韓生亦以易授人，推易意而爲之傳。’不聞其所受，意者出於子夏與商瞿之傳異耶！今所傳子夏傳十一卷，崇文總目云十卷。以釋文、集解諸書所引校之，都不相合。晁以道云：‘是唐張弧所作。’惠徵士棟以爲‘唐時子夏殘書尙存，無容僞爲；爲之必宋人也。’然予謂卽唐時二卷者亦非眞韓氏書，其文淺近卑弱，不類漢人。殆永嘉以後，羣書旣亡，好事者聚斂衆說而爲之。朱子發云：‘孟喜、京房之學，大要皆自子夏傳而出，’此不察之言也。孟、京之易，傳之商瞿，豈得出於子夏哉！子發又以‘七日來復’傳，證京房六爻之義，以‘井谷射鮒’傳，證井爲五月之卦,固有合者。要之爲傳者取於孟、京,非孟、京取於此傳,觀其文義可知也。然晁以道云:‘二卷之書不傳,’而漢上易傳所引皆非十一卷之僞書,則似朱子發見之者,其復出於晁後耶!而何時亡之?又不可曉也。”宋翔鳳過庭錄云:“漢書儒林傳稱:‘魯商瞿子木受易孔子,以授魯橋庇子庸;子庸授江東馯臂子弓;子弓授燕周醜子家。’則子家當爲六國時人,受子弓之易傳於燕地。韓嬰之以易授人,自必有所傳,蓋出於子弓,故張璠稱子夏易傳或馯臂子弓所作。子弓之易,又五傳而至丁寬,故或以爲丁寬作。蓋嬰孫商爲博士,當亦爲詩博士。玉縉案:嬰傳有‘後其孫商爲博士’語。孝宣時,其後韓生始以易徵待詔殿中,則韓氏之易,至是始顯。子夏當是韓商之字,與卜子夏名字正同。當是取傳韓氏易最後者題其書,故韓氏易傳爲子夏傳也。”沈濂懷小編云:“玉海藝文部:孫坦曰:‘世有子夏傳,以爲親得孔子之緼。觀其辭略而不粹,間或取春秋左氏傳證之,晚又得十八占,稱天子曰縣官,嘗疑漢杜子夏之學,及讀杜傳,見引明夷對策疑始釋然。不然,班固敍儒林,何以言易始於商瞿子木而遽遺卜商也哉?’案釋文序錄:子夏易傳三卷。七略云:‘漢興,韓嬰傳。’中經簿錄云:‘丁寬所作。’張璠云:‘或馯臂子弓所作,薛虞記。’據此,疑此書僞撰,說者不能定其人。晁氏志:景迂云:‘唐張弧僞作。’攷唐志卜商傳二卷,今乃十卷。釋文所引,與今本間有合者。若云‘地得水而柔,水得地而流,故曰比。’今本作‘地藏水而澤,水得地而安,’但小異耳。

至'束帛戔戔'作'殘殘',又云:'五匹爲束,三玄二纁,象陰陽,'今本並無此文。然則易傳爲後人附益者多,而釋文所有,反缺而不載。不但非卜氏所著,亦併非晉以前之僞傳也。"馬國翰玉函山房輯佚書有周易子夏傳二卷,云:"周卜商撰,商字子夏,衞人,孔子弟子,爲魏文侯師,事蹟詳史記仲尼弟子傳。其易傳漢志不著錄,王儉七志引劉向七略云:'易傳,子夏韓氏嬰也。'荀勗中經簿云:'子夏傳四卷,或云丁寬所作。'張璠云:'或馯臂子弓所作,薛虞記。'阮孝緒七錄云:'六卷,'隋書經籍志云:'二卷,殘闕。'唐書藝文志同。陸德明釋文序錄云:'三卷',國史志、中興書目並云十卷。唐會要云:'開元七年三月十七日詔:子夏易傳,近無習者,令儒官詳定。劉知幾、司馬貞議,皆以爲不可。五月五日詔:子夏傳逸篇令帖易者停。'自時厥後,如晁說之、程迥、陳振孫、章如愚、何喬新、馬貴與等並以此書爲僞。孫坦周易析蘊以爲杜鄴,趙汝楳周易輯聞、徐幾易輯皆以爲鄧彭祖,二人皆字子夏。懸空臆度,迄非定論,獨洪邁信之。案子夏之傳,漢代所師承也。劉向以爲韓嬰作,荀勗以爲丁寬作,張璠以爲馯臂作,薛虞記,必其所說與子夏同。漢、晉人及見丁、韓諸傳,故有是論,非後人懸揣之比。蓋此書自馯臂傳之,至丁寬、韓嬰得而修之,載入己書中。如毛萇說詩首列子夏小序之類,故班志易十三家,有丁氏八篇、韓氏二篇,而不云子夏。猶之毛詩但言毛傳,而不別著小序之目也。薛虞不知何人?晉張璠稱其有記,度必漢、魏間儒。自其記述以後,子夏傳乃單行。故晉有四卷,梁有六卷,隋、唐有二卷也。唐初最重此書,僧一行易纂、孔氏正義、陸氏釋文亟引之。明皇欲頒行學校,爲議者格廢不果,書遂淪沒。李鼎祚集古易三十餘家,僅存數節,此外蓋無聞矣。後人不見原書,張弧輩遂用王弼本別撰十卷,或有增至十一卷者。惠徵君棟謂以釋文及李氏集解校之,無一字相合。諸儒所指僞子夏傳,乃此十卷後出之本,非二卷殘闕之本也。紹興闕書目又有周易子夏十八章,五行家言託名子夏,今其書亦不見。若此之類,信屬贋作,夫豈可概以相論哉!”玉縉案:今本自是宋人僞託,惠棟九經古義已言之。其晉以前本,七略既稱子夏韓氏嬰傳,臧、張二氏據之,致爲有識。馬以爲子夏、韓嬰合作,如詩小序之比,則七略當稱卜商、韓嬰。其曰子夏韓氏嬰,著一氏字,明子夏爲嬰之字也。孫以爲杜子夏,趙、徐以爲鄧子夏,皆屬臆測。宋以爲嬰孫商尤附會。提要於此無辯證,殆以晉以前本爲卜子夏傳耶?未免忽視七志所引七略矣。崔應榴吾亦廬稾、馮登府十三經詁答問、李慈銘桃華聖解盦日記並以爲鄧子夏,今從省不錄。

陸氏易解一卷

明姚士粦所輯吳陸績周易注也。吳志載績所著有易注,不言卷數。隋書經籍志有陸績周易注十五卷,經典釋文序錄作陸績周易述十三卷,會通一卷,新、舊唐書志所載卷數與釋文同。原本久佚,未詳其孰是? 又稱其經文異諸家者:“履帝位而不疚,”“疚”作“疾”。“明辨晢也”,“晢”作“逝”。

“納約自牖”,“牖”作“誘”。“三年克之憊也”,“憊”作“備”。此本又皆無之。 績字公紀。

馬國翰輯本云:“其易注傳於昔者,隋書經籍志云十五卷,新、舊唐志幷云十三卷;陸德明釋文序錄亦云陸績述十三卷,諸書所載卷數不同。考唐志別有會通一卷,釋文引七志有錄一卷,以此二篇合十三卷中仍與隋志十五卷合。”又云:“績嘗注京氏易,學蓋本之。而玩其遺文,‘利物’作‘利之’,與孟喜同。‘爲其嫌於无陽’,‘嫌’作‘兼’,與荀爽、虞翻同。‘夷于左股’,‘夷’作‘睇’,與子夏、鄭玄同。它如:‘疢’作‘疾’‘晳’作‘逝’‘窒欲’作‘咨欲’‘靡之’作‘縻之’之類,亦必有所師承。不主一家,擇善而從,注之稱述也其在斯乎!” 孫堂輯本云:“太平御覽等書或引作陸續者誤。考後漢獨行傳:‘陸續,吳人,生三子,其少子褒;褒生子康;康少子績;’是續乃績之曾大父也。字形相近,故傳寫者誤耳。”玉縉案:孫輯就姚本增補。多四之一。馬輯未見姚本,乃就各書所引別自爲輯,皆勝提要本。

周易注十卷

自鄭玄傳費直之學,始析易傳以附經,至弼又更定之。說者謂鄭本如今之乾卦,其坤卦以下又弼所割裂。然鄭氏易注至北宋尙存一卷,崇文總目稱存者爲文言、說卦、序卦、雜卦四篇。則鄭本尙以文言自爲一傳,所割以附經者不過彖傳、象傳。 每卷所題:乾傳第一,泰傳第二,噬嗑傳第三,咸傳第四,夬傳第五,豐傳第六,各以卷首第一卦爲名。據王應麟玉海,此目亦弼增標。蓋因毛氏詩傳之體例,相沿旣久,今亦仍舊文錄之。惟經典釋文以泰傳爲需傳，以噬嗑傳爲隨傳，與今本不同。證以開成石經，一一與陸氏所述合。當由後人以篇頁不均爲之移併，以非弘旨之所繫，今亦不復追改焉。　弼之說易源出費直，直易今不可見；然荀爽易即費氏學，李鼎祚書尙頗載其遺說。大抵究爻位之上下，辨卦德之剛柔，已與弼注略近。但弼全廢象數，又變本加厲耳。

劉履恂秋槎雜記云："世知康成合易彖、象於經，案魏志高貴鄉公曰：'今彖、象不與經連而注連之何也？'是注連彖、象，經不連彖、象，經、注各別，非如馬融之注周禮。"　阮元所訂詁經精舍文集有李遇孫六朝經術流派論云："後人謂古經變於康成而亂於王弼，此說非也。周易之亂，實亂於輔嗣。卽孔氏正義所云：'夫子所作象辭，元在六爻經文之後，以自卑退，不敢干亂先聖正經之辭。'王輔嗣之意，以爲象者本釋經文，宜相附近。故分爻之象辭各附其當爻下，此非亂經之據乎！後人謂始於康成者，魏志：高貴鄉公幸太學，問博士淳于俊曰：'孔子作彖、象，鄭玄作注，其釋經義一也。今彖、象不與經文相連而注連之何也？'俊對曰：'鄭玄合彖、象於經者，欲使學者尋省易了也。'帝曰：'若合之於學誠便，則孔子曷爲不合以了學者乎？'俊對曰：'孔子恐其與文王相亂，是以不合，此聖人以不合爲謙。'帝曰：'鄭玄何獨不謙耶？'俊對曰：'古義弘深，聖問奥遠，非臣所能詳盡。'此後人以康成合彖、象於經之證也。抑知魏志殊未明，帝問淳于俊'彖、象不與經文相連而注連之何也？'俊當對以'鄭玄合注於經者，欲使學者尋省易了也。'

今云:'鄭玄合彖、象於經'云云者,此時方論彖、象不與經連,何轉云合之耶? 方疑鄭注與經文相連, 何忽及彖、象之合不合耶?此史家承上文有彖、象二字而誤之耳。所以帝又云:'鄭玄何獨不謙耶?'蓋言孔子以不合彖、象爲謙,鄭玄何不謙而以注合之也。是則康成合注於經,非合彖、象於經,展卷瞭然。此皆六朝諸儒廢棄不講,以致鄭、王之是非莫辨也。" 俞樾詁經精舍自課文鄭易合彖、象於經辨云:"魏志高貴鄉公紀云云, 顧氏日知錄據此, 謂連合經、傳始於康成,而非自王輔嗣始。乃愚於魏志此條,竊有所疑。尋帝之旨,蓋以孔子作彖、象自爲一篇,不與經文相連; 而康成作注卽連屬經文之下, 二者不同, 故發此問。非謂康成作注時將孔子彖、象合之於經也。其云'今彖、象不與經連',則高貴鄉公所見之本,經自經傳自傳明矣。其下云:'若聖人以不合爲謙則鄭玄何獨不謙耶?'蓋孔子作傳,不與經連,是孔子之謙也。康成作注,卽與經連,是鄭之不謙也。若康成將孔子所作之傳合之於經,傳非鄭作,何云不謙,豈鄭當代孔子謙乎? 高貴鄉公不應有此謬問,而博士又何至不能對乎?竊疑俊所云'鄭玄合彖、象於經'句,本作'鄭玄合注於經,'方與帝問相應。今作'合彖、象於經,'乃後人據王輔嗣之本而追改陳壽之文,非其實也。孔氏正義云:'一家數十翼云:上彖一,下彖二,上象三,下象四,上繫五,下繫六,文言七,說卦八,序卦九,雜卦十,'鄭學之徒並同此說。若康成合彖、象於經, 則上下彖傳、上下象傳不應別出,爲鄭學者當有異說。以是言之,康成未嘗合彖傳於經，此其明證也。至漢書儒林傳曰：'費直治易無章句，徒以彖、象、繫辭、文言解説上下經。'此蓋謂費氏不自爲章句，而但以孔子之傳説文王、周公之經。顧氏據此，遂謂附傳於經并不始於康成而始於費直，然則費氏并上繫下繫而亦附入乎？顧氏此言，直忘漢書有繫辭二字，斯尤不足辨矣。" 玉縉案：鄭易合注於經，非合彖、象於經，劉、李、俞説並同，提要蓋沿顧氏之誤。劉以爲注連彖、象，經、注各別，視史文猶未融。鄭本蓋如馬融之注周禮，就經自經傳自傳之本而注於其下耳。李以'鄭玄合彖、象於經'句爲史家承上文有彖、象二字而誤，亦不如俞説後人據王弼本改之之爲得。 瞿鏞鐵琴銅劍樓藏書目錄有宋刊本，云："經九卷，略例一卷，通爲十卷。與晁氏郡齋讀書志合，分卷與陸氏釋文、開成石經、相臺岳氏本合，九卷中分序卦第十、雜卦第十一爲子卷亦並合。"又歷舉經文、注文之異於通行本者，文繁不具錄。 焦循周易補疏序云："漢末以易學名家者稱荀、劉、馬、鄭，荀謂慈明爽，劉謂景升表，表之學受於王暢，暢爲粲之祖父，與表皆山陽高平人。粲族兄凱爲劉表女壻，凱生業；業生二子；長宏次弼，粲二子旣誅，使業爲粲嗣。然則王弼者，劉表之外曾孫而王粲之嗣孫，即暢之嗣玄孫也。弼之學蓋淵原於劉而實根本於暢，其所受者遠，故弼之易雖參以己見，而以六書通借，解經之法，尙未遠於馬、鄭諸儒，特貌爲高簡，故疏者概視爲空論耳。弼天資察慧，有見於説易者支離傅會，思去僞以得其眞，而力不能逮。故知卦變之非而用反對，知五氣之妄而信十二辟，唯之於阿，未見其勝也。解龍戰，以坤上六爲陽之地，固本爻辰之在巳。解文柔文剛，以乾二坤上言，仍用卦變之自泰來。改換其皮毛，而本無眞識也。至局促於乘承比應之中，顢頇於得象忘言之表。道消道長，旣偏執於扶陽，貴少貴寡，遂漫推夫卦主。較量於居陰居陽，揣摹於上卦下卦，智慮不出乎六爻，時世謬拘於一卦。洵童稚之藐識，不足與言通變神化之用也。然於觀則會及全蒙，於損亦通諸剝道，聰不明之傳，似明比例之相同，觀我生之爻，頗見升降之有合。機之所觸，原有悟心，倘天假之年，或有由一隙貫通未可知也。惜乎秀而不實，稱道者徒飫其穅粃，譏刺者莫探其精液。然則弼之易未可屏之不論不議也。”　惠棟九經古義云："自唐人爲五經正義，傳易者止王弼一家。不特篇次紊亂，又多俗字，如'晉'當爲'簮'、'巽'當爲'顨'"云云，文繁不具錄。

周易正義十卷

至穎達等奉詔作疏，始專崇王注，而衆說皆廢。故隋志易類稱鄭學寖微，今殆絕矣。蓋長孫無忌等作志之時在正義旣行之後也。　至於詮釋文句，多用空言，不能如諸經正義根據典籍，源委粲然。則由王注掃棄舊文，無古義之可引，亦非考證之疏矣。　此書初名義贊，後詔改正義，然卷端又題曰兼義，未喻其故。

許宗彥鑑止水齋集云："經學自東晉後分爲南、北，自唐以後則有南學而無北學。北史儒林傳序曰：'江左周易則王輔嗣，尙書則孔安國，左傳則杜元凱。河、洛左傳則服子愼，尙書、周易則鄭康成。'蓋南、北不同若此。陸元朗南方學者，經典釋文不獨創始陳後主元年，其成書亦在未入隋以前。序錄中於王曉周禮音注云：'江南無此書，不詳何人？'又於論語云：'北學有杜弼注，世頗行之。'其書中引北音，止一再見，北方大儒如徐遵明諸人皆不一引。元朗於貞觀初拜國子博士，五經正義之作，元朗於時最爲老師，未必不預其議。故正義用南學，與釋文合。若正義中所謂'定本'者，蓋出於顏師古，師古之學本之之推，之推家訓書證篇，每是江南本而非河北本。師古爲'定本'時，輒引晉、宋以來之本折服諸儒，則據南本爲定可知已。孔仲達本兼涉南、北學，本傳稱其習鄭氏尙書、王氏易。至其爲正義，則已有顏氏考定本在前；且師古首董其事，遂專用南學，而北學由此廢矣。" 焦循周易補疏序云："言易及掮窨解箕子爲荄茲，或詡其說曰：非王弼輩所能知。余曰：弼之解箕子正用趙賓說，孔穎達不能申明之也；非特此也，如讀'彭'爲'旁'，借'雍'爲'甕'，通'孚'爲'浮'而訓爲'務躁'，解'斯'爲'廝'而釋爲'賤役'。諸若此，非明乎聲音訓詁何足以明之。" 玉縉案：易正義考證之疏，莫如繫辭疏以康伯爲親受業於弼。王應麟困學紀聞云："王弼終於魏正始十年，韓康伯東晉簡文帝引爲談客，二人不同時，相去甚遠，謂之親受業誤矣。"絳雲樓書目陳景雲注亦云："康伯乃殷浩甥，生於東晉之季，輔嗣沒於曹魏正始中，遠不相逮。" 瞿氏目錄有宋刊本周易兼義九卷，略例一卷，音義一卷。云："彙義者，阮氏謂彙幷正義而刻之，以別於單注本。陳仲魚氏謂他經音義附每節注後，獨周易總附卷末，故題爲彙義而不稱附音，似阮說爲長。"玉縉案：瞿氏於元刊本爾雅注疏十一卷云："序首題郭璞序，邢昺疏，序後接題爾雅彙義一卷，上越數格，題郭璞注。通志譌以注疏、彙義爲二書，所云彙義卽此書也。"此說尤足證成阮義。又有宋刊本注疏十三卷，云："首題周易注疏卷一，次題國子祭酒上護軍曲阜縣開國子臣孔穎達奉勅撰，餘卷並同此式，不題王弼注，繫辭亦不題韓康伯注。其分卷則乾一，坤二，師三，大有四，復五，咸六，損七，鼎八，旅九，繫辭上十，繫辭上第六章十一，繫辭下十二，說卦十三。蓋猶是孔氏舊第，與直齋書錄解題合。序稱十四卷者，殆併略例計之也。正義之例，先釋經後釋注，釋經不標起止，說繫一節之後，釋注則標注起止，總繫釋經之後。自後刻本，以總釋者隨注分繫遂多舛錯。如乾文言釋六爻發揮之義，反列上段乾元節下。其餘移易前後，改削字句，文義致多不貫。此則初無割裂經注，與正義原本尙可推尋其舊。繫辭以下，亦總繫每章後，不分列各段注末，與前一例。是此實爲注疏合刻最初本也。"又歷舉經文、注文之異於他本者，文繁不具錄。吳焯繡谷亭薰習錄有周易要義十卷，云："簡端有永徽四年二月長孫無忌等表，蓋書成所上也。朱氏經義考云：'菉竹堂書目有無忌周易要義五册，凡十八卷，無錫秦對巖有其書，大略與正義同。'考正義卽無忌刊定，非別一書也。是編卷一分上、中、下三卷，卷二至七俱分上、下二卷，惟卷八、九、十各爲卷。核之朱氏所稱十八卷其數相符，此爲曹氏倦圃舊藏鈔本，可祕也。"玉縉案：據此，則正義亦曰要義，其名在魏了翁要義之前。 左暄三餘偶筆云："後漢書桓譚傳，上疏曰：'陛下宜垂明聰，發聖意，屏羣小之曲説，述五經之正義，'唐五經正義之名本於此。" 惠棟九經古義云："易正義多衍字、譌字及脱落字，如乾卦'不成乎名'衍'乎'字"云云，今不具録。

周易集解十七卷

惟據序末結銜，知其官爲祕書省著作郎。 朱睦㮮序稱爲祕閣學士，不知何據也？其時代亦不可考。舊唐書經籍志稱録開元盛時四部諸書而不載是編，知爲天寶以後人矣。 其書新唐書藝文志作十七卷，晁公武讀書志曰："今所有止十卷，而始末皆全無所亡失，豈後人併之耶？"經義考引李燾之言則曰："鼎祚自序止云十卷，無亡失也。"朱睦㮮序作於嘉靖丁巳，亦云自序稱十卷，與燾説同。今所行毛晉汲古閣本乃作一十七卷，序中亦稱王氏略例附於卷末，凡成一十八卷，與諸家所説截然不同，殊滋疑竇。今考序中稱："至如卦、爻、彖、象，理涉重玄，經注、文言，書之不盡。別撰索隱，錯綜根萌，音義兩存，詳之明矣。"云云，則集解本十卷，附略例一卷爲十一卷。尙別有索隱六卷，共成十七卷。唐志所載蓋併索隱、略例數之，實非舛誤。至宋而索隱散佚，刊本又削去略例，僅存集解十卷，故與唐志不符。至毛氏刊本，始析十卷爲十七卷以合唐志之文。又改序中一十卷爲一十八卷以合附錄略例一卷之數，故又與朱睦㮮序不符。蓋自宋以來均未究序中“別撰索隱”一語，故疑者誤疑，改者誤改。即辨其本止十卷者亦不能解唐志稱十七卷之故，致愈說愈譌耳。 盧氏周易注，隋志已佚其名。 自序謂“刊輔嗣之野文，補康成之逸象。”

玉縉案：李吉甫元和郡縣志劍南道昌州云：“皇朝乾元元年，左拾遺李鼎祚奏：‘以山川闊遠，請割瀘、普、渝、合、資、榮等六州界置昌州，’”樂史寰宇記同。是鼎祚嘗爲左拾遺。考新唐書百官志，“門下省左拾遺，從八品上。祕書省著作郎，從五品上。”然則此書當成於乾元以後，但未知終於何官？ 劉毓崧通義堂集有是書跋兩篇，以書中避太宗、高宗、肅宗諱，代宗“豫”字缺筆，而德宗嫌名不避不諱，斷其爲成於代宗時。又以朱序稱仕唐爲祕閣學士，祕閣即祕書省，學士即著作郎。蓋祕書本有內閣之名，著作必用文學之士，故朱氏稱以祕閣學士，非唐時有此官名。其文甚詳，不具錄。 玉縉案：沈括夢溪筆談云：“集賢院記，開元故事，校書官許稱學士，今三館職事皆稱學士，用開元故事也；”足證朱說之有據。又案：新唐書藝文志五行類，李鼎祚連珠明鏡式經十卷。自注云：“開耀中上之。”攷開耀爲高宗年號，下距玄宗天寶十五載凡七十六年，此後肅宗乾元元年請置昌州又三年，其人蓋已老，不得徑以爲天寶後人。舊唐志錄開元盛時諸書而不載是編者，成書在後耳。 張金吾愛日精廬藏書志有十卷本，載乾道二年唐安鮮于侃序云：“李鼎祚以易學顯名於唐，方其進平胡論，預察胡人叛亡日時無毫釐差，象數精深蓋如此。"又云："鼎祚資人也，爲其州，因斥學糧之餘鏤板藏之學官。"張氏自爲說云："是書新唐志作十七卷，崇文總目、紹興續編四庫闕書目、中興書目、見玉海。郡齋讀書志、直齋書錄解題、文獻通考及李氏自序俱作十卷，則是書自宋以來止有十卷無十七卷可知也。毛氏既析十卷爲十七卷以合唐志之文，又改序中一十卷爲一十八卷以合附錄略例一卷之數，而宋以來之卷次遂致不可復識。此本易傳十卷，略例一卷，猶是宋時舊第，蓋影寫宋嘉定重刊本也。"陸心源皕宋樓藏書志亦引其說。翁方綱經義考補正云："宋志五行類又有李鼎祚易髓三卷，目一卷，瓶子記三卷，合之乃十七卷。蓋唐志總其生平所著卷目言之，宋志分析書名言之。" 玉縉案：宋志載索隱爲七卷非六卷，提要改七爲六併數略例，仍非。 黃以周儆季文鈔李氏周易集解校本敍云："李氏自序有云：'刊輔嗣之野文，補康成之逸象，' 耳食者遂謂綜其義例，實宗鄭學。今考書中引鄭注者十之一二，而荀慈明、虞仲翔之說特詳。李氏蓋宗荀、虞之學，非宗鄭也。李氏資州人，有讀書臺，仕殿中侍御史，曾進平胡論，乞分瀘、資等六州界置昌州，逸事時見載記中。事詳太平寰宇記、輿地紀勝。自序其書云：凡成一十卷，中興書目同。新唐書藝文志云十七卷，與自序異。攷宋志五行類有李鼎祚易髓三卷，目一卷，瓶子記三卷，李氏自序中亦有別撰索隱之語。蓋宋志所載七卷，即所謂別撰者。是自序云一十卷者據集解一書言也，唐志云十七卷者據李氏全書言也。李氏別撰之書蓋術數家言，故宋志入五行類。宋鮮于侃序其書，稱'李氏進平胡論，預察胡人叛亡日時無毫釐差'，與寰宇記合。自北宋時集解盛行，別撰之書寖廢。故崇文總目稱七篇逸，郡齋讀書志言'集解止十卷，始末皆全無所亡失'，皆實錄也。但王堯臣於逸七篇不著別撰之書，晁公武又謂'據唐錄十七卷，今十卷爲後人所并'，未免疏舛，而後之栞是書者，或分爲十七卷，或合附錄略例一卷，改序語一十卷爲一十八卷，皆非李氏原本。"玉縉案：唐志殿中侍御史，從七品下，蓋非其終官。　馬國翰輯佚書有周易盧氏注一卷，云："盧氏未詳何人？隋書經籍志、唐書藝文志均有盧氏注周易十卷，不載其名。十卷之注，今頗佚亡，惟正義及李鼎祚集解引之，凡二十節，亦僅稱盧氏而已。考後魏書盧景裕傳：'景裕字仲孺，小字白頭，范陽涿人也，專經爲學云云。景裕雖不聚徒教授，所注易大行於世。'由此觀之，則盧氏注易審爲景裕矣；乃隋、唐志佚其名者，蓋由蕭梁之代，南、北分疆，故七錄所記，詳南而略北，隋志本七錄，唐志因之，故多缺亡耳。"　雅雨堂本盧見曾序云："荀、虞逸象最多，故李氏序云：'刊輔嗣之野文，補康成之逸象。'晁公武謂李氏刊王存鄭，此誤解序義也，爲辨而正之。"　盧文弨爲李富孫撰李氏易解賸義序云："李氏此書，凡異同之說往往並載不遺。如夬之九五，引荀爽說莧、陸二菜也，又引虞翻說謂莧，說也，陸，和睦也。旣濟之禴，虞翻謂夏祭也，崔憬曰春祭也。如此之類，不可以徧舉。又如小過象辭，引虞翻說'離爲飛鳥，震爲音'。以或指卦象二陽在內四陰在外，有似飛鳥之象爲俗說矣。乃至彖傳又引宋衷說，則固虞翻之所斥爲俗說者而亦具載之。" 陸心源儀顧堂題跋云："李氏集解影寫宋刊本，前有鼎祚自序，後有慶曆甲申計用章序。以胡震亨刊本校之，卷一'用九見羣龍無首吉也'，胡本作'用九天德不可爲首也'云云。此外句之脫落，字之譌謬，更難枚舉。凡干寶之'干'，宋本皆作'于'。津逮、學津兩本與胡本同，雅雨堂本與宋本多合，惟計用章序亦缺。" 李慈銘荀學齋日記云："簡莊謂盧刻周易集解惠定宇臆改百六十餘處。如豫卦，集解於'豫'字皆作'逸'，本避代宗諱而一概改之，可謂弗思之甚。案集解於'亨'字皆作'開'，亦避肅宗諱也，今亦多改爲'亨'。但盧刻'豫'字經文、集解皆缺筆作'豫'，疑惠氏別據一本，與簡莊所得影宋寫本不同。"玉縉案：'豫'字缺筆者爲宋慶曆本，臧鏞堂拜經日記有私改周易集解一條即斥惠本。

周易舉正三卷

近時惠棟作九經古義，駁之尤力。 顧其所說，推究文義，往往近理。故晁公武雖知其託名，而所進易解乃多引用。即朱子本義於坤象傳之履霜堅冰，賁象傳之剛柔交錯，震彖傳之不喪匕鬯，亦頗從其說，則亦未嘗無可取矣。

案九經古義列其謬妄十一條。又云："中惟履霜陰始凝也，君子以居賢德善風俗，一見魏文帝紀注，一見王肅易，前人固已言之。又姤九四包失魚因王注震彖'出可以守宗廟社稷'上添'不喪匕鬯'四字。中孚彖豚魚信及也，小過彖柔得中是以可小事也，既濟亨小小者亨也，皆望文爲義，亦無足取。繫辭二多譽四多懼，注云：懼近也，尤爲誕妄。京創爲是書，後儒晁昭德、鄭漁仲之輩多有信而從之者，不可以不辨。"

易數鈎隱圖三卷附遺論九事一卷

浙江吳玉墀家藏本。　牧字長民，其墓誌作字先之，未詳孰是？或有兩字也。彭城人，官至太常博士。　而以九爲河圖，十爲洛書，則與邵異。其學盛行於仁宗時，黃黎獻作略例隱訣，吳祕作通神，程大昌作易原，皆發明牧說；而葉昌齡則作圖義以駁之，宋咸則作王劉易辨以攻之，李覯復有刪定易圖論。至蔡元定則以爲與孔安國、劉歆所傳不合，而以十爲河圖，九爲洛書，朱子從之，著易學啓蒙。自是以後，若胡一桂、董楷、吳澄之書皆宗朱、蔡，牧之圖幾於不傳。此本爲通志堂所刊，何焯以爲自道藏錄出，今考道藏目錄，實在洞眞部靈圖類雲字號中，是卽圖書之學出於道家之一證。錄而存之，亦足廣異聞也。　其遺論九事：一爲太皞授龍馬負圖，二爲六十四卦推盪訣，三爲大衍之數五十，四爲八卦變六十四卦，五爲辨陰陽卦，六爲復見天地之心，七爲卦終未濟，八爲蓍數揲法，九爲陰陽律呂圖。以先儒之所未及故曰遺論。本別爲一卷，徐氏刻九經解附之鈎隱圖末，今亦仍之焉。

吳氏繡谷亭薰習錄云："宋劉牧牧之著，西安人，登進士，終屯田員外郎。晁說之曰：'范諤昌受易於种徵君，以授彭城劉牧。'是本爲宋槧，通志堂據此翻刻者。牧自署三衢，晁氏作彭城人，誤。"玉縉案：吳本明是宋本而提要以爲通志本，豈進呈時爲别一本耶！　胡渭易圖明辨自題云："河圖之象，自古無傳，從何擬議？洛書之文，見於洪範，奚關卦爻。五行九宫，初不爲易而設，參同契先天太極，特借易以明丹道，而後人或指爲河圖或指爲洛書妄矣。妄之中又有妄焉，則劉牧所宗之龍圖，蔡元定所宗之關子明易是也。此皆僞書，九十之是非又何足校乎？故凡爲易圖以附益經之所無者皆可廢也。"又明辨云："希夷天地自然之圖宗參同契，用乾南、坤北、離東、坎西之位；而鉤隱仍以坎、離、震、兑居四正，乾、坤、艮、巽居四隅，卽此一端，亦足以證龍圖之本不出於希夷矣。"又云："劉牧謂洛書與河圖並出於伏羲之世，乗則之以畫卦，而五行之數未顯，故禹復法之以陳九疇。然一爲五行，二爲五事，以至九十爲福極，禹何以知之？故又爲之說曰：'惟五行是天垂自然之數，餘八者皆禹自類之。'意謂五事以下，禹從五行推演而得之也。然五事、皇極、庶徵、五福、六極劉向嘗以此傅會於五行，猶可通也，其餘則絶無交涉矣。六十四卦不離乎八卦，河圖具八卦之象，則六十四卦包在其中。若九疇五事以下，未見五行中具有此義也。禹乃鑿空而增之，以綴於五行之後，則幾同駢拇枝指矣，是亦不可以已乎！且經云：'天錫禹九疇'，不言錫禹五行，九疇皆天之所設，非人之所爲，謂八者禹自類之妄也。"據此，則是書徒逞妄說，不足以廣異聞。張惠言易圖條辨亦駁之，文繁不錄。　陸氏藏書志有明人影鈔宋藏本，亦附遺論九事，則非始自徐氏附之鉤隱圖末也。

周易口義十二卷

浙江吳玉墀家藏本。　天隱始末未詳，葉祖洽作陳襄行狀，稱襄有二妹，一適進士倪天隱，殆卽其人。董弅嚴陵集載其桐廬縣令題名碑記一篇，意其嘗官睦州也。

吳氏繡谷亭薰習錄有十四卷，云："分周易上、下經十卷，繫辭三卷，說、序、雜卦一卷，總名曰周易口義。康熙丁卯，吉水李振裕刊。據晁公武曰：'安定易解甚詳，門人倪天隱纂，無繫辭。'公武相去世不甚遠，其言當必有據。則繫辭、說、序、雜卦四卷，疑出後人所撰以補其闕。"玉縉案：提要所見卽此本而作十二卷，二當爲四之誤。陸氏儀顧堂題跋云："天隱字茅岡，桐廬人，學者稱爲千乘先生。治平、熙寧中曾爲合肥學官，嘗作草堂吟。晚年主桐廬講席，弟子千人，見彭汝礪鄱陽集、黃宗羲宋元學案。"

溫公易說六卷

蓋其意在深闢虛無玄渺之說，故於古今事物之情狀，無不貫徹疏通推闡深至。

王詠霓涵雅堂集有是書書後云："其總論曰：'易者道也，乾爲天，乾爲人。'又曰：'君子知義而不知數，雖善無所統之'，蓋合天人義數而言之非有專主。解乾、坤六爻分十二律，本於國語韋昭注。以子、寅、辰、午、申、戌配乾六爻，丑、卯、巳、未、酉、亥配坤六爻。　解臨之八月曰：'周之八月也；陽生於復長於臨，陰生於姤長於遯。'解七日來復曰：'冬至卦氣起於中孚，次復、次屯、次謙、次睽。'此距大寒之數，皆取諸孟氏卦氣；又間引太玄、虞仲翔、王弼、韓康伯、關子明、陸希聲、王介甫、牛晦叔之說以定其從違，蓋亦參互衆家而別有心得者。書中大意，以剛、柔、中、正爲吉、凶、悔、吝之由。惟以四字配四時，則古迂陳仁子序已疑其未安矣。"

橫渠易說三卷

宋志著錄作十卷，今本惟上經一卷，下經一卷，繫辭傳以下至雜卦爲一卷，末有總論十一則，與宋志不合。然書錄解題已稱橫渠易說三卷，則宋志誤也。楊時喬周易古今文稱今本祇六十四卦，無繫辭，實未全之書，則又時喬所見之本偶殘闕耳。

瞿氏目錄有明刊本二卷，云："文獻通考、宋志俱承晁氏讀書志作十卷，書錄解題則作三卷，與世行本合。是本止二卷，但解六十四卦，無繫辭，楊氏時喬周易古今文謂實未全之書。然考讀書志據袁州本。載胡先生易傳十卷，書錄解題載伊川易解六卷，並不解繫辭，蓋皆因王弼氏之舊。張子此書專明義理，與胡傳、程傳正同，故其體例亦同歟？其後胡傳增繫辭、說卦二卷，書錄解題、宋志作三卷。董氏眞卿謂胡氏授其弟子記之者。程傳則以東萊呂氏所輯精義補之，於是二傳有全解。此書之有三卷本疑亦此例，但不知輯自誰手？要之，此二卷殆是原本，呂氏所稱，當爲先生之書無疑者也。"

了翁易說一卷

浙江吳玉墀家藏本。

吳氏繡谷亭薰習錄有了齋易說，云："瀞生堂鈔本，卷尾載紹興十二年子正同跋。按胡氏雙湖云：'正同紹興十二年知常州，刊於官舍。刊本止題了翁易說，初不分卷。是編題曰'了齋'，豈出自鈔胥之譌耶？'然焦氏經籍志亦作了齋易說一卷，則相沿已久矣。"玉縉案：據此，則提要所見本實作"了齋"，當由校錄時改爲"了翁"。

吳園易解九卷

書中次第悉用王弼之本，詮義理而不及象數。

王詠霓函雅堂集有是書書後云："知常名根，文獻通考誤作'輹'，焦竑經籍志誤作'輾'，惟晁公武讀書志春秋指南下作根與此同，可以正馬、焦之誤。提要言是書詮義理而不及象數，按雷電噬嗑解曰：氣於是通，二月之卦。解剝上九曰：艮爲果蓏。解困象曰：兌爲口而在上，故曰尙口。解豐大也曰：反乎貫者也。解取諸小過曰：震艮爲木爲石之象。蓋亦兼象數而言。解无妄曰：堯、湯之水旱是也，亦本漢儒之說。解山下有澤損曰：所謂山殺瘦澤增肥，甚有精義。卷末有序論、雜說，又專爲泰卦作論。其說太極四象曰：自太極以觀之則陰陽又合有沖氣，少陽者陰中之陽，少陰者陽中之陰，所謂兩儀，陰陽之沖氣也。乾道成男，坤道成女，然皆負陰而抱陽，沖氣以爲和，惟沖氣然後可以生萬物。泰論中引老子'道生一'等語，是亦知道之本而不專以人事說易者矣。雜卦傳解，全用朱子本義；蓋後人以本義附益之，非張氏之舊。知常北宋時人，豈及見晦翁之書乎？卷末有其孫垓跋，言'先祖太師年十四與鄉薦，連三舉，二十一登進士第，三十一丐休，願以敍封回授祖父母，黄右丞履詩所謂'爲祖休官自古無'是也。後有薦於朝者，召對時年四十一。將漕淮南、江西，陞祕閣修撰。閒居十年，杜門著書'。惜跋語原文不全，未知與宋史本傳同異何如耳？" 瞿氏目錄云："卷第經文悉仍王、韓之舊。不從安定胡氏改'鴻漸于陸'爲'逵'，亦不從伊川程子移'天一地二'節於'天數五'之前。乃每卦六畫上並增某卦二字，如乾上云乾卦，坤上云坤卦，六十四卦皆然，則諸家所未有者也。"玉縉案：張金吾藏書志有舊鈔本，並載序論第一、第二家刻墨海金壺本有異同處，茲不錄。

周易新講義十卷

南仲畏戰主和，依違遷就，即此"苟求无咎"與"無拂天道"之說有以中之。是則經術之偏禍延國事者也。

吳氏繡谷亭薰習錄云："考三朝北盟會編，靖康元年十一月八日集百官議三鎮於延英殿，是日各給筆札，分列廊廡。范宗尹乞予之以紓禍，至伏地流涕以請。謂不可割者惟梅執禮等三十六人，餘皆從宗尹議，孫覿亦有乞棄三鎮之疏。則主割三鎮者，似未可專罪吳幵及南仲也。然南仲爲東宮舊臣，素所親信。因李綱首見柄用，遂力沮戰守之說，以私憾而僨公議，其論易所謂'吉凶悔吝不可知要在无咎'之旨何在乎？"玉縉案：提要說似求深而反失之迂，不如此之直截了當。

紫巖易傳十卷

其書立言醇粹，凡說陰、陽、動、靜皆適於義理之正。

吳壽暘拜經樓藏書題跋記云:"其經文尚存一二古本,如繫辭'力少而任重',不作'小',解云:互兌,兌毁力少也。'傷於外者必反於家',不作'其',解云:明德之傷,不反諸家,其能治乎?古義之不泯於今,猶賴此以得其梗概。"玉縉案:吳本後歸陸氏,其儀顧堂續跋云:"此本蓋從王府刊本影寫者。其書源出宋本,獻之跋猶存。通志堂所據本,亦卽明藩府本,削獻之跋並缺卷首易論,不若此本之完善也。"玉縉謂提要不及易論,未識所據本有此否?

讀易詳說十卷

自明以來久無傳本,朱彝尊經義考亦云未見,兹從永樂大典薈萃成編。原闕豫、隨、无妄、睽、蹇、中孚六卦及晉卦六三以下,其復與大畜二卦永樂大典本不闕;而所載光解復卦闕大象及後四爻大畜則一字不存,繫辭傳以下亦無解。其爲原本如是或傳寫佚脱,均不可知?姑仍其舊。其書宋史作易傳,諸家書目或作讀易老人解說,殊不畫一;而十卷之數則並同,殆一書而異名也。

瞿氏目錄有鈔本,云:"莊簡自號讀易老人,故書錄解題稱讀易老人詳說。經義考'詳說'作'解說',宋志作'易傳',諸家俱作'讀易詳說',與解題合,特省文耳。其書俱解上、下經,不解繫辭以下,併不解文言。考不解繫辭以下始於王輔嗣,北宋大儒如安定胡氏、橫渠張子、伊川程子皆用其例,然未有不解文言者也。莊簡則爲例獨殊,觀其解乾、坤彖、象卽引文言以爲說,殆以大義已具,故不復作文言專解,亦未必有佚脱也。"

四庫全書總目提要補正卷二

易類二

周易窺餘十五卷

雖其人因秦檜以進身。

陸氏皕宋樓藏書志有文瀾閣傳鈔本，載潘桂序云："北山先生資正鄭公紹興中宣撫全蜀，取忌秦檜，斥居封州。閉門讀易，筆爲窺餘。"

易璇璣三卷

沆三墳訓義爲太學博士王之望所駁，亦不傳，惟此書僅存。

朱彝尊曝書亭集有是書序，歷舉高宗時林儵、李授之諸人均以易義經進，或令祕書看詳，或令有司給札，或與堂除，或補上州文學；獨吳氏上易璇璣三卷，以書犯廟諱，賞獨不及。

易變體義十二卷

紹興中官吏部郎中，知德慶府。

案絜宣和六年進士，官至司農少卿。事蹟詳建炎以來繫年要錄、京口耆舊傳、輿地紀勝等書，儀顧堂題跋引之。

周易經傳集解三十六卷

當時與朱子所爭者今不可考，朱子語類中惟載論繫辭一條，謂栗以太極生兩儀包四象，四象包八卦，與聖人所謂生者意思不同，其餘則無所排斥。朱彝尊經義考引董眞卿之言，謂其說每卦必兼互體，約象覆卦爲太泥。時楊敬仲有易論，黃中有易解，或曰："黃中文字可燬"，朱子曰："卻是楊敬仲文字可燬"，是朱子併不欲廢其書。考陳振孫書錄解題曰："其與朱侍講有違言以論易不合"，今以事理推之，於時朱子負盛名，駸駸嚮用，而栗之登第在朱子前七年，既以前輩自居，又朱子方除兵部郎中而栗爲兵部侍郎，正其所屬，辭色相軋，兩不肯下，遂互激而成訐奏。蓋其釁始於論易，而其故不全由於論易，故振孫云然。後人以朱子之故遂廢栗書，似非朱子之意矣。

瞿氏目錄有舊鈔本，云："每卦必兼互體，約象覆卦，析序卦置卦首，又析雜卦置大象後。其說謂'夫子所作十翼，先儒既取其釋彖、大小象、文言、分繫於經，學者便於尋繹。自漢以來，未之有改，而獨繫辭、說卦、序卦、雜卦至今爲完篇。夫說卦止於八卦，而繫辭領略綱紀，固不可得而分繫之矣。若夫序卦者，卦之所以相推而立也。雜卦者，卦之所以相錯而成也。相推故相因，相錯故相交，是六十四卦之所從出也。今將尋其流，探其源，而不知派之所從出其可乎？愚故仍彖、象之例，取序卦一篇，自屯而下釋於逐卦之首；而雜卦之義辨於爻象之前，至於本篇自如其舊，學者得以考焉'。案卦首冠序，始於李氏集解，程傳因之，蓋從毛氏詩、孔氏書之例。至離析雜卦，前無所因，而師卦改爲師憂也，否、泰反其類，臨、觀之義，或與或求等，皆兩卦複出，分配又難畫一。其尤異者，乾、坤二卦既解文言，復以文言本文置說卦中，合說卦前三章，統題爲文言。其說謂'天地定位'下方是說卦之文，自'昔者聖人'二段至'易逆數也'當合文言爲一篇。蓋先儒既取文言分繫於乾、坤，而其首末附入於此。自'六位而成章'下又脫亂'數往者順'以下十四字云云。昔朱子著本義，務求合於古經，簡肅則適與之相反，所以覿面之初遂致齟齬歟？"陸氏儀顧堂續跋云："每卦以序卦列首，列雜卦於爻辭之前而爲之解，故卷三十五序卦、雜卦有經無解。卷五後有履卦序說一篇，題'紹興甲戌秋九月崇仁學易堂書'；下則稱其卷二十七漸之進也解，三十一渙奔其机解，三十四繫辭乾、坤其易之門節解，以爲言皆有理，前人所未道。'乾爲天'一章，注家皆略之，黄中逐句解釋，亦多精當。其所採程傳之外蘇東坡易傳之說爲多，此所以與朱子不合歟？"玉縉案：以"乾、坤其易之門"一節爲簡編脫亂，不脫宋人解經之惡習。以"奔其机"爲當作"杌"，謂奔其不安之地，則殊不詞。惟"漸之進也"謂夫子蓋釋"漸者漸進也"，後人傳寫，於漸字加"二"，遂訛爲"之"字，其說可存。

吳氏繡谷亭薰習錄云："崑山徐尚書原一彙刻經解，黄中是書業開雕矣，或言黄中獲罪朱子，若刊其書是亦朱子罪人矣！乃斧以斯之。夫以栗攻晦菴，士君子在所必惡，并其書毀之於情不已苛乎？"

周易古占法一卷古周易章句外編一卷

此書世無刊本，凡藏書家所傳寫者均作二卷，前卷題曰："周易古占法上"，凡十一篇；後卷雜論易說及記古今占驗，題曰："周易古占法下"，又題曰："古周易章句外編。"中有一條云："迥作周易古占法，其序引"云云，顯非占法之下卷矣。考宋史藝文志載迥古易占法、周易外編二書均止一卷，然則止前卷十一篇者爲周易古占法，其後卷自爲周易章句外編，後人誤合爲一書，因妄標卷上、卷下字耳。然陳振孫書錄解題以迥周易章句十卷、外編一卷、占法一卷、古易考一卷並列，而總注其下曰："程迥可久撰，其論占法雜記占事尤詳，"則通爲一編，自宋已然。傳寫淆亂，固亦有由矣。

瞿氏目錄有舊鈔本，云："首卷題曰：'周易古占法上'，凡十二篇：曰太極，曰兩儀，曰四象，曰八卦，曰重卦，曰變卦，曰占例，曰占說，曰揲蓍詳說；又圖三：曰一卦變六十四卦圖，曰天地生成數配律呂圖，曰乾坤六爻新圖。其雜論易說及紀古今占驗題曰：'周易古占法下'，又卽於是行下題'古周易章句外編'。案陳氏書錄解題有周易章句十卷云云，則外編附於章句，與占法顯分二種，此蓋由掇拾殘賸者謁合之也。天一閣范氏刊本與此同。"玉縉案：提要兩稱十一篇，誤。陸氏藏書志有范刊周易古占法三卷，並載紹興三十年迥自題。其標題及卷數與瞿說異，蓋誤。丁氏藏書志載范刊本標題與提要同，亦未晰。

周易本義十二卷附重刻周易本義四卷

然割裂本義以附程傳，自宋董楷已然，不始於永樂也。詳董楷周易傳義附錄條。此本爲咸淳乙丑九江吳革所刊，內府以宋槧摹雕者，前有革序，每卷之末題“敷原後學劉宓校正”。文字行款及彖傳、履、夬二卦不載程傳，一一與炎武所言合。卷端惟列九圖，卷末係以易贊五首筮儀一篇，與今本升筮儀於前而增列卦歌之類者亦迥乎不同。彖上傳標題之下，注“從王肅本”四字，今本删之。又雜卦傳“咸速也恆久也”下，今本惟注“咸速恆久”四字，讀者恆以爲疑。考驗此本，乃是“感速常久”，經後人傳刻而譌，實爲善本。 至成矩重刻之本，自明代以來士子童而習之。歷年已久，驟令改易，慮煩擾難行。且其本雖因永樂大全，實亦王、韓之舊本。

朱彝尊曝書亭集書周易本義後云：“朱子易本義析爲十二卷以存漢志篇目之舊，較之程傳依王輔嗣本原不相同，惟因董楷輯周易傳義附錄一書乃強合之。移易本義次序以就程傳，明初彙用以取士，故不復分。其後習舉子業者專主本義，於是鄉貢進士吳人成矩叔度署奉化儒學敎諭削去程傳。乃不從本義原本更正，其義則朱子之辭，其文則仍依程傳，此何說哉？” 段玉裁經韻樓集重刊周易本義原本序云：“自明時爲妄庸人割附程子易傳，不獨變紊十二篇，抑使朱子文義多有不可通之處。”玉縉案：段氏不舉董楷書者，殆以取名附錄，其體例亦尙有別，意在歸獄於修大全者之人，猶顧炎武之恉也。 陳鱣經籍跋文云：“乙丑，爲度宗咸淳元年也。宋有三吳革：一字義夫，華州華陽人，宋初勳臣廷祚七世孫。官至武功大夫閤門宣贊舍人，死宣和之難，詳見宋史忠義傳。一紹興初江西運制，見繫年錄。一江州人，景定四年四月以權發遣戶部判官兼知臨安府事，六月轉朝奉大夫，九月除司農少卿，仍兼，十一月兼勑令所删修官，五年七月罷，見咸淳臨安志。革曾於淳祐中爲錢唐令，尋通判臨安府，見嘉靖浙江通志。咸淳元年與景定五年僅越一年耳！序云：'刻程傳於章貢郡齋，今敬刊本義於朱子故里'，蓋亦窮經好古之士，或謂卽宣和殉難之吳革，大非。"玉縉案：吳本經注之勝今本處，詳錢大昕潛研堂集及陳跋，文繁不錄。革字時夫，江西德安縣人，累官江東安撫使，知建康府兼淮西總領，卒贈光祿大夫，謚清惠，儀顧堂續跋考之尤詳。　錢泰吉甘泉鄉人稾跋仿宋本朱子周易本義云："康熙五十年，曹通政寅刊本，紙墨頗精，然不若內府之影寫元本也。每卷尾'敷原後學劉宓校本'一行曹本無之。吳革序文'抑朱子有言'，曹本以草書字形疑似作'於朱子有言'，恐不然也。翁氏經義攷補正錄吳序文作'抑'。　通政刊字書，竹垞翁力贊而成。此本開雕時，翁已下世，故曝書亭所跋本，卷後附東萊音訓及朱子後序，與此本不同。而吳革本經義考不之及，則竹垞翁亦未見也。"玉縉案：此條雖論曹本而與朱跋有相涉處，附錄之。

周易義海撮要十二卷

然考宋史藝文志但有衡書而無審權書，陳振孫書錄解題亦惟載殘本四卷。豈卷帙重大當時卽已散佚，抑衡書出而審權書遂廢歟！

錢大昕日記鈔云："房書不載於宋志，其所取百家之目已無可考。姑就李書所采宋人姓名其見於宋志者：僅王昭素、胡旦、代淵、石介、胡瑗、宋咸、阮逸、劉牧、陸秉、陳高、鮮于侁、王安石十餘人；若王逢、陳皋、陳文佐、楊繪、金君卿、孫坦、薛溫其、王錡、李畋、盧穆、劉緯、呂陶、袁建、薄珠、龍昌期、張簡、勾微，其撰述世無傳者。又有單舉姓若龔若鄭，非康成。單舉名若遵者，蓋莫可考矣。”

南軒易說三卷

內府藏本。　此本乃嘉興曹溶從至元壬辰贛州路儒學學正胡順父刊本傳寫。

吳氏繡谷亭薰習錄云：“是編曹氏倦圃舊藏鈔本，不分卷帙。後跋云：‘廉使東泉王先生傳授正本，贛州路總管府知事吳將仕樟董刊，後學胡順父書。’所闕甚多，不止乾、坤二卦。”玉縉案：同一曹鈔本，一在內府，分卷，一在吳氏，不分卷，豈有兩鈔本歟？

復齋易說六卷

彥肅所著：有廣雜學辨、士冠禮婚禮饋食圖皆為朱子所稱，惟論易與朱子不合。

陸氏藏書志有舊鈔本六卷，易象歸元一卷。並載嘉定辛巳喻仲可、許興裔題詞，皆不言及歸元。

楊氏易傳二十卷

其書前十九卷皆解經文，第二十卷則皆泛論易學之語，亦間有與序文相複者，今既不睹簡之原本，亦莫詳其何故也？簡之學出陸九淵，故其解易惟以人心為主，而象數事物皆在所略。甚至謂繫辭中“近取諸身”一節為不知道者所偽作，非孔子之言。故明楊時喬作傳易考竟斥爲異端，而元董眞卿論林栗易解亦引朱子語錄稱楊敬仲文字可毀云云，實簡之務談高遠有以致之也。考自漢以來，以老、莊說易始魏王弼，以心性說易始王宗傳及簡。宗傳淳熙中進士，簡乾道中進士，皆孝宗時人也。顧宗傳人微言輕，其書僅存，不甚爲學者所誦習；簡則爲象山弟子之冠，如朱門之有黃榦，又歷官中外政績可觀，在南宋爲名臣，尤足以籠罩一世。故至於明季，其說大行，紫溪蘇濬解易，遂以冥冥篇爲名，而易全入禪矣。夫易之爲書廣大悉備，聖人之爲敎精粗本末兼該，心性之理，未嘗不蘊易中，特簡等專明此義，遂流於恍惚虛無耳。

瞿氏目錄云："其書但解上下經，亦似從王輔嗣之例。然謂大傳非聖人作，惟'子曰'下乃聖人之言，而'无思也，无爲也，寂然不動，感而遂通天下之故'，數語又爲其平生宗旨所在。因作總論一篇，以明去取，則與諸家不解繫辭者其意又殊焉。" 吳氏繡谷亭薰習錄云："浙江通志，簡居太學循理齋，秋夜宴坐，忽覺天地萬物通爲一體。嘗自云：'少讀易大傳，惟愛'無思也，無爲也，寂然不動，感而遂通天下之故'；故其傳'益'，則以'善之不能爲，過之難改，皆始於意；意本於我，知我本無體，復何遷而何改'。傳'震'又曰：'人惟知恐懼修省學者事耳！謂易道精微不在是。持是見者，不惟不知易亦不知恐懼修省。夫曰不能爲，曰難改，曰恐懼修省，則何嘗不責人之致力，特其所以致者在何思何慮而不失其寂然者耳！'蓋用力其本而不泛用者也。其著書大旨，要不外於是矣。是編名易傳，爲卷二十，與錢氏遵王藏本同，經義考作易解十卷誤。"

誠齋易傳二十卷

然聖人作易，本以吉、凶、悔、吝示人事之所從。箕子之貞，鬼方之伐，帝乙之歸妹，周公明著其人，則三百八十四爻可以例舉矣。舍人事而談天道，正後儒說易之病，未可以引史證經病萬里也。理宗嘉熙元年，嘗給札寫藏祕閣。

王詠霓函雅堂集有是書書後云："篇中推闡本旨，於取象亦不盡廢。如困之六三，傳曰：九二剛而乾體，乾爲金。賁之六五，六五坤體，坤爲吝嗇。明夷之六四，坤之初也，坤爲腹。鼎之六五，六五本坤體故黄中。鼎之上九，上九乾體。乾爲玉。渙之初六，九二乾爻。乾爲馬。此以諸卦九六本乾、坤六爻也。履彖傳之光明，九二、六三、九四合而爲離，故光明。小過之六五，自九三、九四等而上之至於六五則爲兌，兌正秋也，故日西郊。此以內外互卦而言也。剝之上九，坤爲大輿。大壯之九四，兌爲羊。困彖傳，二五皆剛中，兌爲口。困之初六，坎爲赤故爲朱紱。九四，坎爲輿。漸彖傳，巽爲長女又爲高，鴻象也。六二，艮二山之石故爲磐，艮爲小石。歸妹之上六，兌爲羊。旅之六五，離爲雉，爲戈兵，故曰射雉，曰一矢。巽之初六，巽爲進退故疑，又其究爲躁卦故武。中孚之上九，巽爲雞故曰翰音。此取諸說卦者也。又損之二簋，卦形頂踵實而腹虛，有二器上覆下承之象，故曰二簋。艮之九三，九三奇而橫，有門限之象，艮爲門闕。此取諸卦爻者也。凡此，皆取象之顯然者也。至其以人事說易，大旨本於程子。篇中所引，程傳爲多，間引舊傳，如荀爽、恆終則有始下。韓康伯、繫辭下。王弼、咸其晦下。郭子和、比吉也下。郭子儀、蓋取諸益取諸渙下。凡二見。呂氏大衍之數下。之義；而獨於輔嗣多所匡正，如‘坤元亨利’句。‘牝馬之貞’‘困尙口乃窮’‘歸妹嫁女非娶婦’皆直揭其非。惟繫辭‘天一地二’以下二十字，旣宗程子以爲錯簡，當在‘天數五’之上矣！又於‘夫易何爲者也’以下亦疑有脫簡紊編，別爲詮次，移易其第。於‘其孰能與此哉’上，補‘易曰：高宗伐鬼方，三年克之，小人勿用。子曰：非天下之至仁。’六句，此宋儒好改古經之習，未可信從。其說升卦曰：‘聖人小善之積也，在積之有漸進而不已耳；而異端者曰：一起當作超。直入欺哉！’亦可以見其爲學之方，不由頓悟矣。” 瞿氏目錄有宋刊本，云：“題廬陵楊萬里廷秀撰，門人張敬之顯父校正。前後皆有自序，前序後次以誠齋易傳投進本末。載劄兩通，一下吉州錄進易傳指揮省劄，後大書嘉定元年八月十八日。一易傳進呈畢宣付史館下吉州照會指揮省劄，後大書嘉定二年四月二十二日。其爲寧宗時事，確有歲月可稽。自鄱陽董氏誤嘉定爲嘉熙，而東里楊氏題易傳稾後遂稱理宗嘗詔給札其家錄進。迨後刻本又刊去兩劄年月，沿訛至今，莫有正之者矣。書作於淳熙戊申，成於嘉泰甲子，歷十有七年之久。初名外傳，謂與程傳相表裏，後乃去‘外’字。此本校自張顯父，蓋最初之本。繫辭‘力少而任重，兼三材而兩之，三材之道也’，序卦‘必反於家決必有遇’，雜卦‘蠱則飾也’，皆同古本。殆卽徐健庵尙書所稱宋槧之精者，特非鄭希聖所藏耳。” 陸氏儀顧堂續跋明覆宋本跋云：“以聚珍本校一過，大致多同。惟此本出自宋刻，故奏狀、申狀皆有提行處，每卷題名上有官銜，聚珍本則否，並佚後序。朱氏經義考亦載張時徹序，所見當與此本同。”

易傳燈四卷

又載其子子東序，謂其父嘗師事呂祖謙、唐仲友。

王詠霓函雅堂集有是書書後云：“案子東序言‘先君幼習聲律，紹興初，從宋先生眞卿書堂，因見壁間伏羲先天八卦圖象，竺志學易。佩服師訓，隱居易堂，精研先天之學。寶慶間，作周易大義，繼作衍義，續作傳燈，去爻應互體等說，越數十載方脫槀’。據是，則徐氏之易本於邵子而受之於宋眞卿，非受易於呂氏也。卷中言先天八卦後天八卦，謂邵康節、王豫所傳，得之歸藏初經。說大衍五十，不取京房、馬融、荀爽、鄭康成、董遇、顧懽、劉牧諸人之說。於王弼、韓康伯、龔夬、朱震亦不之取，而獨取說卦生蓍章，謂四營十八變之餘，計老陽、老陰、少陽、少陰之策，无不合於四十九之用數。如三揲九八八外有二十四策，非四十九乎，餘皆同也。說易有四象，以莊氏、何氏爲非，而專主劉牧之說，亦有折衷。至謂文王作易，該三代制度，歷引‘比九五、同人九三、姤九三、巽九二、旣濟言喪茀禴祭、井言井邑’以證之。近代皐聞張氏以禮說易，蓋亦發源於此。惜其所爲大義、衍義二書已不可見，而獨留此編以見其著書之崖略，亦可貴矣。”卷中言後學差誤有云：其詳則見於大義一編。玉縉案：以禮說易始於鄭玄，其後虞翻亦及之，張惠言蓋本於鄭、虞，非發源於此也。

易裨傳二卷

至字德久，松江人，書錄解題作檇李人，未詳孰是？

瞿氏目錄有舊鈔本，云："此從至正十五年陳泰刊本傳錄。序後有識云：案經義考引作陳泰語，然陳泰刊置後此一年，又題別行，故不從朱氏。'先生字德久，宋淳熙釋褐魁，官至祕書，登晦菴先生之門。松江府人，事載郡乘。是書乃庸田使康公出授士子，今太守劉公命鋟嘉興郡學傳示學者云，至正四四上脫十字，原刻如此。年十月朔日識。'據此，是祕書爲松江人，而書錄解題稱爲檇李，檇李是嘉興舊名，或疑其異。然考中興館閣續錄云：林至嘉興府華亭人，蓋華亭在宋爲縣，屬兩浙路嘉興府，元陞縣爲華亭府，尋改松江。是宋稱檇李，元稱松江，皆舉其郡言之，初非有異，而館閣續錄則尤爲詳核焉。"

厚齋易學五十二卷

椅字儀之，一作奇之，號厚齋，南康都昌人。宋史馮去非傳云："父椅，家居授徒。所著易、書、詩、語、孟輯說等書共二百餘卷，今多不傳。"

儀顧堂題跋云："南宋時江西有兩馮椅，一浮梁人，淳熙八年進士，官國子博士。一卽厚齋，紹興四年進士，受業於朱文公，官江西運幹，贈尙書。著古孝經輯注一卷及易、書、詩、語、孟、太極、西銘輯說；喪禮、小學、孔子弟子傳、讀史記及詩文志餘合二百餘卷。子四人：去非宋史有傳，去辨侍郎，去溺知寧國府，去疾直徽猷閣。"

童溪易傳三十卷

景孟寧德人，淳熙八年進士，官韶州教授。董眞卿以爲臨安人，朱彝尊經義考謂是書前有寧德林焞序，稱與宗傳生同方，學同學，同及辛丑第，則云臨安人者誤矣。宗傳之說，大槪祧梁、孟而宗王弼。故其書惟憑心悟，力斥象數之弊，至譬於誤注本草之殺人。焞序述宗傳之論，有"性本無說聖人本無言"之語，不免涉於異學，與楊簡慈湖易傳宗旨相同。

儀顧堂題跋云："宗傳福建寧德縣八都鄉童溪人，因以童溪爲號。其說主義理而斥象數，徵人事而遠天道，引程伊川之說最多，蓋程氏學也。胡安定、司馬溫公、蘇東坡、朱子發、張横渠、周濂溪六家之言亦時見徵引，龔涂甫、耿南仲則偶一及之耳。時或徵引史事證成其義，於楊誠齋易傳相近，非慈湖易傳比也。其說'豐其沛日中見沫''觀盥而不薦'皆據陸氏經典釋文折衷古義，亦非廢古書不讀。惟於說卦、序卦不着一字，殆偏於言理不言數之故歟?"

周易總義二十卷

南宋館閣續錄載祓字彥章，潭州寧鄉人。淳熙十一年上舍釋褐出身，慶元六年八月除著作郎，九月知江州。周密齊東野語則載其諂事蘇師旦，由司業躐擢左司諫，師旦敗後貶死。蓋館閣續錄但記其入院出院之事，密所記則其究竟也。

前有祓門人陳章序，稱祓侍經筵日嘗以是經進講。又稱祓别有易學舉隅四卷，衷象與數爲之圖說，與此書可以參考，今未見傳本。

王文清鋤經文略宋儒易山齋先生周禮總義序云："先生名祓字彥祥，號山齋，居吾邑潙山右。篤學力行，著述甚富。

擢宋淳熙己巳狀元及第，累官大宗伯，封開國男，遇甚榮而素業不少改。”玉縉案：此說必有所本，與提要所引兩書異。　陸氏皕宋樓藏書志有文瀾閣傳鈔本，稱宋易祓撰。又有舊鈔本，稱長沙易祓學，長沙鄒夢祥校正，並載紹定四年李𡌴序云：“長沙易彥章問學該貫云云，謝侯錄其所著易總義、舉隅二書，且以遺予，欲使序之。”玉縉案：紹定四年爲辛卯，距陳章作序僅三年，是時舉隅已並刊也。　瞿氏目錄云：“其名總義者，陳序謂‘總卦爻之義而爲之說也。惟能識義理之總會，然後卦爻之指歸可得而明。今考其書，每卦之前皆列總論，蓋其大旨所存，故命名以是也’。又謂‘先生侍經筵，嘗以是經進講，燕居之暇，復取是而研究之，閱二十餘年，優柔厭飫，渙然冰釋，於是略訓詁而明大義，合諸家之異而歸之於一’。然其於經文異同頗多考證，如坤六二引禮記深衣及鄭厚存古說，謂大字是衍文；且謂六爻自履霜至玄黃皆叶音，象、文言皆無此字。訟九二引周禮大司馬注，‘眚猶人眚瘦也’，王霸記曰：‘四面削其地。’噬嗑大象雷電噬嗑，程傳但云象無倒置，疑此互文也。朱子本義亦僅言雷電當作電雷而已，此則著其所出，曰‘石經作電雷噬嗑’。復初九无祇悔，不從程、朱音柢解抵；而引荀九家及晁古易以爲古文多字，言无多悔而已；惟无多悔，進德不已，所以大善而吉也。坎六四謂晁古易讀‘樽酒簋’句‘貳用缶’句與象傳不合，當從王注，蓋樽以盛酒，簋以盛黍稷，取坎爲酒食之義。此類甚多，則訓詁亦未嘗盡略也。”

易通六卷

前有以夫自序，皆自稱臣；末有“不敢自祕，將以進於上，庶幾仰裨聖學緝熙之萬一”，則經進之本也。

吳氏繡谷亭薰習錄云：“此祁氏澹生堂舊鈔本。書成將以進於上，故每卷首行皆書‘大中大夫試禮部尚書兼修玉牒官兼侍讀臣趙以夫上進’云。”

周易經傳訓解二卷

浙江吳玉墀家藏本。朱彝尊經義考，蔡淵周易經傳訓解四卷，注曰：存三卷，此本惟存上、下經二卷，題曰：周易卦爻經傳訓解，與彝尊所記不符。

吳氏繡谷亭薰習錄云：“大概訓詁依本義而逐字分析。前載開禧乙丑自序。閩志作四卷，竹垞翁題曰止三卷，并錄其弟沈後序一首。按董氏眞卿經傳歷代因革云云，又有卦爻辭旨論、六十四卦大義、易象意言、雜論卦爻十翼、象數餘論、雜論易大義。是據此經文而外當有諸論，玆惟上、下二篇，並失九峯後序，非完善也。”玉縉案：吳氏不言卦爻二字爲增入，不如提要之精細；提要從永樂大典輯出易象意言，故董氏後說於彼書引之而此不引也。

周易要義十卷

故是編所錄，雖主於注、疏、釋文；而採掇謹嚴，別裁精審，可謂翦除支蔓獨擷英華。

瞿氏目錄云：“文靖著此書時，所見正義猶是善本。即如第一卷‘彖辭統論一卦之體’一條，所采乾彖傳疏文若‘貴、賤、壽、夭之屬是也’，即接‘保合大和乃利貞者，此二句釋利貞也'。云云，是猶未分裂於各節之下者。其字句足訂今本之譌，每與家藏大字八行本易注疏相合，不與十行本同。"

周易輯聞六卷附易雅一卷筮宗一卷

考宋史趙善湘傳載其說易之書，有約說八卷，或問四卷，指要四卷，續問八卷，補過六卷。蓋研究是經用功最久，故汝楳承其家學以作是編。

朱彝尊曝書亭集有輯聞序云："善湘以儒生破李全，身歷戎馬，乃能注意經學，六易稾而授之子。汝楳不以世祿自矜，遠游閒服玩之習，惟遺編是輯，又歸其善於親。蓋以徽宗時經術之盛化俗之厚。"

淙山讀周易記二十一卷

實孫不知何許人？惟劉克莊後山集有實孫樂府跋，稱其字曰端仲。有實孫經史說跋，稱其以所著易說上於朝，以布衣入史局，時相以其累上春官，欲令免省奉對，遽以風聞報罷，浩然而歸，其所終則不可考矣。

陸氏儀顧堂題跋云："實孫字端仲，福建莆田人，慶元五年進士。嘗以所著易說上於朝，入史局。著有讀書一卷，讀詩一卷，經說五卷，讀論語、孟子、中庸、大學四卷，史論一卷，太極說，西銘說及此書。"

周易傳義附錄十四卷

楷以程子在前，遂割裂朱子之書，散附程傳之後。沿及明永樂中，胡廣等纂周易大全亦仍其誤。至成矩專刻本義，亦用程傳之次序。鄉塾之士，遂不復知有古經，則楷肇其端也。

然楷本以經文平書，而十翼之文則下一格書之。其本義無所附麗者則仿諸經疏文某句至某句之例，朱書其目以明之，猶爲有別。

吳氏拜經樓藏書題跋記云:"前列圖說綱領，後附五贊筮儀。翁覃溪學士通志堂經解目錄謂割裂本義以附程傳，自楷此書始。然其中經文尙存古字，如大有象傳，'明辨晳也'；繫辭，'何以守位曰人，其受命也如嚮'；又釋文'嚮許兩反，古響字'，今本直作'響'，幷釋文亦删。'力少而任重，兼三材而兩之故六'；序卦，'傷於外者必反於家'；雜卦，'豐多故親寡旅也'，'故'下無'也'字，並與唐石經、宋咸淳本合。又'咸速也，恆久也'下，本義'感速常久'與九江吳革大字本同，不失文公原書之舊。惟'遘遇也'已改作'姤'，今通志堂本'豐多故'下亦添'也'字，與通行本無異矣。"玉縉案：吳氏所藏乃元槧本，後歸陸氏，其儀顧堂續跋云："傳本義以大字黑質白章別之，附錄以粗線黑圈闌之，一作某亦以小字黑質白章別之。其經文多與咸淳本周易本義同，如初六'終來有它吉'不作'他吉'"云云，皆足訂俗本之譌。又瞿氏目錄有元刊本程朱二先生周易傳義十卷，云:"不知何人輯錄？案傳、義合刻始於天台董氏，此則一例平書，並無附錄之文，而體例亦小異。董書合本義數節之注以從程傳，則標經文於上，見本義之分節，其程傳分而本義合者則否。此則並標其起止，如坤彖，程傳分四節，本義總注則標'坤元亨利牝馬之貞'止'安貞吉'以明非專注，西南得朋'三句。然此節本義皆舉經文，讀者猶明，若需彖傳，程傳以'需有孚'至'以正中也'爲一節，'利涉大川往有功也'爲一節，本義則合而注之曰：'以卦體及兩象釋卦辭'。董書不標起止，不幾疑專注'利涉大川'二句乎？至繫辭傳，董書採程子一章之説繫於一節下，標曰某止某，而本義則分繫各節而不合，又與前例相反。此則槩從上、下經之例，似矯董書之失而改之。"

易學啓蒙通釋二卷

方平之學出於董夢程；夢程之學出於黄榦；榦朱子壻也，故方平及其子一桂皆篤守朱子之説，此書卽發明朱子易學啓蒙之旨。　朱彝尊經義考乃竟以朱子原序爲方平之序，可謂千慮之一失。

錢大昕養新錄十四云："前載淳熙十三年序，乃朱文公啓蒙之序也。經義考誤認爲方平自序而載之，則方平爲淳熙中人矣。攷元史儒學傳饒州沈貴寶受易於董夢程；夢程受朱熹之易於黄榦；而方平及從貴寶、夢程學；則方平爲考亭三傳弟子。"

三易備遺十卷

其書本河圖洛書一卷，連山三卷，歸藏三卷，周易三卷，元昇自序亦兼言三易；而鉉翁進狀，特稱其著中天歸藏書數萬言，未詳其故？豈以先天、後天皆儒者所傳述，而中天之説元昇創之，故標舉見異耶？然干寶周禮注稱"伏羲之易小成爲先天，神農之易中成爲中天，黄帝之易大成爲後天"，則中天實亦古名，非新義也。元昇學本邵子，其言河圖、洛書則祖劉牧，其言連山以卦位配夏時之氣候，其言歸藏以干支之納音配卦爻，其言周易則闡反對互體之旨，雖未必眞合周官太卜之舊，而冥心求索以求一合，亦可謂好學深思者。

張惠言易圖條辨云："怪哉！朱氏之爲易也。曰：'連山者先天也，伏羲易也；歸藏者中天也，黄帝易也；周易者後天也，文王易也。'又曰：'伏羲之卦八八者，河圖也，洛書也；黄帝之卦五五者，甲子納音也；文王之卦六六者，反對也。伏羲之卦六十四，黄帝之卦四十八，文王之卦三十六。伏羲之策萬有一千五百二十，黄帝之策萬有八百，文王之策萬有二千九百六十，衍之當皇極經世一元之數焉。'自以爲出邵氏，尸之若聖人。嗟乎！此豈邵氏之意哉！雖然，由先天之說，其道固可以至於此，無怪也。故君子不立異，不倡游言。"

周易集說四十卷

讀易舉要、易圖纂要見永樂大典。

陸氏藏書志有舊鈔本讀易舉要四卷，元刊本易圖纂要一卷。儀顧堂續跋元槧本跋云："俞石澗周易：上經、下經、彖傳上、彖傳下、爻傳、象辭、文言、繫辭上、繫辭下、說卦、序卦、雜卦。或題林屋山人俞琰玉吾叟，或題林屋山人俞琰集說。前有泰定元年黄溍題辭，元貞丙申琰自序，後有皇慶癸丑琰後序，版心間有'存存齋刊'四字。經頂格，說低一格，引諸家說以黑質白章別之。上經後跋曰：'嗣男仲溫命兒楨繕寫云云，至正八年歲在戊子十二月二十五日謹誌。'下經後有至正九年跋略同，惟'命男楨'三字改'孫貞木'，彖傳後有十年跋亦略同，惟'孫貞木'改爲'命兒楨、植'，蓋至正中是書初刊祖本也。通志堂刊本據何義門說，亦借汲古元刻付梓，所見當與此本同；乃不依元刊而謬爲分析，删去上經、下經、彖傳後俞仲溫誌語，未免妄作。元本每卷末或題俞氏易集說，或題俞石澗易集說，故通志本版心改題俞氏易集說以淸眉目，義門以爲大謬，蓋未細檢元刊耳！四庫著錄作四十卷，又不知何人所分析矣？"

周易象義十六卷

諸家著錄多作十卷，惟朱睦㮮授經圖作易傳十二卷，焦竑經籍志作易傳十四卷。考易東所著，别無易傳之名，蓋卽此編，朱氏併其論例一卷數之爲十一卷，焦氏又併其大衍索隱三卷數之遂爲十四卷耳。朱彝尊經義考作十卷，注曰存，然世所傳本殘闕特甚，僅存十之二三，又非彝尊之所見。惟散見永樂大典中者，排比其文，僅闕豫、隨、无妄、大壯、睽、蹇、中孚七卦及晉卦之後四爻，餘皆完具，與殘本互相參補遂還舊觀。以篇頁頗繁，謹析爲十六卷以便循覽。

瞿氏目錄有宋刊本十二卷，云："凡分上、下經爲二卷，又每卷各分子卷，三傳十篇爲十卷。自序謂依本義體，然以文言升繫辭之上，則又從南康馮氏本也。見上經首總釋，卽朱氏經義考誤以爲自序者。前有自序二篇，易統論三篇，凡例十四條，後亦有自序一篇。宋本存下經第二之三，豐至未濟。自彖傳以下十卷皆全，餘則假文瀾閣傳錄本鈔補，惟豫、隨、无妄三卦經注閣本亦闕。案閣本錄自永樂大典，似出元刻，與此本微異。如否上九象傳注下，閣本增多'吳氏曰：否、泰之機常相持也'云云又'愚謂否不終否'云云二條。革九五象傳注，二本互異，宋本作九五其文炳，以虎文彪炳言之也，閣本作二五正應文明以說也，九五剛君，其非一本可知。又閣本所闕豫、隨、无妄、大壯、睽、蹇、中孚、既濟、未濟彖傳注；豫、隨、无妄、大壯、睽、蹇、中孚象傳注及繫辭上傳'彖也者言乎其失得也'至'各指其所之'注，此本皆全，用附於後，俾覽者得以拾補焉。"玉縉案：所錄原文凡十餘葉，足補提要本之闕，當別錄。

易圖通變五卷易筮通變三卷

思齊字齊賢。 所述河圖洛書參天兩地倚數之圖，錯綜會變等圖。及河圖遺論，大旨以天一爲坎，地二爲坤，天三爲震，地四爲巽，天七爲兌，地六爲乾，天九爲離，地八爲艮，而五、十則爲虛數。其說雖與先儒不同，而案以出震齊巽之義亦頗相脗合。

張惠言易圖條辨云："思齊字賢賢，號空山。其言易圖以四象無五，八卦無十，虛用五十以行寔體之四十，尊河圖，抑洛書，於希夷之術爲知所本者。此論推河圖傳譌之妄，可謂著明矣。"玉縉案：論謂易圖通變論。

四庫全書總目提要補正卷三

易類三

易原奧義一卷周易原旨六卷

寶巴舊本作保八。寶巴字普菴，色目人，居於洛陽。是書前有進太子牋，結銜稱太中大夫前黄州路總管兼管内勸農事；又有任士林序，稱貳卿寶公，不知其終於何官也？牋末不題年月，黄虞稷千頃堂書目稱舊有方回、牟巘二序，回、巘皆宋末舊人，則寶巴爲元初人矣。

陸氏皕宋樓藏書志有舊鈔本，並載保八上太子牋及牟巘跋，題丙午明年春熟食日年八十有一，又有無名氏序。其儀顧堂續跋云："奧義先列先天、中天、後天三圖，次易源心法。原旨每爻之後以'君子體而用之'句居首，以明每爻之用，故又名'易體用'。前有任士林序，見松鄉集卷四。牟巘序陵陽先生集失收，其前半似保八自序，恐非巘作，故朱竹垞經義考祇摘數行，想所見本已然。又缺名序前半語氣似方回，後半似自序，千頃堂書目稱有方回序，惜已與自序羼亂，無善本正之。陵陽卒於至大四年，序題丙午爲大德十年，則保八蓋大德時人也。" 静嘉堂祕籍志云："牟巘序後有陸氏手跋云：'案牟陵陽卒於至大四年，年八十五，此題年八十一，當爲至大元年。惟上題丙午，則爲大德十年，丙午之明年則丁未也，當爲大德十一年年八十一，與陵陽集牟應復序合。其不記年者，自比陶靖節也。'"

周易程朱傳義折衷三十三卷

所注僅上下經。

吳氏繡谷亭薰習錄云："卷首自序上經十六卷，下經十七卷，總三十三卷，經義考作二十三卷，誤。"

周易衍義十六卷

震自署曰廬山深溪，又題將仕佐郎南康路儒學致仕教授。

吳氏繡谷亭薰習錄云："不分卷帙，有大德乙巳自序云云。案江西通志，震名僅見選舉志中，作南昌人，登咸淳乙丑阮登炳榜進士。豈震舊係宋臣而復仕於元耶？抑籍南昌而官南康耶？其或名姓偶同，未敢定也。"玉縉案：據此，則十六卷乃提要所分。

易學濫觴一卷

年逾八十乃終。

王詠霓函雅堂集有是書書後云："案大德三年，楚望年五十，至延祐七年始著是書，吳氏澄爲之序，合春秋指要爲一帙，今指要未見。是時楚望年逾七十矣。以一生用力之專且久，勞心苦志，及其悟也若神明陰有以啓之。自述語。至謂象學可以心悟而不可以言傳，事大體重，難以直遂，不得不致愼焉。綜其所論，似有得於畫前之易者。夫易豈一端而已乎？'乾馬、坤牛'明見說卦，而學者以爲難知，若坤之牝馬離之牝牛，尤不可曉，苟非極其精微烏得於是而不惑！無怪其象爲假設而遽欲忘之也。讀楚望之書，思過半矣。"玉縉案：春秋指要，大旨可於趙汸春秋師說中得之。

周易本義通釋十二卷

案此本前有明潘旦序，稱書經兵燹，多至亡佚，其九世孫珙及弟玠摹遺書，得上、下經而闕"十翼"；乃復彙蒐諸集中以補之。然則今本"十翼"乃珙、玠所裒錄，非炳文之舊，懋竑蓋未見旦序，故有此疑。

瞿氏目錄有舊鈔本，云："題新安後學雲峯胡炳文，通掌祠九世孫珙輯校，傳首則題輯錄，延祐丙辰自序。考別本有潘旦序云云，而此本不載潘序亦不題玠名似非一本。惟謂經是原書，傳爲輯本，則與此本分題輯校、輯錄者正合。通志堂本，義門何氏謂是汲古元本，果爾則視輯本必更完備；乃核之此本，絕無增多，且亦載胡珙所輯雲峯文集易義一卷，其非元本可知，當卽出於輯本耳！又此本前有雲峯自著例言四則而通志堂失去，且字句亦頗有異，尤足以資參訂焉。"

周易集傳八卷

原書十八卷，今僅存八卷，然上、下經及彖、象傳皆已全具。朱彝尊曝書亭集有是書跋，謂'通志堂刻經解時以其殘闕故未開雕'云云。夫傳錄古書，當問其義理之是非，不當論其篇頁之完闕。殘編斷簡，古人尙且蒐輯，仁夫是書，上、下經裒然俱完而以不全棄之，何其憒也！

陸氏儀顧堂續跋影寫元刊八卷本跋云："以別下齋蔣氏刊本校之，蔣刊之謬有四：元本每卷首行書名下，卷一上經之上，卷二上經之中，卷三上經之下，卷四下經之上，卷五下經之中，卷六下經之下，卷七彖傳上，卷八彖傳下，蔣刊皆削之，一謬也；元本卷一至卷六，凡引朱子本義不下數十百條，蔣刊皆削之，惟卷七卷八不削，二謬也；元刊卦名下小注皆有某卦二字，以黑質白章別之，蔣刊亦全削，三謬也；元刊經低一格，有低二格者，或總論或辨證而非一爻一句之解，如卷一乾彖注'貞有二義'云云，坤六二注'凡爻有止一象一占'云云，元本皆低二格，蔣本皆連屬而以小圓圈隔之。不但與元本有小圓圈者混淆不清，亦大失作者本旨，其謬四也。推蔣氏之意，前六卷删朱子注而後二卷不删者，特以前帙多，後僅每卷數葉，將以省刻資耳！果爾則不如不刊之更省費也。昔納蘭氏曾見是書，以有缺卷不刊入通志堂經解，提要詆爲憒，若蔣氏者豈但憒而已哉！卷八'是以小事吉'注，'朱子曰：以卦德卦變卦體'下缺一葉，蔣本同。據蔣光煦跋，删節皆出於李敬堂明府，敬堂里貫無攷，可謂庸妄人矣！"

易學變通六卷

惟朱彝尊經義考載有周易變通之名，亦以爲已佚，今檢永樂大典所錄周易各卦下收入貫說尙多，其標題實作易學變通，知彝尊未見原書故稱名小誤矣。

瞿氏目錄云："經義考旣載周易變通已佚，又載易學變通曰見菉竹堂書目，誤以一書爲二也。”

周易爻變義蘊四卷

浙江吳玉墀家藏本。　黃溍集有是書序，稱其字曰澤雲，又稱其延祐間由黃巖文學起爲郡曹掾，數年調明掾，至正乙酉，調桐江賓幕，卷首應潤自序題至正丙戌，則此書成於桐江也。其書大旨謂義理玄妙之談墮於老、莊，先天諸圖雜以參同契爐火之說，皆非易之本旨。故其論八卦，惟據說卦傳“帝出乎震”一節爲八卦之本位；而以“天地定位”一節邵氏指爲先天方位者，定爲八卦相錯之用。謂文王演易，必不顚倒伏羲之文致相矛盾。其論太極、兩儀、四象，以天地爲兩儀，以四方爲四象。謂未分八卦，不應先有揲蓍之法，分陰陽太少，周子無極、太極、二氣、五行之說自是一家議論，不可釋易。蓋自宋以後，毅然破陳摶之學者自應潤始。

案吳氏繡谷亭薰習錄義蘊作易蘊，云：“有至正丙戌自序，又金華黃溍序曰”云云，是提要所見本明有溍序，乃云黃溍集有是書序，一若此本無溍序也者！提要往往弄巧，似此者不一而足，可嗤也！溍序中一曰爻變易蘊，再曰爻變易蘊，又曰爻變之義易之蘊，陸氏皕宋樓藏書志有舊鈔本載溍序同，是其書名‘易蘊’不名‘義蘊’甚明，今作‘義蘊’當由提要所改。陸志標題亦作義蘊。蓋依提要。又序中有云：“三年春，余乞老金華，澤雲以書來曰：余近調桐江賓幕”，陸志三年作去年，當以去年爲正，去年謂至正五年乙酉也。提要云：“至正乙酉調桐江賓幕”，其說良是，而下文引序仍作“三年余乞老金華”，則與乙酉字不合矣。　儀顧堂續跋云:"首有圖說,其言謂周子太極圖雜以老子之學,不容不改。邵子以丹經之學撰先天圖,易八卦之位,不能不正。說易者不知爻變之法,故作爻變圖。先天圖以已生未生之卦爲順逆,使數往知來之說不明,故作逆順圖。悍然與周、邵爲難,宋、元說易者所罕見也。提要不言有圖說,未知與此同否?"

易經蒙引十二卷

然實多與本義異同。

吳氏繡谷亭薰習錄作二十四卷,云:"發明朱子之學,救偏補闕,雖皆出於諸儒經說;而摭拾無遺。謂爲紫陽之功臣,洵無愧焉。"

易學啓蒙意見五卷

韓邦奇撰。

陸氏皕宋樓藏書志有明刊本四卷,題韓建圖解,並載朱彝尊識語云:"右韓建圖解四卷,發明河圖、洛書爲最詳"云云。玉縉案:此本作五卷,又稱韓邦奇,是一是二疑不能定。吳氏繡谷亭薰習錄有四卷,標題無"意見"二字。云:"有正德癸酉河東七十三翁質庵序,正德甲戌李滄序,弘治十二年自序。質庵者戶部尙書諡忠定諱文別字也,其序云:'予郡通守韓君著易學本原一編'云云,序稱易學本原者,舉其原名耳!竹垞翁稱易學疏原當別有所見。又考蘇祐跋云:'舊刻河東,原卦畫缺焉,茲乃大備,刻諸上谷',此則河東刊本也,核之信然。"據此,則四卷者乃少原卦畫一卷。靜嘉堂祕籍志云:"韓建圖解四卷:一卷曰本圖書,二卷曰明蓍策，三卷曰考變占，四卷曰七占’，無卦原、卦畫之目。

像象管見九卷

是書不取京、焦、管、郭之說。

吳氏繡谷亭薰習錄云："是編上、下經四卷，繫辭二卷，說、序、雜三卦三卷，總九卷，經義考作七卷，誤。有自序、鄒元標序。"

周易易簡說三卷

丁氏藏書志有影鈔明刊本周易孔義三卷，云："前有壬戌冬月自撰易簡說云：‘其知易知，其能簡能，易簡而天下之理得。’又有孔義自序云：‘易以孔義明，孔義又以易明。以目前事故不易見，然以目前事初非難見也。’蓋一書而兩名也。"

易象正十六卷

劉履丁則云："三十年前即有易本象八卷。"

案吳氏繡谷亭薰習錄有易本象四卷。

兒易內儀以六卷兒易外儀十卷

其名兒易者，蔣雯階序，謂公作兒易，兒者姓也，考說文"倪""兒"本二字，惟漢書兒寬傳"兒"與"倪"同，則是古字本可通用。然考元璐自序實作孩始之義，其文甚明，則雯階不免於附會。萬曆中紫溪蘇濬已先有兒易，豈亦寓姓乎？

案門人王鯤前跋云："先生兒易成，天下以為倪氏易。漢兒千乘本作‘倪’，先生說易，又何不可謂之倪氏易也！"此說頗圓活。

古周易訂詁十六卷

天啓乙丑進士，官至吏科給事中。唐王聿鍵起兵於閩，以爲禮部尚書，旋爲鄭芝龍所軋，憤恚而卒，事蹟具明史本傳。

李慈銘孟學齋日記丙集上上云："顧亭林聖安本紀載南都降臣有戶部右侍郎何楷名，而黃梨洲行朝錄、錢田間所知錄皆言其入閩爲戶部尚書掌都察院，以忤二鄭請告歸，爲盜截其一耳，欽定明史因之。蓋僅於降表僉名而未嘗迎附者也。"

易經通注九卷

國朝大學士傅以漸、左庶子曹本榮奉敕撰，僅有原稟，尊藏曹本榮子孫之家，今奉皇上求書明詔，湖北巡撫乃繕錄進呈。原本未標書名，恭閱五朝國史傅以漸舊傳有"順治十三年十月纂脩易經通注"之文，謹據以補題。

盧弼四庫湖北先正遺書札記云："案皇朝通考，御定易經通注四卷，湖北叢書本亦作四卷。又案湖北通志，本榮於順治十二、三年均充日講官，書即修於此時。雖冠以大學士傅以漸之名，乃大官領局之通例，書實成於本榮一人之手。蓋當時即以供日講者，故原稟獨藏其家。"

周易稗疏四卷附考異一卷

卷帙雖少，固不失爲徵實之學焉。

玉縉案：夫之經學初非顓門，每不免明人肊決之習，故嚴杰爲阮元編刻經解曾未收入。鄧顯鶴船山遺書目錄序云："近時儀徵相國裒輯國朝經解刻於廣南，所收甚廣，獨不及先生，其他更何論已。"此蓋言其書罕傳，實則元未必不見也。王先謙經解續編收其易、詩、春秋、四書稗疏，殆因鄉人而及之耳。

仲氏易三十卷

大旨謂易兼五義云云。

狄子奇周易推自序云："毛初晴本古推易法著仲氏易，其源亦與朱子卦變之說相表裏，而博綜漢、唐以來諸儒緒論頗稱晐備，惟叫囂之習，穿鑿之見，亦所時有；且謂坎、離、震、艮、巽、兌六卦亦自臨、觀等卦推來，尤爲倒置。蓋伏羲畫卦，有乾、坤而後有六子，有八卦而後有六十四卦，則謂分卦從聚卦來聚卦從八卦來六子從乾、坤來可也，今顧反之，有是理乎？雖三畫卦與六畫卦互有錯綜，然其體究不可亂。朱漢上云：'三男之卦無不從乾來，三女之卦無不從坤來'，此定論也，毛氏不從，眞不可解。"

周易述二十三卷

翁方綱復初齋集考訂論上之一云："惠棟之於易極意博綜，而妄取他本以解經字，甚至以繫辭傳'天一地二'以下爲後人所增，以'富有日新'諸語爲後人所訓，以說卦傳'乾健也'以下爲後人所益，皆嗜博嗜異而不惟義理之是求也。"又於跋張惠言儀禮圖及之。

易漢學八卷

棟采輯遺聞，鉤稽考證，使學者得略見漢儒之門徑，於易亦不爲無功矣。

竹汀日記鈔一云："與江叔澐札，論易漢學中譌舛數事：南史虞履占遇坤一節援引不全，且有衍文。木利在亥，水利在亥，當作'刑'。引晉書'加大餘'誤作'如'，'求次卦'誤作'坎'，'中備'誤作'辨終備'，'六五'譌作'立五'"。

易例二卷

其中有錄無書者十三類，原跋稱爲未成之本。今考其書，非惟采摭未完，即門目亦尚未分。意棟欲鎔鑄舊說作爲易例，先䋲草本，采摭漢儒易說，隨手題識筆之於冊，以儲作論之材。

李慈銘息荼庵日記云："是書草䋲未定，故體例不一，四庫提要言之甚當；然采集經師微言，多義藴精深所包甚廣。爲易學者不可不讀周易述，爲周易述學者不可不先讀此書也。"

周易辨畫四十卷

是書大旨謂一卦之義在於爻，爻畫有剛有柔，因剛柔之畫而立之象，即因剛柔之畫而繫以辭，其道先在於辨畫，故以爲名。

沈垚落帆樓文集有是書序云："辨畫一書，大指謂聖人立象以盡意，繫辭以盡言，不知象無由知言，不知言無由知意，故必以明象爲先。又謂爻之義必期於貞當位，是也，天下之動貞夫一，動而貞者必吉，動而不貞者必凶，故曰吉凶者貞勝者也；然有當位而不云吉，不當位而反云吉者，義又具於上下無常剛柔相易中而不在本爻，漢以來互覆、升降、卦變之說，皆即繫辭上下相易之意，而所以必上下相易者，凡以求其貞而已。故解釋諸爻，酌取荀、虞之義而皆以貞爲說。蓋有是書而義理、象數二家之言融會貫通，可以無相爭矣。或譏是書不明六書，不知朋即鳳字而謂爲兩月，不知遯本作遁而謂遯字從豚從辵，姤之羸豕，又進一陰而爲遯。又好采新說，豫九四'朋盍簪'，用來知德說，解爲冠簪婦人。六五'貞疾恆不死'，解爲疾、徐之疾，旁死魄之死。皆穿鑿過甚，不合經義。又彖、象等傳，有專言象亦有離象而廣陳事理，是書概以象牽配，亦不免漢儒拘滯之失。又拘於繫辭傳'初辭擬之卒成之終'二言，謂諸卦初爻多統領一卦之旨，上爻多總結中爻之義，於是一卦但有四爻，而初上二爻皆贅設矣，此更非陳列六爻之義。余謂著書不能無得失，要在瑕瑜不相掩是非不相亂而已，是書據象陳義，言有依傍，不用空虛無實之說，其精確處故自不可沒也。歸妹彖辭有'征凶无攸利'之言，注家皆以歸妹爲不善矣，先生獨據象傳謂由爻位之不當，非謂歸妹之不善。孔氏小畜正義謂巽是陰柔，不能止畜在下之乾，於是說者多誤訓畜爲止，先生乃依古訓爲養。如此之類，不可謂於傳義無補矣。是書爲朱竹君學士所表章，采入四庫全書，今先生裔孫某謀重付梓而請序於余，先生不爲空言，余不敢以空言復也，因著其大指如此。"

乾坤鑿度二卷

其書分上下二篇。

王詠霓函雅堂集答張子遠書云："承詢乾坤鑿度總釋二十九卦數例，如屯六二。十年乃字注云：'何不以七年與五年？'師九二。三錫注云：'何不言九錫？'似不可解，僕謂是注文訛脫，蓋元文必自爲問答以明有數無數假象假物之旨。如訟九二。戶三百注云：‘不言二百、一百，象中有數。’由是推之，則需上六。三人注云：‘三陽’，正釋三人之義，其上文必有何不言一人、二人、五人等字也。臨八月注云：‘陽盡’，臨下亦脫繇辭二字注。暌繇辭。二女注云：‘長女少女’，損繇辭。三人注云：‘少與多’，一人注云：‘聖人淳一’，益六二。十朋注云：‘數盡，大損益道皆反’，夬繇辭。五剛注云：‘五陽’，萃初六。一握注云：‘默然一握，近遠意’，旅六五。一矢注云：‘小’，皆釋象數之義，而今本傳寫脫去，何不以一問也；坎六四。簋，二上六。三歲，則并問答而脫之矣。復上六。十年注云：‘何不九年？’繼之以剝注云：‘九月陽盡’，余謂‘剝九月陽盡’五字，正釋復上六十年之義，而今本誤以剝字爲正文，以剝卦無九數，又不次復先而在復十年之後可知也。然則蠱、明夷、巽之三日，復之七日，同人、困、豐之三歲，旣、未濟之三年，其轉寫脫去釋義之詞亦可知也。”

玉縉案：丁氏藏書志有天一閣范氏刊本。

周易乾鑿度二卷

說者稱其書出於先秦，自後漢書、南北朝諸史及唐人撰五經正義，李鼎祚作周易集解，徵引最多，皆於易旨有所發明，較他緯獨爲醇正。至於太乙、九宮、四正、四維皆本於“十五”之說，乃宋儒“戴九履一”之圖所由出，朱子取之，列於本義圖說。故程大昌謂漢、魏以降言易學者皆宗而用之，非後世所託爲，誠稽古者所不可廢矣。

胡渭易圖明辨云：“隋經籍志，‘宋大明中始禁圖讖，梁天監以後又重其制，及高祖受禪禁之愈切，煬帝卽位，乃發使四出，搜天下書籍與讖緯相涉者皆焚之，爲吏所糾者至死，自是無復其學，祕府之內亦多散亡’。今按志有鄭氏注易緯七卷而無乾鑿度，唐藝文志有宋均注易緯九卷亦無乾鑿度，孔穎達義疏、章懷後漢書注所引乾鑿度，蓋即祕府散亡之餘僅存於易緯九卷中者也，是爲可信。宋時復有乾鑿度二卷，晁氏云：舊題蒼頡修，古籀文，鄭氏注。案唐四庫書目有鄭玄注詩、書緯及宋均注易緯，而無此書，其中有不可曉者，獨九宮之法頗明。愚謂此贋書無疑，圖緯興於哀、平之際，乾鑿度縱出其先亦當在漢世，而題曰蒼頡修，將誰欺乎？太乙取其數以行九宮，章懷所引鄭注盡之矣！無七八、九六、進退、消息、彖易、彖變之說也，是必蒼頡二卷中語。蓋其時洞極經出，十圖九書早已萌芽，故劉牧之徒僞造乾鑿度二卷，以參同契‘七八九六’之文竄入於其中，以見此河圖之象出自西漢，遠有端緒，使人不敢動搖，陳氏所云殘闕不完，於僞之中又有僞焉者也！而昧者更題云蒼頡修，若此書爲黄帝繼伏羲而作，適以自獻其僞，可不謂大愚乎！”玉縉案：丁氏藏書志有天一閣范氏刊本，云不及盧刻盧校之善。

易緯稽覽圖二卷

其書首言卦氣起中孚，而以坎、離、震、兌爲四正卦，六十卦，卦主六日七分，又以自復至坤十二卦爲消息，餘雜卦主公、卿、侯、大夫，候風、雨、寒、溫以爲徵應。蓋即孟喜、京房之學所自出，漢世大儒言易者悉本於此，最爲近古。

王詠霓答張子遠書云：“稽覽圖每卦值日策數 ‖ ‖ ‖ 等

文，皆是爻畫而非策數。曾於戊辰春間，竭數日夜之思而始得一悟。"案王有序卦氣一篇甚佳，亦在集中。錢大昕稽覽圖序云："此書首言甲子卦氣起中孚，卦氣之法，以坎、離、震、兑四正卦主春、夏、秋、冬爻氣，餘六十卦，卦各主六十七分，始中孚終頤而周一歲之日，大指即說卦傳'帝出乎震'一章之文而推衍之。其以風、雨、寒、溫驗政治得失，亦與洪範五行相爲表裏。漢人引此書者或稱中孚經，或稱中孚傳，或稱易內傳，或稱易傳，蓋七十子之微言間有存者，而術士迂怪之說亦頗雜其中。要其精者足以傳精義，其駁者亦足以博異聞，窮經嗜古之士宜有取焉。"

玉縉案：書中稱"'是類謀'以此四正之卦，卦有六爻，爻主一氣，餘六十卦，卦主六日七分"云云，亦後人附益。

易緯通卦驗二卷

至其中譌脱頗多，注與正文往往相混，其字句與諸經注疏、續漢書劉昭補注、歐陽詢藝文類聚、徐堅初學記、宋白太平御覽、孫瑴古微書等書所徵引亦互有異同。

劉毓崧通義堂集有書易緯通卦驗鄭注後二篇，略謂："張登封先生所藏鈔本通卦驗鄭注，與刻本多有不同。其尤異者，每節氣後各附藥方，凡當至不至與不當至而至者皆隨其病名，列其治法，其詞雖與鄭注相聯而其方實非鄭君所採，蓋後人所增益。惟是節序之分，藥物之配，斷非無因而漫言，疑其別有所出。惜鈔本傳寫譌脱難稽，又未言據何書補入，無從諟正。"此別一本。

易緯乾元序制記一卷

案乾元序制記，後漢書注七緯名並無其目，馬氏經籍考始見一卷，陳振孫疑爲後世術士附益之書。今考此篇首簡“文王比隆興始霸”云云，孔穎達詩疏引之作“是類謀”，疏又引坤靈圖“法地之瑞”云云，今坤靈圖亦無其文，而與此篇文義相合。又隋書王劭傳引坤靈圖“泰姓商名宮”之文亦在此篇。至其所言風、雨、寒、溫、消息之術乃與稽覽圖相近，疑本古緯所無而後人於各緯中分析以成此書者，晁公武謂其本出於李淑，當亦唐、宋間人所妄題耳！

俞樾俞樓雜纂有卦氣續考，既列稽覽圖，又引乾元序制記曰：“坎初六冬至，九二小寒”，云云，以爲“如其說則四正卦皆跨歷兩時不得其正矣，後世卦氣起中孚之說由此而來，愚未敢信。後漢書樊英傳注舉七緯之名，無乾元序制記之目，蓋其書乃後人於各緯書掇拾而成，未足據也。”

易緯是類謀一卷

鄭康成注。　其間多言禨祥推驗並及於姓輔名號，與乾鑿度所引易歷者義相發明。

俞正燮癸巳存稾書是書後云：“是類謀注題鄭康成而語不見淵源。書云‘類萌樞，提紀時’，提紀時者攝提輔斗建明時也。云‘機衡維持，經持錯序，七九通符’，七、九兼言斗七星、九星也。史記索隱引春秋元命包云：攝提之爲言提攜也，言能提斗攜角以接於下也，攝提紀時，非謂歲星也。又引文耀鉤云：‘斗者天之喉舌，玉衡屬杓，魁爲璇機’，此云‘機衡維持’，言斗明矣。索隱引徐整長曆云：‘北斗七星間相去九千里，其二陰星不見者相去八千里’，陶弘景冥通記云:'常以二十七日月生日二日伺之,其形異餘者爾',故言斗者或言七星,或言九星,此並言七、九,兼見不見言之,知是言斗者。下云'天以變化,地以紀州',斗分主九野與九州也;下又云'變動七、九斗衡謀',是此書大旨,注專言爻象偏矣!其法斗兼房、能爲用,故云'考房、斗、能'。房者黃道赤道之交,房四星,日月五星之所出入,開元占經、乾象通鑑並引京房對災異云:'天有三門,房星其準也',此云'昴街門',亦日月五緯道也。云'鉤、鈐房宿',鉤、鈐二星也。斗者卽北斗,此書云'攝提招紀格',攝提謂夾角六星,招謂招搖也。能者三台也,此書云'握天能,持斗輔',開元占經引元命包云:'魁下六星,兩兩而居曰三能,能承斗魁而運輔者',斗第六星旁一星皆從斗也。云'乾坤合斗,七以分治',專言七者,就所見,不得改說爲十。云'必提起,天下扶',其義在乾鑿度,鄭彼注引元命包'精出於天,提日而西北之也',當從彼注。此書孔子云'運之以斗,稅之以昴',昴與房義同也,云'五、七布舒',五則街門、五侯、房、昴之義也,七則七以分治斗兼能也,是考房、斗、能、以知其謀也,注謂五七三十五人,非書所言'河出錄圖、洛授變書'之意。既爲尋其條理,書其後焉。"

案儒者多言讖、緯,其實讖自讖緯自緯,非一類也。讖者詭爲隱語預決吉凶,史記秦本紀稱盧生奏錄圖書之語是其始也;緯者經之支流衍及旁義,史記自序引易"失之毫釐,差以千里",漢書蓋寬饒傳引易"五帝官天下,三王家天下",注者均以爲易緯之文是也。蓋秦、漢以來，去聖日遠，儒者推闡論說各自成書，與經原不相比附。如伏生尙書大傳，董仲舒春秋陰陽，核其文體，卽是緯書，特以顯有主名，故不能託諸孔子。其他私相撰述，漸雜以術數之言，旣不知作者爲誰？因附會以神其說，迨彌傳彌失，又益以妖妄之詞，遂與讖合而爲一。然班固稱聖人作經賢者緯之，楊侃稱緯書之類謂之祕經，圖讖之類謂之內學，河、洛之書謂之靈篇，胡應麟亦謂讖、緯二書雖相表裏而實不同，則緯與讖別，前人固已分析之，後人連類而譏非其實也。右乾鑿度等七書皆易緯之文，與圖讖之熒惑民志悖理傷敎者不同，以其無可附麗，故著錄於易類之末焉。

沈濤十經齋文集十經齋考室文自注云："古占驗書皆名爲讖，至孔子因七經之名始定七緯。劉熙釋名云：'緯圍也，反覆圍繞以成經也。論語讖諸弟子所撰，不敢襲名爲緯，取纖微效驗之意。'予謂史遷書所載楚南公曰，甘公曰，皆古雜讖之流。隋書經籍志又有老子河洛讖一卷，尹公讖四卷，劉向讖一卷，而八十一篇之外未有以緯名者。後人不知讖、緯之分，且因閉房記、王明鏡僞託諸書而舉以病緯，亦可謂未辨朱麥矣。"又云："張衡以劉向九流無讖疑出哀、平間，案九流謂陰陽、儒、墨等九家，見今漢書藝文志，本不得有讖，漢志天文家載圖書祕記十七篇，則緯候亦七略中書，史記趙世家言秦讖於是出，始皇本紀言錄圖曰亡秦者胡，圖讖之名，由來舊矣。"

易類存目

周易繫辭精義二卷

初,程子作易傳不及繫辭,此書似集諸家之說補其所闕,然去取未爲精審。陳振孫書錄解題引館閣書目以是書爲託祖謙之名,殆必有據也!

瞿氏目錄有明刊本伊川程先生周易經傳十卷,云:"二程全書中伊川易傳止四卷,東都事略、書錄解題並稱六卷,蓋皆未有繫辭解之本,郡齋讀書志則作十卷,與宋藝文志同;然宋志稱傳九卷,繫辭解一卷,晁氏斷不及見繫辭解,其所稱十卷者蓋別是一本。此本則傳八卷,繫辭解二卷,卷數雖同宋志然又非舊第矣。繫辭解不知輯自何人?此本首章後有云:'程子無繫辭、說卦、序卦、雜卦全解,東萊呂祖謙精義載程子解幷及遺書,今並編入續六十四卦之後,題之曰後傳,庶程子有全易'云,此數語元刊程朱傳義已有之;然考天台董氏傳義附錄、鄱陽董氏周易會通,皆采文集語錄以補其闕而不及精義,亦不稱後傳。元刊本不知精義是僞託,疑出坊間所爲,此本雖載其語而采輯較爲晐備。如首章後有云:'聖人用意深處全在繫辭',又云:'繫辭本欲明易',又云:繫辭之文後人決學不得',此三條元刊本皆無之,其他互異,尤難枚舉,則非出自元刊本矣。"又言明人吳勉學本之多脫誤,茲不錄。吳氏繡谷亭薰習錄云:"董眞卿曰:'程傳正文,只據王弼本亦只有六十四卦,繫辭傳有及爻卦者掇入傳中,故無繫辭以後。至東萊呂氏，始集周子、二程子、張子諸家經説、語錄及程子門人共十四家之説，爲精義以補之。’董氏之言，自是信而可徵，然據陳振孫曰：‘東萊繫辭精義，館閣書目以爲託伯恭之名。’案東萊古易自序云：‘自輔嗣合彖、象、文言於經，學者遂不見古本’，其詆王氏卽所以譏伊川也，豈一旦降心相從盡棄所學而學歟？且成公性命之學關、洛爲宗，豈不知伊川一生用意之所在者，而必欲矯其説補其闕歟？託名之説近是，其篇中皆彙諸儒之説，或成公平日講論及此而門弟子采葺之以成書耳！”

易序叢書十卷

汝楳有周易輯聞六卷，易雅一卷，筮宗三卷，總謂之易序叢書，已著於錄。此本亦分十卷，卷各爲目，惟首二卷爲易雅、筮宗，自第三卷至七卷則言兵法，所載營陳隊伍圖法甚備，皆與易絕不相涉。又所題衍義、拾遺等目，核之書中亦多不甚分晰，其中惟第八卷六日七分論及第九卷、十卷辨方、納甲二篇尙頗存漢學之舊。然文字亦多脫誤，疑好事者偶得其殘本，不知完帙尙存，雜鈔他書以足十卷之數也。

吳氏繡谷亭薰習錄云：“納蘭成德序云：‘周易輯聞六卷，易雅一卷，筮宗三卷，合名之曰易序叢書。’案是編十卷：卷一曰易雅，卷二曰筮宗，卷三曰深衣考，卷四曰律本義，卷五曰周尺記，卷六曰八陳通記，卷七曰如意城略，卷八曰六日七分論，卷九曰辨方圖，卷十曰納甲辨。汝楳自序曰：‘先君子服勤王事於江、淮間，閱歲維多，征行必載書，汝楳侍焉，得所口授，於易尤詳，下至律曆數度之學罔不研究'云云。據此，則成德之說似誤，蓋成德既知爲叢書，故易雅、筮宗咸附於輯聞之後；而六日七分論、辨方圖、納甲圖皆專言易者又何以遺歟？抑所見別一本歟？"玉縉案：易序乃叢書之名，不必皆與易相涉，提要似失之輕疑。

大易法象通贊七卷

此書首爲諸圖，次以中天述考、述衍等說，終以甲辰、乙巳、丙午三年所作習坎書院旅語。

吳氏績谷亭薰習錄云："經義考云：'鄭氏滁孫大易法象通贊七卷，中天述考一卷，俱存。'今案中天述考即在法象通贊七卷之內，非別一編也；且述考之後又有中天述衍二卷，卷分上、下，又辨答附錄一卷，又有中天述考續篇，又講義二篇，跋二，據此，則竹垞翁所見似非完本。"

易脩墨守一卷

樞字惟鎮。

案董汾爲樞湖州府志序云："樞別號一菴。"

九正易因無卷數

贄所著述大抵皆非聖無法，惟此書尚不敢詆訾孔子，較他書爲謹守繩墨云。

玉縉案：顧炎武日知錄卷十八李贄條引神宗實錄而爲之說曰："自古以來，小人之無忌憚而敢於叛聖人者莫甚於李贄，然雖奉嚴旨而其書之行於人間自若也"；並引謝在杭五雜組言，"此亦近於人妖"，以爲閩人持論之公如此。

大象觀二卷

至其以雜卦爲序尤爲顚倒。

吳氏繡谷亭薰習錄云："自序云：耿仲子曰：'雜卦序孔易也'云云。後附門人鄒匡明跋，又雜卦序歌。此書經義考注未見，故誤作大易觀。"

今易詮二十四卷

伯羔字孺孝，常州人。

吳氏繡谷亭薰習錄云："經義考云：'孺孝常州布衣。'據自序曰：'予少爲諸生，攻尙書。'則孺孝少時已列膠庠，錄其序而仍作布衣何歟？"

易經兒說四卷

及作是書，乃墨守朱子本義，尺寸不踰。

吳氏繡谷亭薰習錄云："其說以蔡虛齋清、陳紫峯琛爲宗而參以己見，學者稱晉江三家。"

易經澹窩因指八卷

吳氏繡谷亭薰習錄云："其書名以澹窩因指者，蓋參議讀書龍山之澹窩，取圓覺經'因指見月'之語也。"

易經會通十二卷

邦柱字砥之，萬曆丙午舉人。

吳氏繡谷亭薰習錄云："邦柱字砥之，萬曆己未進士，武昌參議。"玉縉案：明題名碑錄萬曆己未科有汪邦柱，蘇州府長洲縣民籍，休寧人，吳說是也。吳又云：繆昌期序云云，經義考只作砥之著，似未見繆序。

易林疑說無卷數

明史藝文志作十卷，今此本止三冊不分卷數，疑就其初成槀本傳寫者也。

吳氏繡谷亭薰習錄云："爲說三十六條，河、洛先、後天八卦圖六，末附易經蒙筌小引云云。是編上、下二卷，經義考作十卷，誤。"玉縉案：此當别一本。

易窺無卷數

據經義考所引倪長玗語，知其嘗官部郎，始末則未能詳也。

吳氏繡谷亭薰習錄云："官易州知州，伊川先生裔。"

周易說統十二卷

吳氏繡谷亭薰習錄有石鏡山房周易說統二十五卷，云："振淵明萬曆中貢生。徐剛振曰：'俞叔純周易讀，近仁和張氏振淵輯說統頗采用其說。余家舊藏說統總十二卷，兹據子師栻跋云：經統業已布之四方，辛酉，火龍煬虐，盡燔焉。竊與伯兄議，益以諸子百家，删者什之四，增訂者什之六'則剛振所見者，當是彥陵原本而非師栻兄弟續廣之書也。"玉縉案：據此，則又有二十五卷本。

周易辨疑無卷數

案吳氏繡谷亭薰習錄作四卷。

易存無卷數

蕪湖人。

案補繪離騷全圖提要作當塗貢生。未詳孰是？

周易惜陰錄四十六卷

考隴其三魚堂集中有世沐四書惜陰錄跋。

案雷鋐所爲世沐傳云："先生所著四子書、易、書、詩、儀禮、周禮、春秋、孝經、小學及明紀諸編統名之曰惜陰錄。"

易論無卷數

徐善撰，書首有沈廷勱序稱爲南州徐敬可，則當爲南昌人；而善自署曰嘉禾。考朱彝尊曝書亭集有徐敬可左傳地名考序，又閻若璩潛邱劄記亦稱秀水徐勝敬可爲人作左傳地名考云云，其字與里貫皆合，惟名有異，未知爲一人二人也？

案朱彝尊曝書亭集有徐氏四易序云："處士徐善敬可氏著四易：一曰天易，二曰羲易，三曰商易，四曰周易，凡三十卷。其於圖書博采諸家之論而一本乎邵氏、程子、張子及朱子之初說"云云，似別一書，末稱同里朱彝尊爲之序，則善爲秀水人無疑，餘詳地名考略下。

周易本義拾遺六卷

於變爻、互體言之特詳，而所釋諸象則大抵隨文傅會。

湖南文徵載易愼愔與雲衢族叔論湘川李氏易注書云："李先生解釋翼傳，證理既多醇正，說數亦不支離，即先天、後天、蓍策等說亦不無可取者；獨其注釋經文，惑於來氏之說，泥象求經，專以互變錯綜爲要義，舍康莊而尋曲徑，全失潔淨精微之旨。其尤謬者，於每卦之下增入互某卦上互某卦下等字，印定後生眼目，使專於互體索解，已爲鄙俗；乃復於三百八十四爻各增變卦於經文之上，不惟增經之妄罪無可逭，而一切支離牽附詭僻穿鑿等病均有難爲先生解者矣。夫解經自有定法，微論互變均屬餘義，即使爲解經正旨，亦必經有此義而後以此義解之，未有經所未及而先安排豫設以待經文之符合者。今每卦增一互體，則一卦之明障矣，每卦增一變卦，則一爻之明障矣，以己意爲主而牽經文以附之，是經來注我非我注經矣，試問千百年來有此注經之法乎?"云云。其文甚長,似即指此書言。

周易蛾術七十四卷

濤字崑渠,錢塘人。

案丁氏藏書志武林石刻記下稱錢塘倪山夫濤,以貢生官遂安司訓。

易經本義翼十二卷

不標撰人名氏,惟卷首題籤云:"蘇州府學附生曹霑手輯,吳敬菴羲經本義二十本,上大宗師鑒定。今呈到十九本,其一本係圖說,因繪畫不及,俟於原本錄出補送呈"云云。蓋江南諸生錄送提學之本,不知吳敬菴者爲何人也?

案李氏惜陰軒叢書有吳曰愼周易本義爻徵載其姪昌識語云:"吾伯徽仲先生所著周易本義翼未及刊行,周易折衷內已採列數十條"云云。考折中列引用姓氏有吳曰愼字徽仲,又字敬齋,則此乃歙人吳曰愼撰也。敬齋或敬菴之誤,或二字並行,折中列之明人,蓋本在未詳世次之十人中也。

四庫全書總目提要補正卷四

書類

東坡書傳十三卷

萬卷堂書目作二十卷，疑其傳寫譌也。

陸氏、丁氏藏書志並有明刊本二十卷，瞿氏目錄有焦竑刻兩蘇經解六十二卷，其中書傳亦二十卷，祕籍志同。

尚書全解四十卷

自宋迨明，流傳旣久，又佚其三十四卷，多方一篇，通志堂刊九經解，竭力購之，弗能補也。惟永樂大典修自明初，其時猶見舊刻，故所載之奇書解此篇獨存，今錄而補之乃得復還舊觀。

翁方綱復初齋集有龍氏重刻是書序云："通志堂本闕多方一篇，今於永樂大典鈔出補之，予告之曰：'此書洛誥以後舊本亡失，通志本是據其孫畊叟淳祐庚戌所補刻，尙有未審正者，應將'立政'篇第三十五卷之八葉第三行末此篇之言'三宅'句至九葉第六行'又一說'三字凡三十五行皆刪去之。'"玉縉案：此論通志本，其內府本俟考。

鄭敷文書說一卷

惟誤信書序爲眞孔子所作，故於太甲序則以爲體常盡變存正明權得春秋之法；於秦誓序則以爲經稱十三年者誤，當依序作十一年；於洪範序則以爲所稱勝殷殺紂亦誅獨夫紂之義，皆未免牽合舊文，失於考證。

王詠霓函雅堂集有是書書後云："案書序非孔子作，予曩時旣爲考異二卷、答問一卷以明之，鄭氏之學異於朱子，故不能無沿襲之訛。其說堯典'中星'所在，自爲考定，與注疏舊說不同。解'流宥五刑'，則駁漢書引荀卿之說。解'三居'爲居遠、居近、與居遠近之中；而以僞孔傳'四裔與九州千里之外爲三居'爲非古法。解胤征'俶擾天紀'，謂仲康初政知所本爲夏道中興之象，而以蘇氏書說爲非，以戡黎爲武王事，本蘇氏書說。是亦不爲苟同者。說典寶書序言是義也於顧命三篇見其詳，案卷中無顧命釋義，疑鄭氏本書當不止二十九條，而今闕矣。"

禹貢指南四卷

毛晃宋史無傳，其始末未詳，世傳其增注禮部韻略，於紹興三十二年表進，自署曰"衢州免解進士"，蓋高宗末年人也。

案弘治衢州府志，"晃字明敬，江山人，紹興中免解進士。嘗閉戶著書。留意字學，增註監本禮部韻行於世，學者稱鐵研先生。子居正，亦第進士，有名於時"。

禹貢論五卷後論一卷山川地理圖二卷

宋史藝文志載大昌禹貢論五卷，後論一卷，又禹貢論圖五卷；陳振孫書錄解題則謂論五十二篇，後論八篇，圖三十一；

王應麟玉海則謂淳熙四年七月大昌上禹貢論五十二篇，後論八篇，詔付祕閣，不及其圖，蓋偶遺也。今諸論皆存，其圖據歸有光跋稱吳純甫家有淳熙辛丑泉州舊刻，則嘉靖中尙有傳本，今已久佚，故通志堂經解惟刻其前、後論，而所謂禹貢山川地理圖者則僅刻其敍說。今以永樂大典所載校之，祇缺其九州山水實證及禹河、漢河二圖耳！其餘二十八圖巋然並在，誠世所未覯之本，今依通志堂圖敍原目併爲二卷，而大昌之書復完。大昌喜談地理之學，所著雍錄及北邊備對，皆刻意冥搜考尋舊蹟，是書論辨尤詳。周密癸辛雜識載"大昌以天官兼經筵，進講禹貢闕文疑義，疏說甚詳，且多引外國幽奧地理，阜陵頗厭之，宣諭宰執云：'六經斷簡闕疑可也，何必強爲之說，且地理旣非親歷，雖聖賢有所不知，朕殊不曉其說。想其治銓曹亦如此'，旣而補外"云云，與自序及陳應行後序所言殊相乖剌。

陸氏儀顧堂題跋云："程尙書經進禹貢論二卷，後論一卷，禹貢圖二卷，影寫宋刊本。論前有淳熙四年自序，末有後序，圖前有自序，後有淳熙辛丑彭椿年序，陳應行跋，林冠英等銜名四行。椿年序曰：'淳熙四年，程公以侍從講尙書禁中，門下省頒其奏劄曰：'禹貢大川七，而諸儒沿襲乃謫爲六'，予聞之有會於心而疑其是正之難也，已而聞上即講殿問黑水甚詳，知公有見俾之來上，程公具以其所知爲書以奏，上見大加褒勞，詔付祕書省藏以垂後'，與周密癸辛雜識云云相反。果如密言，孝宗方且厭之，椿年敢僞造褒勞之詔刊版傳布乎？必不然矣！且大昌以刑侍兼侍講，非吏部也，而云以天官兼經筵，其爲傳聞失實可知。密遊賈似道之門，本非端人，每好誣衊正人，其祖祕，在高宗時專以攻擊正人爲事，見繫年要錄，想其家世本非清流，其言不足信也。山川地理圖，聚珍版尙缺二圖，此從淳熙辛丑泉州刊本影寫，三十一圖完具，與書錄解題合，誠可寶也。宋史藝文志禹貢圖、論五卷，蓋論二卷後論一卷圖二卷，合之得五卷，與泉州本合。又云禹貢論五卷，後論一卷，恐傳寫之譌也。"玉縉案：據此，則提要所稱陳應行後序當爲彭椿年。　瞿氏目錄有鈔本地理圖云："此本專錄其圖，不錄前、後論，蓋文瀾閣傳鈔本輯自永樂大典者也。嘗以校通志堂本，多可正其譌脫，如大陸篇云：'固嘗以深之大陸爲正'，'深'作'河內'，考通典深州陸澤縣，禹貢大陸澤在此，元和郡縣志深州陸澤縣南三里即大陸之澤，則作'深'是也。今定沇、滎、濟圖，'沇'誤爲'流'，敍說云：'沇、滎、濟絕河南、北以爲逕道'，'沇'字亦脫。尋陽舊江圖敍說云：'若九江在蘄春以至湖口不過二三百里'，湖口下有小注四字云'三江會處'，誤以'三江'二字入正文而脫'會處'二字。小勃律弱水辨云：'唐史誤以合言，故幷與大勃律無的地也'，脫'無的'二字。雍、梁、荆三州貢道圖敍說云：'然則不浮漢而浮潛者'，脫'而浮'二字。隋汴首末篇云：'隋汴受河在板城渚口，而板渚之在水經古來自有分水故道'，脫'而板渚'三字，又誤'之在'爲'之東'。其餘字句小異茲不悉著，要皆此本爲勝，蓋大典所載，猶出淳熙舊刻也。"

禹貢說斷四卷

案朱彝尊經義考有寅所著禹貢集解二卷，通志堂嘗刊入九經解中，而永樂大典載其書則題曰禹貢說斷，無集解之名。又經解所刊本稱原闕四十餘簡，今檢永樂大典，不獨所闕咸在，且其五服辨三千餘言，九州辨千數百言，較之原注闕文多至數倍。又山川總會及九河、三江、九江四圖，經解俱誤編入程大昌禹貢論中，與其書絕不相比附，而永樂大典獨繫之說斷篇內。蓋當時所見實宋時原本，足以援據，而經解刊行之本則已傳寫錯漏，致并書名而竄易之，非其舊矣。

瞿氏目錄有宋刊本杏溪傅氏禹貢集解二卷，云："東陽喬行簡序。首列山川總會及九河、三江、九江四圖，序首行題曰'杏溪傅氏禹貢集解圖'，後又題曰'尙書諸家說斷'，次行曰'禹貢第一'，故永樂大典本曰'禹貢說斷'，而通志堂經解本曰'禹貢集解'，名遂兩歧也。引諸家說皆曰某氏，惟呂成公則稱東萊先生，疑同叔居義烏時學於成公者也。此本爲王止仲所藏，後歸都元敬、劉公甗，入傳是樓，今所傳經解本卽據之以刻者。所闕四十餘簡及五服辨、九州辨皆一一脗合，惟'尙書諸家說斷'六字亦改作'杏溪傅氏禹貢集解'爲失其眞耳！若四圖之編入程氏禹貢論中，乃裝書者之失，非刻本有誤也，觀成容若序自明。"

書說三十五卷

此則其門人時瀾所增修也。原書始洛誥，終秦誓，其召誥以前堯典以後則門人雜記之語錄，頗多俚俗，瀾始刪潤其文成二十二卷，又編定原書爲十三卷，合成是編。王應麟玉海云：

"林少穎書說至洛誥而終,呂成公書說自洛誥而始",蓋之奇受學於呂居仁,祖謙又受學於之奇,本以終始其師說爲一家之學;而瀾之所續則又終始祖謙一人之說也。 瀾,婺州淸江人。厲鶚宋詩紀事收其詩一篇而不能舉其仕履。考周必大平園集有祭瀾文,稱從政郎差充西外睦宗院宗學敎授,而瀾自序則稱以西邸文學入三山監丞,蓋作是書時爲監丞,其後則以敎授終也。

丁氏藏書志有嚴元照手鈔宋本十三卷,題"東萊呂祖謙伯恭述,門人鞏豐仲至鈔",是十三卷者非出時瀾之手,提要恐誤。 朱彝尊曝書亭集有東萊呂氏書說序云:"伯恭書說,先之秦誓、費誓,自流以泝其源,上至洛誥而止,殆以補林說之所未及。門人時瀾不知師之微意,乃取而增修之,非伯恭之本懷矣。趙希弁讀書附志稱是書六卷,康熙壬戌,予鈔自無錫秦氏,凡十卷,與馬氏經籍考同。宋史藝文志云三十五卷,蓋并門人增修之書合著於錄也。"案瀾字子瀾,自號南堂拙叟,其先開封人,後家東陽,淳熙八年進士,官至台州通判,事蹟詳陳宓復齋先生集通判時君墓誌銘,而陸氏儀顧堂題跋引之。

尙書說七卷

此本乃明呂光洵與唐順之所校。

張金吾藏書志有舊鈔本,題山陰黃度撰。云:"是書附注俱作大字,意有未盡則以雙行小字附注於下。如堯典注'遜,遁也',微子'吾家耄遜於荒',春秋'夫人遜於齊',皆遁也。下附注云:'遜位通上下之辭,漢、晉間猶稱之,王遜位，卒於家，劉實以老遜位是也。’又曆法其來久矣，至堯始大備，下附注云：‘推算雖有數，天與日月皆動物，不可以一定之數求之也。故占候之遲速先後稍有不齊，則進退其數以合於天行，故其失不甚遠而曆準。’舜典注工之親近人主其所關係豈輕哉！下附注云：‘予讀晉書鳩摩羅什傳曰：‘天竺國俗甚重文制，其宮商體韻以入管絃爲善，凡覲國王，必有贊德，佛經中偈頌皆其式也。’樓大防爲予言，其太師公嘗守括蒼，有樂工善譜曲，凡詩賦序記皆能譜之。有舉子使譜經義，亦成曲，明年又使譜之，與前譜無差錯，且曰：‘凡文皆可譜，必作得好乃可耳！謬妄之作不能成曲’，乃知納言時颺皆心聲，其邪正善惡果可察也。’禹貢注今彭蠡自南康星子縣東北湖口入江，則差與禹貢不同，水道改矣，下附注云：‘予守金陵，始行姑蘇以北至潤金山，其地爲鶻、窠二山相對，江水分爲三，金山寺有井，即陸羽所謂中冷井，指謂中江水也，冷本泠字，今訛，是知岷、嶓山尾行於江中，晉、唐間人猶識此。至升北望歷陽，略有三山，又聞其上有釆石、孤山，皆行於江中，頗恨不得至其處。王遂與予言，金山下有山相對，狀如蛾眉，江一分三涉入海。它日檄遂往淮西，自釆石渡江，遂以書來，言釆石西江中有山東西對立，謂之東梁山、西梁山，江水分三涉，是則岷、嶓山行爲三江皆可驗。古人足迹徧天下見聞始博，又識精，故議論不妄發’，其說俱可補注所未及。通志堂本改注爲小字而删其注中之注，致度書不得爲完書。至若脫文闕字更難枚舉，如堯典序注‘聰明天德也'下脱'傅說曰：惟天聰明，惟聖時憲'，十一字；'而洪水未治'下脱'則地爲未平'五字；湯誓注'王誓衆正大義也'，'王'字上脱'始出師稱'四字；顧命注'召公、畢公以三公爲東西伯，相康王，故曰伯'，'爲'字下闕六字；畢命'命畢公保釐東郊'下脱注'發册於祖廟'五字之類，書貴舊本，良有以也。" 瞿氏有舊鈔本，云："明人錄本，舊藏黄俞部家。注用大字，注中間有疏語則用雙行夾注，明呂氏光洵與荆川唐氏校刊是書改注爲細字，盡删小注，通志堂據以傳刻，遂鮮完書。此本曾著錄愛日精廬藏書志，已摘錄數條以見其概。至若甘誓注如鄭司農注則古書孥作奴，下小注云：'漢書王莽傳，予則奴戮女，顔師古曰：奴戮戮之以爲奴也，說書者以爲孥子也，戮及妻子，此說非也。案孔傳云'孥子也，非但止汝身，辱及汝子，言恥累也'，是以戮爲辱，本未言殺，而正義則云'所戮者非但止汝身而已，我則幷殺汝子以戮辱汝'，是以戮辱爲殺矣。蔡傳遂謂'不重其法則無以整齊其衆而使赴功'，然古之用刑，父子兄弟罪不相及，故大禹謨曰：'罰弗及嗣'，曾謂夏啓初政反過新莽之酷乎！'是知宣獻此條具有深意，未可輕棄也，故復表而出之。"

絜齋家塾書鈔十二卷

燮之學出陸九淵，是編大旨在於發明本心，反覆引申頗能暢其師說；而於帝王治蹟尤參酌古今，一一標舉其要領。王應麟發明洛、閩之學多與金谿殊軌，然於燮所解"儆誡無虞"諸條特采入困學紀聞中，蓋其理至足則異趣者亦不能易也。

案眞德秀爲燮行狀云:"東萊呂成公接中原文獻之正傳,公從之遊,所得益富。永嘉陳公傅良,明舊章,達世變,公與從容考訂,細大靡遺。"是燮之學非拘守陸氏者,故黄宗羲宋儒學案以燮附九淵,全祖望更定,爲别而出之,提要似未見及此。 黄以恭愛經居雜著論王伯厚學術云:"伯厚幼承家訓,父撝,師事史獨善,亦陸氏學也,則其於金谿之説固飫聞而熟讀之矣! 然伯厚豈拘守家學者也? 貝清江言厚齋尚書倡學者以考亭朱子之説,一時從之而變,古今粹然皆出於正,無陸氏偏駁之弊。全謝山言深寧從王子文以接朱氏,從樓迂齋以接呂氏,又嘗從湯東澗遊,東澗固兼治朱、呂、陸之學者,和齊斟酌,不名一師。然則伯厚之學兼采並收,無堅持門戶之見可知也。"

書集傳六卷

淳祐中,其子杭表進於朝,稱"集傳六卷,小序一卷,朱熹問答一卷,繕寫成十二册",其問答一卷久佚。董鼎書傳纂注稱"淳祐經進本錄朱子與蔡仲默帖及語錄數段,今各類入綱領輯錄内",是其文猶散見於鼎書中,其條目則不復可考。小序一卷,沈亦逐條辨駁,如朱子之攻詩序,今其文猶存而書肆本皆削去不刊。考朱升尚書旁注稱"古文書序自爲一篇,孔注移之各冠篇首,蔡氏删之而置於後以存其舊,蓋朱子所授之旨"。是元末明初刊本尚連小序,然宋史藝文志所著錄者亦止六卷,則似自宋以來即惟以集傳單行矣。

瞿氏目錄有至正辛卯重刊明本書集傳附音釋六卷,云:"明本卽宋之明州本,明州今寧波府也,當時經進本凡傳六卷云云，此本悉依其舊，惟朱子問答董氏輯錄纂注采入說書綱領，此從董本列諸卷首。又有纂圖六十有八，不著何人所纂，張氏金吾謂取諸鄭東卿尚書圖；案東卿圖見經義考則有七十有七，覈其圖名又不同者半，明係兩本，不得以圖說有合沙云云謂即鄭本也。傳文每節後附鄒季友音釋，所釋與蔡傳異者已見張氏藏書志，其釋音亦主虛、實、動、靜，間引玉篇、廣韻、韻略，不全用釋文。”

尚書精義五十卷

宋史藝文志載有是書十六卷，陳振孫書錄解題亦著於錄，稱爲三山黃倫彝卿所編，知爲閩人。此本前有余氏萬卷堂刊行小序稱爲釋褐黃君，則又曾舉進士，然閩書及福建通志已均不載其名，其仕履則莫能詳矣。 其書薈萃諸說，依經臚載，不加論斷。

陸氏儀顧堂題跋云：“梁克家三山志卷二十九，乾道四年，太學兩優釋褐，黃倫字彝卿，閩縣人，授左承務郎太學錄，渡江釋褐始於此。”王詠霓函雅堂集有是書書後云：“今考書中，惟堯典“申命羲叔”一節按周禮司徒鄭注，胤征“政典曰”一節諸儒解釋此義云云，皆先引漢、唐古義以相發明，二條不注姓氏，蓋其自得之言。錢氏經苑刻本亦有誤字，因爲校正一二，惜大典所載猶有闕遺，無從補綴也。”

尚書詳解五十卷

經字顯之，一云字正甫，安福人，慶元中登進士第，官至奉議郎泉州泊幹所。著有詩講義、存齋語錄諸書，已佚不傳。是編宋史藝文志作五十卷，今鈔帙僅存，檢勘卷目，猶爲完本。

陸氏儀顧堂續跋影宋本跋云:"五十卷,題'從事郎新泉州節度推官陳經題之',案經福建長溪人,慶元五年進士,見福建通志選舉表,其曾官泉州節度推官則閩志亦未詳也。以聚珍本互校,聚珍頗有奪落,卷十三末'嗣王當謹於善'下脱三十四字,又脱'肆命徂后解'三十一字;衍'而已'二字;卷二十四初一日五行解'故初一日五行'下缺八行,約百六十餘字,聚珍本聯屬不空;卷二十一首缺四行,聚珍本注曰:'此句上原本缺四行',則所據亦與此本同。"

洪範統一一卷

則永樂大典題曰"洪範統一"爲名實相應矣。　復謂九疇皆運於君心,發爲至治,又合於朱子建極之旨。

案善湘自序明云:"遂撰洪範統一,庶幾成歐陽眉山之志",何不據之。王詠霓函雅堂集有是書書後云:"卷末又敍言'八卦九章相爲表裏,論道而遺其數,後世儒者晦之也',是亦本洛書以釋九疇矣。"

尚書要義十七卷序説一卷

原目二十卷,中第七卷、第八卷、第九卷並佚,無別本可以校補,今亦姑仍其闕焉。

案所佚七、八、九三卷,阮元揅經室外集著於錄。瞿氏目錄有舊鈔本二十卷,云:"唐孔氏序云:'爲之正義,凡二十卷',各本注疏,相承無改,而其分卷則自盤庚以下十行本與考文所載宋板迥殊,十行本卷十起説命,十一起泰誓,十二起洪範,十三起旅獒,十四起康誥,十五起召誥,十六起多士,十七起蔡仲之命,十八起周官,十九起康王之誥，閩、監、毛本皆同，即家藏金刊本亦然。考文本則泰誓第十，洪範十一，旅獒十二，康誥十三，召誥十四，多士十五，君奭十六，立政十七，顧命十八，君牙十九，此本分卷獨與之同。考黄唐禮記跋云：'本司舊刊易、書、周禮、正經注疏，萃見一書，便於披繹，它經獨闕，紹興辛亥，遂取毛詩，禮記義疏如前三經編彙'，是知尚書注疏合刻當在南、北宋之間。文靖所見與考文所載，蓋皆紹興以前舊本，亦校經者所必備焉。"

尚書集傳或問二卷

今集傳已佚，存者惟此兩卷。朱彝尊經義考引張雲章之言，謂大猷東陽人，登紹定二年進士，由從仕郎歷六部架閣，著尚書集傳。又有都昌陳大猷者號東齋，饒雙峯弟子，著書傳會通，仕爲黄州軍州判官，乃陳澔之父，與東陽陳氏實爲兩人。彝尊附辨其說，則謂鄱陽董氏書傳纂注列引用姓氏，於陳氏書集傳特注明東齋字，未可定集傳爲東陽陳氏之書而非都昌陳氏之書，納喇性德作是書序，則仍從雲章之說。案董鼎書傳纂注所引：其見於輯錄者有東齋書傳、復齋集義，其見於纂注者則一稱復齋陳氏仍連其號，一稱陳氏大猷惟舉其名。所列大猷諸說此書不載，蓋皆集傳之文，惟甘誓"怠棄三正"一條採用此書，亦稱陳氏大猷，則所謂陳氏大猷者即此人而非東齋矣！又此書皆論集傳去取諸說之故，與朱子四書或問例同，董鼎書於禹貢冀州引東齋書傳一條，謂"與蔡氏傳所論梁州錯法不合，然蔡亦似未的"云云，於此書之例當有辨定，而書中不一及之，知其集傳中無此條矣。且此陳大猷爲理宗初人，故所引諸家僅及蔡沈而止，其稱朱子曰朱氏晦菴氏，持論頗示異同。至論堯典“敬”字一條，首舉“心之精神謂之聖”，此孔叢子之語而楊簡標爲宗旨者，其學出慈湖更無疑義。若都昌陳大猷乃開慶元年進士，當理宗之末年，時代既後，又大猷受業饒魯，魯受業黃榦，榦受業朱子，淵源相接，尊朱子若神明而視楊氏若敵國，安有是語哉？彝尊蓋偶見董鼎注東齋字而未及核檢其書也。今參考諸說，仍定爲東陽陳大猷之書著於錄焉。

瞿氏目錄有宋刊本書集傳十二卷，或問二卷，云：“前有綱領及書始末、書序傳注、傳授集傳條例、進書上表錄本，其末題‘嘉熙貳年叁月日從事郎前宣差充兩浙路轉運司準備差遣臣陳大猷上表，拾叁日奉聖旨降付尙書省送後省看詳申’，又後省看詳申狀錄本，其末題‘嘉熙二年五月日李劉、牛大年、高定子、許應龍、游佀’狀結銜四行，‘拾玖日奉聖旨陳大猷與六部架閣差遣，其書集傳并或問付祕書省’。案此書進表及看詳、申狀結銜則爲東陽陳氏所作可知，危太樸都昌陳先生墓誌曰：‘父大猷，開慶元年進士’，是進書後二十二年東齋纔登第，其非都昌陳氏又可知也。通志堂蒐訪不獲，僅刻或問二卷，然通志本頗多譌脫，如第二條夾注引程氏曰：‘至堯立政有則制事有典’，此本則云：‘至堯立政有綱制事有法，其治可紀，故書稱典。’又或問堯典孔、程二說如何？‘曰’下此有‘二說皆善但’五字，蓋亦未見此本也；惟進書表云：‘臣所編書集傳壹拾貳卷，集傳或問叁卷，繕寫成壹拾伍冊’，蓋每卷爲一册，或問當有三卷，此本僅有卷上、卷下，其中初非有闕。又卷一首行題‘書傳會通卷第一’，次行題‘陳大猷集傳’，餘卷則並題書卷之若干，越數格題“陳大猷集傳”。而其進表、申狀並稱集傳，初無書傳會通之目，豈進書後更定此名並改併或問歟？抑坊刻所爲歟？”玉縉案：據此，則書傳會通卽一書，張氏以屬都昌陳氏，仍誤。

尚書表注二卷

初，履祥作尚書注十二卷，柳貫所撰行狀，稱“早歲所著尚書章釋句解已有成書”是也，朱彝尊經義考稱其尚存。今未之見。

案尚書注，陸心源嘗得舊鈔本，刻入十萬卷樓叢書中。

尚書集傳纂疏六卷

是編以疏通蔡傳之意故命曰疏；以纂輯諸家之說故命曰纂；又以蔡傳本出朱子指授，故第一卷特標朱子訂正之目，每條之下，必以朱子之說冠於諸家之前，間附己意，則題曰“愚謂”以別之。

陸氏儀顧堂續跋元槧本跋云：“次行題曰‘朱子訂定，蔡沈集傳’，三行題‘後學新安陳櫟纂疏’。前列孔安國序、漢書藝文志一條、孔穎達疏一條、皆有注，亦題‘朱子訂定’，次書序，無朱子訂定。前有蔡沈序、陳櫟序、纂疏凡例、讀尚書綱領，纂疏以墨長圜隔之。益稷‘州十有二師’不作‘有十’；盤庚‘乃祖先父丕乃告我高后曰’，不作‘乃祖乃父’；金縢‘惟朕小子其新迎’，不作‘親迎’；酒誥‘又惟殷之迪諸臣惟工’，不作‘百工’；‘勿辯乃事’，不作‘汝事’；君奭

'越我民罔尤違'，不作'曰我'；費誓'勿敢越逐'，不作'無敢'；皆足訂今通行本集傳之譌。"

讀書叢說六卷

如蔡氏釋堯典，本張子"天左旋，處其中者順之，少遲則反右"之說，不知左旋者東、西旋，右旋者南、北旋，截然殊致，非以遲而成右也。日東出西沒，隨大氣而左以成晝夜，非日之自行，其自行則冬至後由南斂北，夏至後由北發南以成寒暑，月之隨大氣而左及其自行亦如之。

李慈銘桃華聖解盦日記云："自來言天者皆曰天左旋，日月右旋，晉書天文志乃有'蟻行磨上'之喻，謂磨左旋，蟻右行，磨疾蟻遲，不得不西，然其分左右旋無異說也。橫渠刱爲'天與日月皆左旋'之說而朱子取之，蔡傳遂用其說，後儒駁之是也。此以右旋爲南、北旋及以日東出西沒爲隨大氣而左，皆出於西人之說，似非可以正元以前人之書。"玉縉案：西說何不可正元以前人之書，李說似偏。

瞿氏目錄云："原書無自序，朱氏經義考以卷一書紀年後總論爲自序，誤。"

尙書輯錄纂注六卷

是編雖以蔡沈集傳爲宗，而集傳之後，續以朱子語錄及他書所載朱子語，謂之輯錄，又採諸說之相發明者附列於末，謂之纂注。自序稱集傳既爲朱子所訂定則與自著無異，又稱薈萃成朱子之一經，則仍以朱子爲主也。

瞿氏目錄有延祐戊午刊本，云："此本刻書之年距自序時甚近，是爲此書第一刻本，通志堂本宜卽從之出，而覈纂注引用諸家姓氏與此本不同。考此書音釋甚略，間或有音，僅引玉篇、廣韻，凡例所云'案諸家字書反切附注焉'者是也；而於牟氏應龍、王氏道、鄒氏季友等書均未一及。又堯典以閏月定四時，纂注引金氏說不見於表注，蓋金氏燧閏講、星說之文。是通志堂所據之本，後人已有竄入，非復延祐初刻矣。" 陸氏儀顧堂續跋元槧本跋云："每卷次行題曰'朱子訂定，蔡氏集傳'，三行題曰'後學鄱陽董鼎輯錄纂注'。先列孔安國序、漢書藝文志一條、孔穎達正義一條，書序次於六卷之後，皆有注，題'朱子訂定蔡氏集傳，後學鄱陽董鼎輯錄纂注'。前載蔡序及至大戊申董鼎序，次朱子說書綱領，次輯錄纂注凡例，次輯錄引用諸書，次所載朱子門人姓氏，次纂注引用諸書，次纂注引用諸家姓氏。經文多與宋本書集傳及唐石經合，通志堂刊本大禹謨'降水儆予'之'降'已譌'洚'；又缺：輯錄引用諸書、朱子門人姓氏、纂注引用諸書、引用諸家姓氏。"

尙書通考十卷

張氏藏書志、瞿氏目錄並有元天曆刊本，張云："通志堂本卷一缺兩葉，卷四缺一葉，此本俱不缺。" 瞿云："幷序，又雷機序，摹雷序行書尤工，通志堂本失去雷序。卷一'而明白坦'下脫去二葉。乾隆中建寧重刻，徐氏時作序云：'選拔陳君堯俞得此原本於郡學，然其闕葉仍未之有，而此本獨全，用幷雷序附錄於左，庶後有刻者得據補以成完書焉。'"玉縉案:雷序及闕葉當另錄。瞿不言通志本卷四脫葉,當以張說爲正。

書蔡傳旁通六卷

師凱家彭蠡,故自題曰東匯澤,其始末則不可得詳?

瞿氏目錄云:"陳氏卽雲莊先生之子,易象、樂律皆有著述,見危太樸撰雲莊墓志。"據此,則師凱卽澔子也。陸氏儀顧堂題跋云:"師凱字叔才,都昌人,專究理學,纂蔡傳旁通,見西江人物志。或曰:'卽陳澔可久之子也',查陳澔禮記集說序亦題東匯澤,容再攷。"

讀書管見二卷

黃虞稷千頃堂書目稱充耘字與耕,而原序及梅鶚跋並稱耕野,疑虞稷誤也。

陸氏儀顧堂題跋云:"前有無名氏序云:'耕野王先生用書經登二甲進士,授承務郎,同知永新州事。棄官養母,著書授徒,益潛心是經。易簀之際,書其卷端曰:'凡爲吾徒,須人錄一編,以的本付吾兒。'未幾而元綱板蕩,藏書遭焚,是編賴先生從子光薦置複壁中僅免,乃加補葺付先生之子吉'云云。則是書又經光薦補葺,非充耘原本矣。西江人物志,'充耘字與耕,吉水人,元統進士,著有讀書管見、四書經疑等書'。序稱耕野,不曰與耕,疑耕野其號與耕乃其字耳。後有梅鶚跋,前序不署姓名,吳兔床疑亦出鶚手是也。"

書傳會選六卷

顧炎武日知錄曰:"此書謂天左旋日月五星違天而右旋,主陳氏祥道；高宗肜日謂祖庚繹於高宗之廟，主金氏履祥；西伯戡黎謂是武王，亦主金氏；惟'周公誕保文武受命惟七年'，謂周公輔成王之七年，主張氏、陳氏，皆不易之論。又如禹貢'厥賦貞'，主蘇氏軾，謂賦與田正相當；'涇屬渭汭'，主孔傳水北曰汭；太甲'自周有終'，主金氏，謂周當作君；多方'不克開於民之麗'，主葉氏；惟金縢'周公居東'，駁孔氏以爲東征非是，至洛誥又取東征之說，自相牴牾耳。每傳之下，繫以經傳音釋，於字音、字體、字義辨之甚悉。其傳中用古人姓氏、古書名目必具出處，兼亦考正典故。蓋宋、元以來諸儒之規模猶在，而其爲此書者皆自幼爲務本之學，非由八股發身之人，故所著之書雖不及先儒，而尙有功於後學"，云云。以炎武之淹博絕倫，罕所許可，而其論如是，則是書之足貴可略見矣。

黃汝成日知錄集釋，於"每傳之下"九句下引沈氏曰："此等乃全襲取鄒季友音釋，非三吾輩所爲，蓋已爲永樂中大全作俑矣！亭林乃亦爲所欺乎？"

書傳大全十卷

故是書在五經大全中尙爲差勝云。

顧炎武日知錄云："書傳會選，雖不及先儒而尙有功於後學，至永樂中修尙書大全，不惟刪去異說，幷音釋亦不存矣。吾嘗謂自八股行而古學棄，大全出而經說亡。"

尙書考異五卷

明史藝文志不著錄，朱彝尊經義考作一卷。此本爲范懋柱家天一閣所藏，不題撰人姓名，而書中自稱鷟案，則出鷟手無疑。原稾未分卷數，而實不止於一卷，今約略篇頁釐爲五卷。鷟又別有尚書譜，大旨略同而持論多涉武斷。

顧廣圻思適齋集校定尚書考異序云：“其書不甚顯於世，故著錄家有五卷、四卷、一卷之不同；而書名或稱考異，或稱譜，文字亦彼此多寡分合互異，近孫伯淵先生蒐訪善本詳加校正，將以刊布，固其宜哉！或曰：‘閻氏若璩疏證言，尚書譜讀之殊武斷，然當創闢弋獲時，亦足以驚作僞者之魄，採其若干條散各卷中，然則有疏證殆可無此。’予曰：‘否！疏證第三卷言大禹謨、泰誓、武成句句有本，言襲用論語、孝經、易、書、詩、周禮、禮記、左、國、爾雅、孟、荀、老、文、列、莊，其中採鷟語必多，今全卷有錄無書，然則鷟書之存，正可補疏證之缺而烏可廢耶？且學問之道無窮，有若梅氏此書之不知孔壁眞古文逸十六篇，而誤信正義指作張霸百兩之類，俟閻氏正之，而梅、閻皆不知眞泰誓伏、孔皆有，即史記所載鄭康成所注之類，又俟惠徵君棟之古文尚書考出而後正之。然則得失不相掩，而梅書自無妨與閻、惠並行也。’”玉縉案：此序似混考異、譜爲一。

古文尚書疏證八卷

晉、魏以來，絕無師說，故左氏所引，杜預皆注曰逸書。東晉之初，其書始出，乃增多二十五篇。其中偶爾未核者，如據正義所載鄭玄書序注，謂馬、鄭所傳與孔傳篇目不符，其說最確，至謂馬、鄭注本亡於永嘉之亂，則殊不然。考二家之本，隋志尚皆著錄，稱所注凡二十九篇，經典釋文備引之亦止二十九篇，蓋去其無師說者十六篇，止得二十九篇，與伏生數合，非別有一本注孔氏書也。若璩誤以鄭逸者即爲所注之逸篇，不免千慮之一失。　其他諸條之後，往往衍及旁文，動盈卷帙，蓋慮所著潛邱劄記或不傳，故附見於此，究爲支蔓。

丁晏尚書餘論，有“古文尚書西晉已立博士，非東晉梅氏僞作”及“古文書行於西晉，由王肅爲晉武帝外祖，故盛行於時”。又“王肅私造古文書，魏末晉初已行於世，皇甫謐親見古文，載入世紀”，共三條，文繁不錄。末條並及杜預，謂杜既親見古文而注左猶稱逸書，蓋古文雖行於世而今文尚列學官，故杜爲集解，猶沿賈、服稱逸書。　又有是書辨正一條，謂疏證有誤引者二，失考者一，蓋指原書二十二條鄭箋引孔安國曰：“停水曰池”，不知此乃釋文，非鄭箋。七十四條士昏禮注“壻，悉計反”，不知此亦釋文，此皆沿毛本之誤。又二十一條禮記疏引漢志及六藝論言古禮五十七篇，皆與今漢志數不合，未知何說？不知宣帝時得逸禮一篇，見論衡正說篇。於是逸禮有四十篇，合之儀禮十七篇遂爲五十七篇，鄭君著之，孔引漢志，因亦改六爲七也。丁說此條不甚曉暢，爰申明之，餘丁書頗詳，不具錄。　周春十三經音略六云：“閻氏最謬誤者：如云釋文於士冠禮辭三服字皆云叶蒲北翻，二福字皆云叶筆勒翻，不知此乃朱子儀禮經傳通解之音，非陸氏之音也。又云‘壻’悉計翻，鄭作翻語有此一條，不知此亦經傳通解之音，非鄭氏之音也。執紕繆之版本而妄詆古人，且欲以焦氏筆乘之說告陸德明，可笑極矣！詩經'埶競'其敬翻與此'壻'悉計翻，從士從胥，俗作婿，皆汲古閣版本之誤，試問鄭氏箋注中有此等句法乎？" 李慈銘受禮廬日記云："閻氏此書致力最深，雖時病宂漫，又氣矜自滿，動輒牽連他書，頗無體裁，而雄辨精到處自不可及。惟旣以史記所載之太誓爲僞，又不信書序，因而幷力攻詩小序以及左傳、檀弓俱遭駁詰，逞私武斷，亦往往而有，全謝山笑爲陋儒，非無因也。其中因端類及諸條，前人已閒采入潛邱劄記，予謂當悉去之，盡刻於劄記中，則其浩博自在，而此書之體例不致棼矣。"

古文尚書冤詞八卷

考隋書經籍志云："晉世祕府存有古文尚書經文，今無有傳者，及永嘉之亂，歐陽、大、小夏侯尚書並亡，至東晉，豫章內史梅賾始得安國之傳，奏之"，其敍述偶未分明，故爲奇齡所假借。然隋志作於尚書正義之後，其時古文方盛行，而云無有傳者，知東晉古文非指今本，且先云古文不傳，而後云始得安國之傳，知今本古文與安國傳俱出，非即東晉之古文，奇齡安得離析其文以就己說乎？ 且奇齡所藉口者：不過以隋志稱馬、鄭所注二十九篇乃杜林西州古文，非孔壁古文，不知杜林所傳實孔氏之本，故馬、鄭等去其無師說者十六篇，正得二十九篇，經典釋文所引尚可覆驗。徒以修隋志時梅賾之書已行，故志據後出僞本謂其不盡孔氏之書，奇齡舍史記、漢書不據而據唐人之誤說，豈長孫無忌等所見反確於司馬遷、班固、劉歆乎？ 梅賾之書行世已久，其文本采掇佚經排比聯貫，故其旨不悖於聖人，斷無可廢之理，而確非孔氏之原本，則證驗多端，非一手所能終掩。近惠棟、王懋竑等續加考證，其說益明，本不必再煩較論。

沈彤果堂集有書是書後二篇，其一：略謂"隋志所云今無有傳者，傳卽傳授之傳，明古文亡於永嘉，其後官私本皆絕也。云梅賾奏安國之傳不云經者，以上已言經文，則此但言傳而經在其中矣。正義之引晉書，謂'太保鄭沖以古文尙書授蘇愉，三傳至梅賾，遂奏上其書'，上云以古文尙書授而下云上其書，則其書非卽古文乎？而可云梅賾不上古文經乎？且若以世有傳爲無傳注，則梅賾奏上其傳，施行已歷數朝矣，而尙云今無有，又可通乎？"竊謂此說較提要爲勝。又云："毛以馬、鄭所注書序百篇亡，書目凡四十二篇爲漆書本，則漆書本固有逸書十六篇在中，此明與馬融說乖，幷妄據而無之矣。"此視提要尤明快。其二：謂"古文尙書非獨聚斂傳記所采語，其中間亦必有眞古文之殘編賸簡，如隋志所載尙書逸篇之類者，吾知其必不廢也。幷書此以解毛地下之懼，且以明辨眞僞者之專以尊經，非有意於梅書之廢也。"與提要相足而語意較爲周至。

禹貢錐指二十卷圖一卷

至於陵谷遷移，方州分合，數千年內，往往不同，渭欲於數千載後皆折衷以定一是；如郭璞注山海經臨淪、驪成，已兩存碣石之說，渭必謂文穎所指臨渝爲是，漢地理志所指驪成爲非，終無確驗。又九江一條，堅守洞庭之說，不思九江果在洞庭南，則經當曰"九江孔殷江、漢朝宗于海"矣。徐文靖之所駁，恐渭亦不能再詰也。千慮一失，殆不屑闕疑之過乎？

魏源書古微卷四云："近世治禹貢者首推胡氏，惟其沿史學之地志而昧經學之斷限，故惟考河、濟故道與歷代遷徙有功於史，而江、漢則紕繆百出。蓋知今日之河、濟，不可以說禹貢之河、濟，而不知今日之江、漢，不可以說禹貢之江、漢，說河、濟則力求漢以前舊說，而說江、漢則惟徇宋以後之虛談。如三江、九江、嶓冢諸案皆力排漢志，九江雖宗水經而誤會水經，此外黑水、菏水、流沙、碣石諸訓，皆信道不篤，以櫝還珠。胡氏曰：'氐道之漾水，非嶓冢之所導；西縣之嶓冢，非漾水之所出；湖陵之菏水，非東至之菏澤；信都之絳水，非北過之絳水；安陸之陪尾，非淮水所經；安豐之大別，非江、漢之所會；蜀郡之桓水，非西傾之所因；而漢志皆繫以禹貢，沿襲舊聞，不可盡信。'又謂'漢志之三江、九江非禹貢之三江、九江'云云，今案安豐、大別，當與安陸、陪尾互易，非漢志原文，蜀郡桓水指桓夷，不關西傾所因，皆胡氏誤也。嶓冢、菏水、三江、則志不誤而胡氏誤，九江則漢志今文說與桑欽古文異，說亦兩可並存，非若胡氏洞庭、九江之說矯誣不合形勢也。" 李慈銘祥琴室日記云："是書精博固可取，而武斷者亦多，如以梁州之黑水謂與雍州之黑水異，禹於梁州黑水無所致力，故惟導雍州之黑水至於三危，則禹貢九州分界，水名先已相溷。以吐蕃之河源出星宿海，謂與西域之河源出葱嶺及于闐者各別，是則河有三源，愈爲紛歧。既據漢志自西域鹽澤伏流爲說；而又牽引唐劉元鼎、元潘昂霄之言，故爲此謂人之舌。又謂漢武名于闐河源所出之山曰昆崙，即古昆崙國地，亦不知其所據？以舜典'五十載陟方乃死'，謂當讀'五十載陟'爲句，'陟'者崩也，'方乃死'者所以解陟之爲死也，則文理幾至不通。其他可議處尚多，又矜己自夸，動涉措大口吻，亦非著書之體。其前冠以李振裕一序，文甚蕪雜，而朏明自撰略例，謂李公稱其書兼得虞、夏傳心之要，尤是腐儒妄言，所謂'太極圈兒大，先生帽子高'也。全氏祖望力詆錐指，謂其葛藤反過於程大昌，非平情之論。"

尚書大傳四卷補遺一卷

今所傳者凡二本：一爲杭州三卷之本，與隋志合，然實雜採類書所引裒輯成編，漫無端緒。一爲揚州四卷之本，與書錄解題合，兼有鄭康成注，校以宋仁宗洪範政鑒所引鄭注，一一符合，知非依託。二本各附補遺一卷，揚州本所補較備。

翁方綱經義考補正云："近日德州盧氏刊尚書大傳四卷，仁和盧學士文弨爲撰考異一卷、補遺二卷於後，文弨序曰：'雖非隋、唐以來之完書，然闕佚殆亦尠矣！'又見吳門惠氏亦有增入者，方綱嘗與歸安丁進士杰合諸本鈔撮，聞浙人董君豐垣所輯最爲詳備，嘉定曹學士仁虎有其寫本，屢向其借鈔而未得見。"玉縉案：提要所稱杭本、揚本，未知何人輯？今以陳壽祺校注本三卷、附存錄一卷、辯譌一卷爲最善。

書類存目

書古文訓十六卷

案孔壁蝌蚪古文漢時已佚，無人見其書蹟，後漢書杜林傳稱："林於西川得漆書古文尙書，常寶愛之，雖遭艱困，握持不離身，出以示衛宏"云，此言漆書古文之始。又儒林傳曰："扶風杜林傳古文尙書，同郡賈逵爲之作訓，馬融作傳，鄭玄作解"云云，今賈、馬、鄭之注俱不傳。然考陸德明經典釋文敍錄，稱馬、鄭所注並伏生所誦，非古文也。隋書經籍志亦稱杜氏所傳，與賈、馬、鄭三家所注，惟二十九篇，又雜以今文，非孔舊本。隋志稱晉世祕書所存有古文尙書經文，今無有傳者，是唐初古尙書已亡，玄宗時何以仍在祕府？惟魏江式論書表中稱所撰古今文字四十篇，采孔氏尙書、五經音注、籀篇、爾雅等書，似其時河北尙有傳本。

案古文尙書寃詞下云："不知杜林所傳實孔氏之本，故馬、鄭去其無師說者十六篇，正得二十九篇，經典釋文所引尙得覆驗。徒以修隋志時梅賾之書已行，故志據後出僞本謂其不盡孔氏之書。"與此處相違，當以彼說爲正。案劉書年貴陽經說云："釋文敍錄云：'穿鑿之徒，務欲立異，依傍字部，改變經文'，是唐以前有別爲一種尙書者，此非僞孔之僞書，乃壁中書之僞書也。隋志云：'晉世祕府所存有古文尙書經文，今無有傳者'，此古文謂壁中本也。知晉世祕府有之者，晉祕書監荀勗錄當代所藏書目凡二萬九千九百餘卷，名中經簿，唐時見在，簿中必錄壁中尚書也。云'今無有傳者'，謂晉以後無聞，知其亡也。下文云：'及永嘉之亂，歐陽、大、小夏侯尚書並亡'，古文當亦亡於是時，志文特分析言之耳。釋文云：'漢始立歐陽尚書，宣帝復立大、小夏侯博士，平帝立古文，永嘉之亂，衆家之書並滅亡。'所謂平帝立古文而亡於永嘉者是壁中古文，可以見陸氏知壁本亡於永嘉也。"玉縉案：舊唐志云："永嘉之亂，洛都覆沒，靡有孑遺"；北史儒林傳亦云："永嘉之後，宇內分崩，禮樂文章，掃地將盡"，皆可證眞古文之亡於永嘉。說文序'馬頭人爲長'云云，'皆不合孔氏古文，謬於史籀'，是許氏明見孔壁古文，提要謂漢時已佚非也。晉世所存古文經文爲眞壁本，唐祕府所藏爲僞壁本，卽陸氏斥爲穿鑿立異者，提要於此殊未瞭。

尚書引義六卷

如論堯典'欽明'，則以闢王氏良知；論舜典'玄德'，則以闢老氏玄旨；論'依永和聲'，斥宋濂、詹同等用九宮塡郊廟樂章之陋；論'象以典刑'，攻鍾繇、陳羣等言復肉刑之非；論'人心道心'，證釋氏明心見性之誤；論'聰明明威'，破呂不韋月令、劉向等五行傳之謬；論'甲冑起戎'，見秦、漢以後制置之失；論'知之非艱行之維艱，'詆朱、陸學術之短；論洪範九疇，薄蔡氏數學爲無稽；論周公居東，鄙季友避難爲無據；議論馳騁，頗根理要。至於'王敬作所不可不敬德'及'所其無逸'等句，從孔傳而非呂、蔡亦有依據。惟文侯之命，以爲與詩錄小弁之意同爲孔子有取於平王，至謂高宗諒闇，與豐昵同爲不惠於義，則其論太創。又謂黃帝至帝舜皆以相而紹位，古之命相，猶後世之建嗣，又謂虞、夏有百揆，商有阿衡，皆相也，至周則六卿各率其屬，周之不置相自文王起，此皆臆斷之辭。他若論微子去紂，恐文王有易置之謀，周公營洛，亦以安商民反側之心，則益涉於權術作用，不可訓矣。

劉毓崧通義堂文集有是書跋云："雖不盡與經義比附，而多於明事有關。就中顯揭其指人所共知者，如論伊尹弗狎弗順，而惜韓忠定詘於劉瑾；論高宗豐昵，而責張璁、桂萼賴寵逢君；論平王東遷，而罪光時亨陷君誤國；固維世之深心。即其事未經顯揭然其意可揣測而知者，如論微子去之，謂恐殷之臣民推戴易置，則以咎蘇觀生擁立唐王之弟監國廣州。論周初官制，謂文王不置相，致周室中衰難振，則以比明代自太祖廢丞相不設，數傳後權移於寺人。論周公營建洛郡，謂欲安商民反側，則以諷永明王不宜專居肇慶，憚赴桂林，此亦憂時之夙抱也。其尤有功於名敎者，則論多方之殷士，謂頑民旣迎周而復叛周者，以匪忱不典，自速其辜，不得附託於忠孝，援春秋之例，貶反覆者爲凶德狂愚，蓋借是斥吳三桂之進退無據，始爲貳臣，終爲逆臣。若夫持論好立異同，前哲名儒，自劉子政以下皆肆意攻擊，此誠識有所偏，然其所著各書大率類此，且有較甚於此者，祇須鑑其失不必刪其書也。"

尚書小疏一卷

是編所解，自堯典至禹貢僅數十則，而往往失之好異。

案小疏謂唐、虞不步五星，陳壽祺左海文集駁之，提要未見及。

四庫全書總目提要補正卷五

詩類

毛詩本義十六卷

是書凡爲說一百十有四篇，統解十篇，時世、本末二論，豳、魯、序三問；而補亡鄭譜及詩圖總序附於卷末。

張氏愛日精廬藏書志有明刊本，云："是書每篇冠以小序，經文下備列傳、箋，後乃繫之以論與本義。通志堂本刪去小序、經注，止以篇名標題，蓋非歐陽之舊。"

詩集傳二十卷

則轍於毛氏之學亦不激不隨務持其平者。

案蘇籀欒城遺言云："公年二十作詩傳。"

詩總聞二十卷

又稱其刪除小序實與文公朱先生合則不盡然，質廢序與朱子同而其爲說則各異。黄震日鈔曰："雪山王質、夾漈鄭樵，始皆去序言詩，與諸家之說不同。晦菴先生因鄭公之說盡去美、刺，探求古始，其說頗驚俗，雖東萊先生不能無疑。"云云，言因鄭而不言因王，知其趣有不同矣。然其冥思研索，務造幽深，穿鑿者固多，懸解者亦復不少，故雖不可訓而終不可廢焉。

瞿氏目錄云："雪山登第後於朱子十二年，其著此書當亦在朱子後，觀魯頌閟宮、商頌'苞有三櫱'皆引朱子之說可見；而朱氏德潤序鄭夾漈先生詩傳訓詁，引慈溪黄氏，謂文公朱氏因雪山王公質、夾漈鄭公樵去美、刺以言詩，似朱子廢序本之此書；然考之日鈔，上言去序說詩則兼王、鄭，下言晦菴先生因鄭公之說盡去美、刺，探求古始，未嘗復及雪山。蓋朱氏誤也。又案曹風鳲鳩聞字曰：'騏，夫之弁也，說文騏作琪'，今本說文無此句，惟周官弁師'王之皮弁會五采玉璂'，鄭君璂讀綦，引詩'其弁伊綦'，陸氏釋文璂本亦作琪，殆本引釋文傳寫譌爲說文歟？"儀顧堂續跋舊鈔本跋云："詩總聞二十卷，題曰'汶陽王質'。前有自序及聞音、聞訓云云凡例十條，後有淳熙癸卯陳日強跋。案質本鄆州人，後徙興國，紹興十八年進士。張浚、虞允文皆辟爲屬，通判荆南，不赴，奉祠居湖州之東林山，見宋史本傳及雪山集，自署汶陽，著舊望也。以活字本校一過，頗有勝處，卷二'聞風二'而下，活字本注缺，此本有'年有大小而人未之及者，何也'？十二字。卷七匪風篇總聞，'蓋天下同情也'下，活字本奪'自周以後有漢至今'云云六十一字。蜉蝣篇總聞，'以己所處爲避患'下，活字本奪'之所靜地誠吉壤也'八字。其他活字本注原缺，此本亦同；惟質自序及聞音至聞人十條約千餘字，活字本全缺，質自序則雪山集亦失收。"玉縉案：錢氏經苑本即用活字本，故所缺皆同。王詠霓函雅堂集有是書書後云："宋人說詩，不宗小序，自爲新意者多，景文說詩亦多未免。如說'麟趾公子'，謂生公室而出爲人婦者也，古謂女爲子。說'燕燕于飛'，以爲國君送女弟適他國而辨鄭氏以歸妾爲戴嬀之非，言戴嬀既生桓公，烏有絕其母子之理，既稱先君，則莊公已沒，桓公已立，尤非人情。不知此詩作於州吁弒子完之後，故戴嬀大歸於陳而莊姜送之。事處其變，不得以尊、卑迎、送之禮繩之，固哉高叟之爲詩也。景文於新臺、二子乘舟、鶉奔、碩人皆不取小序，惟擊鼓其鏜、式微、定之方中、載馳亦不能不用序說，叔于田、清人、南山、敝笱、載驅、猗嗟、唐風揚之水亦然。"又云："景文說'交交黄鳥'一詩，止見三人從穆公之迹，不見穆公收三人之狀云云，可謂先得我心。"

詩集傳八卷

其間經文譌異：馮嗣京所校正者，如鄘風"終然允臧"，"然"誤"焉"云云凡十二條。陳啓源所校正者，召南"無使尨也吠"，"尨"誤"厖"云云凡十四條。

陸氏皕宋樓藏書志有宋刊二十卷本，並載吳之璨跋甚詳，今擇馮、陳諸人所未及者節錄於下："經文如王風'牛羊下括'作'羊牛'；魏風'不知我者'俱作'不我知者'；小雅鴻雁三章注引同。唐風'實大且篤'作'碩大'；豳風'亦可畏也'作'不可'；周頌'彼徂矣岐'作'彼岨'；'屢豐年'作'婁豐年'。注文如周南'不可休息'下，吳氏曰：'韓詩作思'；小雅'外禦其務'下，春秋傳作'侮'，罔甫反；周頌'假以溢我''假'

下春秋傳作'何','溢'下春秋傳作'恤','彼岨矣岐'下,沈括曰:後漢書西南夷傳作'彼岨者岐';惟小雅'家伯維宰'已作'家伯爲宰',商頌'降予卿士'已作'降于'。又周頌臣工篇注,'畬,二歲田也','二'當爲'三';噫嘻篇注,'內方三十二里有奇','二亦當作三'"云云。其儀顧堂續跋云:"以通行八卷本校之,宋本反切而俗本改爲直音者千餘條,如周南,雎,七余切,今改音疽,窈,烏了反,今改音杳云云之類是也。宋刻有反切而俗本删去者數百條,如周南,母,莫復反,蟄,直立反云云之類是也。宋刻有注而今本删去者數十條,如漢廣,不可休息注,吳氏曰:'韓詩作思。'麟之趾,首章'于'字注,音吁,下同云云之類是也。有宋刻反切而今妄改與某同者數百條,如邶風,頡,戶結反,而改爲與絜同,頏,戶郎反,而改爲與杭同云云之類是也。此外衍文、脫誤,更難僕數耳。是書,陳仲魚孝廉據朱氏鑑詩傳遺說序定爲後山刊本,凡經文勝俗本處仲魚有跋,載所著緩文中,惟商頌'降予卿士'已作'降于',小雅'家伯維宰'雖不誤'冢宰',實作'爲宰',與仲魚言不符,恐仲魚當時卽據提要所舉作跋,未嘗逐一覆檢耳。此本經文、注文、反切,證以元版胡一桂附錄纂疏,羅復音釋,無一不合。降于之'于'不作'予',爲宰之'爲'不作'維'亦同,則此二字之訛,宋本已然,不始於俗本也。"其所舉各條,文甚繁,茲以云云二字括之。陸志又有明正統內府刊本,並載無名氏手跋曰:"朱子集傳二十卷,與毛傳同,明監本併爲八卷,遂相沿襲,幾不知有二十卷之舊,此本尙是明神宗以前舊刊, 是可寶也。"據此, 則明時尚有未併之本。瞿氏目錄有校宋本, 頗於所載切音有訂正, 茲亦從略。

呂氏家塾讀詩記三十二卷

此本爲陸釴所重刊, 釴序稱得宋本於友人豐存叔, 呂氏書凡二十二卷, 公劉以後, 其門人續成之。與陳氏所說小異, 亦不言門人爲誰? 然書錄解題及宋史藝文志均著錄三十二卷, 則當時之本已如此, 釴所云云, 或因戴溪有續讀詩記三卷遂誤以後十卷當之歟?

瞿氏目錄有宋刊本三十二卷, 云: "前有朱子序, 後有尤袤序, 俱題淳熙壬寅九月, 爲邱宗卿刻本。是書在宋, 有建寧巾箱本, 又有蜀本, 眉山賀春卿刻, 鶴山魏氏爲之序。明嘉靖間, 鄞陸氏釴得宋本於豐存叔, 刻諸南昌, 但載朱序, 不載尤序, 行款與此本不同, 參以古體, 頗亂舊文。又有顧氏起元序, 刻於萬曆間, 卽出陸本, 益多譌脫。近邑中張氏墨海金壺所刻, 但據顧本, 未見陸本, 今以此本參校; 如卷首條例有曰: '諸家或未備, 以己說足之, 錄於每家之後, 比諸家解低一字寫。' 各本自第十九卷彤弓注以下, 不復提行, 增'東萊曰'三字, 接寫諸家之後, 惟此本概低二格, 與條例所云合。"云云。凡各本皆脫及陸本未脫而顧本又脫, 陸、顧兩本不脫而張本獨脫, 均有訂正, 文繁不錄。玉縉案: 公劉首章下識云: "先兄己亥秋復修是書, 至此而終, 自公劉次章訖於終篇, 則往歲所纂輯者, 未及刊定, 今不敢損益, 姑從其舊"云云。是其弟校刊時語。釴蓋因此而誤, 非因戴溪續記而誤。 陸氏儀顧堂續跋嘉靖本跋云："宋諱有缺筆，蓋從宋本翻雕者。較萬曆癸卯刻，卷一禮記'天子五年一巡狩'之前，多一條；卷二十七'王之職有闕能'下，多千餘字；卷二十八'自彼成、康奄有四方'下，多十四字；詳盧抱經羣書拾補。"又萬曆本跋云。"卷二十七缺廿九、三十兩葉，當此本三十六、七葉之間，故三十五葉末留墨釘一行，三十六、三十七兩葉空其張數，俾閱者有迹可求，尙無明人羼亂惡習。卷一詩樂奪一條，卷二十八奪數十字，皆抄手佚脫，校勘不精，尙非大謬。惟卷二十七所缺千餘字，當嘉靖本之兩葉又四行，實不止兩葉也。因何奪落？不可思索，盧抱經以爲止脫兩葉，蓋未覆勘原書耳。"

毛詩講義十二卷

岊字仲山，古田人，紹熙元年特奏名，嘉定間嘗守全州。宋史不爲立傳，而福建通志稱其在郡九年，頗多惠政，重建淸湘書院，與諸生講學，勉敦實行，郡人祀之柳宗元廟，則亦循吏也。

陸氏儀顧堂題跋云："中興館閣續錄，'林岊字仲山，福州長樂人，淳熙十五年進士。開禧二年八月除校書郞，三年三月除祕書郞，七月除著作佐郞，以避祖諱改除祕書丞，十一月知衢州'。福建通志作古田人，紹熙元年特奏名，嘉泰間守全州，與館閣續錄不合。或岊由衢移全，事無不合，一以爲紹熙特奏，一以爲淳熙進士，終不可合耳。"

毛詩集解二十五卷

其書首爲學詩總說，分作詩之理、寓詩之樂、讀詩之法三則；

次爲論詩總説，分詩之世、詩之次、詩之序、詩之體、詩之派五則，餘皆依章疏解，大致仿呂祖謙讀詩記而詞義較爲淺顯。原書三十卷，明代惟朱睦㮮萬卷堂有宋槧完本，後没於汴梁之水。此本爲孫承澤家所鈔，僅存二十五卷，其周頌清廟之什以下並已脱佚。

瞿氏目録云："其書以呂氏讀詩記爲主，參以朱子集傳，又雜采諸儒之説輔之，惟小雅南陔以下，篇次仍從毛、鄭，不依朱、呂所改。其所引諸説，'曹曰'尤詳，爲呂氏所未及，前不載引用姓氏，不知何名？攷王氏困學紀聞引曹氏詩説四條，惟旱麓一條在闕卷中，餘則備見此書，案宋志有曹氏粹中放齋詩説三十卷，蓋即是書也，而所引'姜曰'則竟不可考。其自爲説，並題'段曰'，而胡氏詩傳附録纂疏段氏之下，注其名曰昌父，核其所引，實即此書，蓋'武父'音近而誤耳。"玉縉案：瞿所藏本，卷一至廿五中，又闕：衞風一卷、唐風一卷、小雅魚藻之什一卷、大雅文王之什一卷、與提要本不同，故闕旱麓一條。張氏藏書志有舊鈔本，爲千頃堂舊藏，云"佚卷五、卷十、卷二十二、二十三及末五卷"。

詩緝三十六卷

是書以呂祖謙讀詩記爲主，而雜採諸説以發明之，舊説有未安者則斷以己意。

瞿氏目録有明刊本，云："其書集諸家之説參以己意，大書經文之後，謂之章指，諸家字訓、句義，則細書經文各句之下，謂之小注，稱書稱氏，以著所從，其體與讀書記頗異，其說亦多自抒心得，不襲前人。即如關雎文章章指，以'寤寐求之'爲后妃求內政之助，以見其不妒忌，引楚莊王夫人樊姬之事以證之，且云：'說者多謂詩人思得淑女以配君子如車牽之意，非也，車牽惡褒氏，故思得賢女以代之，太姒已爲文王妃，何待詩人思得之'，顯與東萊求賢妃之說不同。黃氏佐謂詩緝以呂氏讀詩記爲主；而集諸家之說以發明之，似不盡然，惟不廢序與東萊略同。宋儒最尊序者莫如逸齋詩補傳，書中多采其說，其指可知矣。是本爲味經堂所刻，其經文皆不似俗本之誤謬。如'何彼襛矣'、'終然允臧'、'遠兄弟父母'、'不能辰夜'、'不可畏也'、'朔月辛卯'、'家伯惟宰'、'以篤于周祜'、'婁豐年'、'降予卿士'之類，皆同舊本，蓋猶出宋槧也。"

詩考一卷

所引韓詩較夥。

張氏藏書志有元泰定刊本韓、魯、齊三家詩考六卷，並載延祐甲寅胡一桂序云："是本刊附胡氏詩傳纂疏後。韓詩韓奕，'幹，正也。謂以其議非而正之'，玉海本闕下一句，餘異同處頗多。玉海通爲一卷，此本六卷，蓋猶是王氏舊第也。"陸氏藏書志又有泰定覃刊本，儀顧堂題跋云："前爲三家詩傳授圖，卷一韓詩，卷二魯詩，卷三齊詩，卷四逸詩，卷五詩異字、異義，卷六補遺"，即一桂所刊。丁氏藏書志有盧文弨增校本，迭經馮登府、趙坦、李富孫、陳善、臧鏞堂、汪遠孫增注，可謂善之又善。

詩傳通釋二十卷

其學問淵源出於朱子，故是書大旨在於發明集傳，與輔廣詩童子問相同。陳啓源作毛詩稽古編，於二家多所駁詰。

陸氏儀顧堂續跋云："經文無譌字，反切不改直音，朱子說無刪削，多與宋刊集傳同，足以正俗本之譌。顧亭林日知錄謂明永樂時纂詩經大全，胡廣等全襲瑾書，但改'愚案'二字爲'安成劉氏曰'，今勘之果然，惟此書小序次於每篇之後，大全則統冠全書耳。考訂非宋人所長，瑾書雖名通釋，而於朱子所未詳者，如居居、究究、鉤援、臨衝之類，未能證佐一字，案語多淺陋疏舛，不僅陳氏毛詩稽古編所駁已也。其所採集，取之東萊讀詩記、嚴氏詩緝、輔廣童子問者居多，未必伐山自造。吉安府志稱瑾'肆力治詩，考正諸國世次、作者時世，察其源流，辨其音韻，審詩、樂之合，窮刪定之由，能發朱子之蘊'云云，不免鄉曲私譽，未足爲信。"

詩經疏義二十卷

何英後序則稱以特恩授校官，得主金華郡庠，二說互異。考樂平縣志，載公遷以至正辛巳領浙江鄉試，教婺州，改處州，然則英序舉其始，通志要其終耳。是書爲發明朱子集傳而作，如注有疏，故曰疏義。其後同里王逢及逢之門人何英又采衆說以補之，逢所補題曰輯錄，英所補題曰增釋，雖遞相附益，其宗旨一也。其說墨守朱子，不踰尺寸，而亦間有所辨證。如卷耳篇內朱子誤用毛傳舊說以崔嵬爲土山戴石，公遷則引爾雅、說文，明其當爲石戴土，又七月之詩，朱子本月令以流火在六月，公遷推驗歲差，謂公劉時當五、六月之亥，皆足以補集傳之闕。又集傳所引典故，一一詳其出處，即所引舊説原本不著其名者，如衞風之“趙子”注爲趙伯循，小雅斯干篇之“或曰”注爲曾氏之類，皆一一考訂，雖與弘旨無關，亦足見其用心不苟也。書成於至正丁亥，正統甲子，英始取逢所授遺稾重加增訂，題曰“詩傳義詳釋發明”以授書林葉氏刊行之，而版心又標詩傳會通，未喻其故？

陸氏藏書志有明初刊本，題野谷門人王逢原夫輯錄，松塢門人何英積中增釋。瞿氏目錄亦有此本，云：“其書專主集傳，故集傳用大字而疏義、輯錄、增釋皆以小字夾注於下，疏義用己意闡發，輯錄、增釋則皆引舊説以證明之，其要於不失朱子本義則一也。案樂平縣志，原夫於明宣德初薦授富陽學訓導，尋以明經召見，放歸，杜門講學，鄉里稱曰松塢先生，著有詩經講説二十卷。則非元之席帽山人也。其稱野谷門人者，何氏序云：‘先師松塢先生，嘗謂野谷洪先生初從遊先正朱氏公遷先生之門，受讀三百五篇之詩’，是野谷爲洪氏初之號，松塢所從受業者，而於陽所已爲再傳弟子矣。何氏號梅谷，亦番陽人，受業於原夫，故稱松塢門人，亦著有詩經詳説，然竊疑講説、詳説皆即此書，特異其名耳。陽所疏義成於至正丁亥，迄梅谷序刻已將百年，其傳之難也如此。是本板心標詩經疏義，不作詩傳會通，何序編朱子序後，不稱後序，序中亦無‘以授書林葉氏刊行’之語，與四庫所收異。前題書林安正堂劉氏重刊，後有癸未年仲夏安正堂刊墨記，蓋又重加訂正矣。”玉縉案：據此，則提要但稱同里王逢，蓋未之詳？考瞿中溶古泉山館題跋，所見本爲詩義通釋，板心中多標詩傳會通，瞿氏疑卽出於書坊葉添德。又何英後序，“不揆淺陋，敬取先師所受餘橥、語錄、補遺重加增釋，足成是編，名曰詩傳疏義詳釋發明”云云，瞿氏謂書名又與此本不盡合。又錢泰吉甘泉鄉人餘橥云：“今見蔣氏所藏兩本，皆失何氏後序，一爲書林安正堂劉氏重刊，每卷標題詩經疏義會通；一爲書林克勤堂余氏重刊，每卷標題詩經疏義淺講，板心皆刻疏義，余本似從劉本翻雕，皆在葉本之後，訛字不少。”云云，倘得葉氏原本詳校，亦快事也。吳氏拜經樓藏書題跋記，有安正堂重刊本云：“初刻於正統間，重刻於嘉靖二年，卷首列詩序辨說及綱領二十五圖，前有讀書凡例，例內本經文誤寫一條，謂十月之交‘朔日辛卯’，古本是‘朔月’，今集傳本皆爲‘朔日’，明是誤字。如論語最後不知命，古本是‘孔子曰’，集注無‘孔’字；孟子‘行者有裹糧’，古本是‘裹囊’，集注本以‘囊’爲‘糧’字，皆誤也，循用旣久，不知其然矣。此‘朔日’字宜改從古本，蓋元時所見本已如此，然宋本詩集傳，‘朔日’故作‘朔月’，咸淳本四書，‘裹糧’仍作‘裹囊’耳。其經文之異於今本者：如定之方中‘終然允臧’，皇矣‘以篤于周祜’，周頌‘旣右享之’，商頌‘來假祁祁’，並與唐石經合。惟竹竿‘遠兄弟父母’，已作‘父母兄弟’，‘家伯維宰’作‘爲宰’。其注之異於今本者：如周南‘不可休息’下，吳氏曰：“韓詩作‘思’”，小雅‘爰其適歸’，爰下注，家語作‘奚’，周頌‘假以溢我’，‘假’下注，春秋傳作‘何’，‘溢’下注，春秋傳作‘恤’。案錢宮詹養新錄載:'寶山朱寄園家藏元儒雙湖胡氏詩傳附錄纂疏二十卷,一遵朱文公元本',卷分及字句此並與之同,蓋皆未經改竄删併者也。'爰其適歸'注,養新錄謂'今本删去'家語作奚'句,直改爲'奚',大非文公說經謹愼之意,'假以溢我'句,删去春秋傳云云,則注中'假'之爲'何'、'溢'之爲'恤'云云,令人不解何謂矣?讀是書知元儒尙守家法,不似明人之鹵莽妄作'。又'祇自疷兮'下,引劉氏曰:'當作痻,與瘏同,眉貧反';'婁豐年'下,注,力注反,與潛研堂文集所拈出者並同。'彼徂矣岐'句下,引沈括說,與宮詹所記合。蓋悉仍文公之舊,未經妄删者也。"

詩疑問七卷附詩辨說一卷

其書略舉詩篇大旨發問,而各以所注列於下,亦有闕而不注者。劉錦文序稱"其間有問無答者豈眞以爲疑哉?在乎學者深思而自得之耳"。又稱"舊本先後無緒,今爲之論定,使語同而旨小異者因得以互觀焉"。是此本乃錦文所重編,非倬之舊,其有問無答者或亦傳寫佚脫,而錦文曲爲之辭歟?末有趙悳詩辨說一卷,悳,宋宗室,舉進士,入元隱居豫章東湖。其書與倬書略相類,殆後人以倬忠烈、悳高隱、其人足以相配,故合而編之歟?倬書七卷,附以悳書爲八卷,朱睦㮮授經圖、焦竑經籍志乃皆作六卷,疑爲傳寫之譌,或倬原書六卷,劉錦文重編之時析爲七卷,亦未可定也?

瞿氏目錄有至正丁亥刊本云:"此本爲建安書林劉錦文叔簡所刻,釋叔簡序,殆卽其所合編者。書中頗多有問無答,蓋刻時已脫,故闕處皆留有空行也。趙氏著有詩辨疑經義考作'說'。七卷，見千頃堂書目，此所附者其即摘錄是書歟？通志堂刻即出此本，首葉序文脫去下方十餘字，通志本所闕正同。其作墨丁者，皆此本所漫漶，惟卷七首條答詞所謂'恭敬齊莊以昭先王之德者也'，諦審此本，'昭'字當是'發'，考此文見小雅集傳，正作'發'，通志本臆定爲'昭'，失之矣。"

六家詩名物疏五十四卷

靜嘉堂祕籍志載此書云："是本有五十五卷。"

詩經世本古義二十八卷

然楷學問博通，引援賅洽。凡名物訓詁，一一考證詳明，典據精確，實非宋以來諸儒所可及。

李慈銘孟學齋日記丙集上二云："以時代先後爲主，傎倒次第，此明人割裂古書之妄習。雖多存古義，采取頗富，而支離鹵莽，得不勝失。"玉縉案：此說甚正。

詩義折中二十卷

是以諸臣恭承彝訓，編校是書，分章多準康成，徵事率從小序。

俞正燮癸巳存稾云："陳兆崙、金甡進呈詩義折中稾本時，魯頌閟宮分'秋而載嘗'至'如岡如陵'十六句爲一章；此章朱子集傳謂有缺句，蓋欲補'鐘鼓喤喤'一句於'籩豆大房萬舞洋洋'之下，始爲十七句。陳、金覺其非，不用此句，仍依集傳署章句云五章十七句，亦館中不檢之過。"

詩所八卷

謂'有扁斯石'，扁字從戶從冊，古者額書於戶曰扁，以石爲之，亦近於穿鑿字說。案戶册爲扁，義本說文。以石爲之，則光地之新解。

沈濂懷小編引"亦近於穿鑿字說"作"未免穿鑿"，無"案戶册"以下十九字小注。濂自爲說曰："案說文，扁，署也，從戶册者，署門戶之文也，段注，秦書八體，六曰署書，此李說所由來。但石爲之額，恐難施之戶上"，是所見與今本異。

詩說三卷

考歸寧文見左傳，於禮經必有所承。

案沈濂懷小編引作"息嬀歸寧而過蔡，獻舞止饗而召兵，事載左傳，安得謂其無，何休注公羊傳云云"。與今本異。豈後以其不祥而改之耶？然如今本，實不合考據之體。

三家詩拾遺十卷

其體例：首爲古文考異，次爲古逸詩，次以三百篇爲綱，而三家佚說一一併見，較王氏所錄，以三家各自爲篇者亦較易循覽。惟其以三家詩拾遺爲名，則古文考異不盡三家之文者自宜附錄，其逸詩不繫於三家者自宜芟除，乃一例收入，未免失於貪多，且冠於篇端，使開卷即名實相乖，尤非體例。

李慈銘荀學齋日記云："提要本及吾越嘉慶庚午刻本，俱以文字考異及古逸詩各一卷冠於首，卷三至卷十，方依次以毛詩三百篇爲綱，而輯綴魯、齊、韓三家之說。提要以古逸詩與三家無涉，譏其開卷名實相乖，然蘅洲自序，明言以此二卷附後，其凡例亦先言魯、齊、韓三家之次第得失而後言文字異同及古逸之詩，則四庫所收本及家刻本皆鈔胥之誤。凡例第三條有云:'列之於首,以廣見聞。''首'乃'後'字之誤。嶺南遺書所刻嘉應葉鈞重訂本,其序言嘉慶六年,得范氏書鈔本於保定蓮花池之奎畫樓,亦以文字考異及古逸詩居首,因據其自序爲移附於後,蓋鈔本同出一手也。提要旣不及細審序例,葉鈞不過略一移易而遽自稱重訂,其序幾欲據爲己有,伍氏遂收入嶺南遺書,亦可笑矣!至范氏此書,搜資功深,具有心得,提要亦稱其詳贍有體,較王氏所錄爲備,雖時有引據稍疏,於三家亦間有出入;而功在捌通大義,使後人得以推求先秦、漢初經師微恉,非僅以掇拾繁碎爲浩博也。近儒嘉興馮氏登府及閩陳氏壽祺父子推衍遞精,要皆原本范氏,沿襲爲多,而陳氏跋馮氏三家詩異文疏證,詆范氏爲'自鄶以下',抑何言之過歟?"

詩瀋二十卷

家相之學,源出蕭山毛奇齡,奇齡之說經,引證浩博,善於詰駮,其攻擊先儒最甚;而盛氣所激,出爾反爾,其受攻擊亦最甚,家相有戒於斯,故持論一出於和平,不敢放言高論。其作是書,大旨斟酌於小序、朱傳之間而斷以己意。首爲總論三十篇,以下依次詮說,皆不載經文,但著篇目,其先儒舊說無可置辨者,則併篇目亦不著之。今核其所言,短長互見,如謂卷耳爲文王在羑里后妃遣使臣之作,謂中谷有蓷爲憐申后,謂褰裳爲在晉、楚爭鄭之時,謂丰爲男親迎而女不從,謂敝笱爲嘆王綱廢弛,謂采苓爲申生而作,謂采薇爲文王伐玁狁,謂沔水爲宣王信讒,皆以意揣度,絕無確證。

李慈銘孟學齋日記丙集上三云："提要謂其學出毛西河，而持論斟酌於毛傳、朱傳之間，頗爲平允，然其中從毛、駁朱者爲多，惟略於考證，多論文義，而時出新意，異於前人。雖涵泳詩辭，往往有得，究不免空談肊測之病，非說經家法也。其首二卷爲總論，較平實可傳。" 荀學齋日記庚集上二十云："其中說詩多有名言雋恉，蓋出於鄉先輩季彭山先生詩解頤之派。其考據典禮，亦多心得而不甚信鄭君，吾越說經家法皆如是也，然援證確實，迥非傅會景嚮者比。"

詩序補義二十四卷

其論"江有汜"，謂古者嫡、媵並行，無待年于國之禮，然春秋伯姬歸紀，叔姬歸酅，實非一年之事，未可斷其必無。論魯頌謂用天子禮樂，自吉禘莊公始見於經，斷以爲僭自僖公，然呂覽史角之事雖出雜說，而"考仲子之宮，初獻六羽"，注謂前此用八，故曰初獻，是已在隱公先矣。是過於考證，轉失之眉睫之前。他如論野有死麕，以尨吠爲喻人之類，亦失經旨。

案是書後又改訂，名曰"詩序廣義"，嘉慶二十年，其孫人寬識語云："是書於進御後，吾祖晚年講學郡城重加增易，又經兩番脫稾，自謂前此識力恐有未到，必大爲推廣，義乃詳備。又以書名與讀左補義同，曾經大吏代爲陳明"云云，今考其書，改易者甚多，不特提要所議俱已改正，即所引綱領有云："有詩人之意"云云，亦改爲"有詩人之自言者、有詩人述其人之言者"云云，頗見斟酌。惟論野有死麢，以爲無禮一不材之木，不特女避之，女父拒之，尨亦逐之，而又云"尨吠"已包"主不迎賓"一層，二句俱一時事，仍以爲喻人，未免前後不貫澈而改過不勇耳。又廣義本書面仍題讀詩補義，上載"進呈御覽採入四庫全書"十字，然則補義本稱讀詩補義，故人寬有"書名與讀左補義同"之語，不解提要何以稱詩序補義？俟考。

韓詩外傳十卷

漢書藝文志有韓故三十六卷，韓內傳四卷，韓外傳六卷，韓說四十一卷，歲久散佚，惟韓故二十二卷，新唐書尙著錄，故劉安世稱嘗讀韓詩雨無正篇，然歐陽修已稱今但存其外傳，則北宋之時，士大夫已有見有不見。范處義作詩補傳在紹興中，已不信劉安世得見韓詩，則亡在南、北宋間矣。惟此外傳至今尙存，然自隋志以後，卽較漢志多四卷，蓋後人所分也。其書雜引古事、古語，證以詩詞，與經義不相比附，故曰外傳。所采多與周、秦諸子相出入，班固論三家之詩，稱其"或取春秋、采雜說，咸非其本義"，殆卽指此類歟？中間阿谷處女一事，洪邁容齋隨筆已議之。他如稱彭祖名並堯、禹，稱長生久視，稱天變不足畏，稱韶用干戚，稱舜兼二女爲非，稱荆、蒯、芮、僕不恒其德，語皆有疵。謂柳下惠殺身以成信，謂孔子稱御說恤民，謂舜生於鳴條一章爲孔子語，謂輪扁對楚成王，謂冉有稱吳、楚、燕、代伐秦王，皆非事實。顏淵、子貢、子路言志事，與申鳴死白公之難事，皆一條而先後重見，亦失簡汰。然其中引荀卿非十二子一篇，删去子思、孟子二條惟存十子，其去取特爲有識。又繭絲卵雛之喻，董仲舒取之爲繁露；君羣王往之訓，班固取之爲白虎通，精理名言，往往而有，不必盡以訓詁繩也。

王先謙漢書補注云："儒林傳，'嬰推詩人之意而作內、外傳數萬言' 云云，則內、外傳皆韓氏依經推演之詞。隋志云：'齊詩魏代已亡，魯詩亡於西晉，韓詩雖存無傳之者'，至南宋後韓詩亦亡，獨存外傳。"楊樹達補正云："內傳四卷，實在今本外傳之中，班志內傳四卷、外傳六卷，其合數恰與今本外傳合；今本外傳第五卷首章爲'子夏問曰關雎何以爲國風始' 云云，此實爲原本外傳首卷之首章，蓋正以內、外傳同是依經推演之詞，故後人爲之合併而猶留此痕跡耳。隋志有外傳十卷而無內傳，知其合併在隋以前矣。近儒輯韓詩者，皆以訓詁之文屬之內傳，意謂內、外傳當有別，不知彼乃韓故之文，非內傳文也。若如其說，同名爲傳者且當有別，而內傳與故可無分乎？後漢書郎顗傳引易內傳曰："人君奢侈，多飾宮室。其時旱，其災火。然則漢之內傳非訓詁體，抑已明矣。"玉縉案：詩內傳非訓詁體，觀白虎通爵篇、誅伐篇，文選南都賦，江賦李注引自明，今南都賦注內誤外，據阮籍詠懷詩注訂。不必引易內傳爲證，至以今本外傳第五卷首章爲實原本外傳首卷之首章，似見巧思，但內傳佚文何以絕不一見於今本外傳前四卷中？楊說姑備一義可也。陳澧東塾讀書記云："漢書藝文志云：'齊、韓詩或取春秋、采雜說，咸非其本義'，采雜說非本義，蓋專指外傳而言。今本韓詩外傳，有元至正十五年錢惟善序云：'斷章取義，有合於孔門商、賜言詩之旨。'澧案，孟子云：

‘憂心悄悄,慍于羣小,孔子也’,亦外傳之體。禮記坊記、中庸、表記、緇衣、大學引詩者尤多似外傳,蓋孔門學詩者皆如此,其於詩義洽熟於心,凡讀古書、論古人古事,皆與詩義相觸發,非後儒所能及。西漢經學,惟詩有毛氏、韓氏,兩家之書,傳至今日,讀者得知古人內傳、外傳之體,乃天之未喪斯文也。直齋書錄解題云:‘韓詩外傳多記雜說,不專解詩,果當時本書否?’卷二。杭堇浦云:‘董生繁露,韓嬰外傳,偭背經旨,鋪列雜說,是謂畔經’,古文百篇序。此則不知內、外傳之體矣。皮襲美讀韓詩外傳云:‘韓氏之書,抑百家,崇吾道,至矣’,如襲美者,乃能讀韓氏書者也。”又云:“韓詩外傳采阿曲處子一事,蓋明知此乃雜說不足信,但欲證明‘漢有游女不可求思’之義耳。近人刻外傳者删之,其意甚善,然傳刻者多,豈能盡删!” 郝懿行曬書堂文集有是書考證序云:“韓詩外傳十卷,蓋殘闕不全之書也。案漢志內傳四篇,外傳六篇,迨隋志止存外傳,仍題爲十篇,蓋後人掇拾,或分析其簡以求合漢志十篇之數,非本書也。書中多儒先緒論,旁及諸子遺說,又如孔子爲司寇之命,古天子卽位之策,皆有典法,非經師不能道,又如卵繭喻性,卽是董子繁露之旨,董、韓同時,孝武中嘗會論上前,董不能難,而是語與繁露合,是則董之精者,韓亦不能易也。仲舒治春秋、談災變,而是書言‘雩而雨猶不雩而雨,無用之變,不急之災,棄而不治’,其論甚正;故漢志云:‘其人精悍,處事分明’是則韓之精者,董亦不能易也。書經屢寫,脫誤頗多,偶獲舊本,因加校讐”

云云，後載補遺十條，今未見傳本，蓋未付梓。

詩類存目

詩經說通十三卷

其所列引用諸書，不過三十六種。

丁氏藏書志有明刊本云："前有萬曆乙卯中秋守正自序，次列引用書目，正引自魯申公至胡允嘉凡三十家，雜引自尙書疏至函史各書凡二十九種。"

詩經圖史合考二十卷

然名雖釋經，實則隸事，如周南桃夭篇，首引本草綱目載桃仁去淤血、桃梟療中惡腹痛一條，次引家語六果桃爲下一條，次引管子五沃之土宜桃一條，次引鹽鐵論桃實多則歲穰一條，次引江淹桃頌一條，次引崑崙山玉桃一條，次引唐明皇目桃爲消恨花一條，次引酉陽雜俎王母桃一條，次引列仙傳綏山桃一條，其文遂畢，於經義一字無關。全書所載皆類於此，不知其何所取也？

玉縉案：其人不孝貪汚，詳顧炎武日知錄卷十八鍾惺條，此書蓋亦沈廢後無聊而爲之耳，安問其取義哉？

詩牖十五卷

天錫字公永，竟陵人。

盧弼四庫湖北先正遺書札記云："湖北通志云：'存目以天錫爲竟陵人，蓋誤，今據沔陽州志改，太學題名碑錄正作沔陽人。'"

詩觸四卷

明賀貽孫撰。

案貽孫有激書，雜家類亦題明人；又有水田居士文集，別集類則題爲國朝人，兩處均稱有詩觸，是一人而分爲兩朝也，當以文集下所題爲正。

四庫全書總目提要補正卷六

禮　類

周禮注疏四十二卷

鄭樵通志引孫處之言曰:“周公居攝六年之後,書成歸豐,而實未嘗行。蓋周公之爲周禮,亦猶唐之顯慶、開元禮,預爲之以待他日之用,其實未嘗行也,惟其未經行故僅述大略,俟其臨事而損益之。故建都之制,不與召誥、洛誥合;封國之制,不與武成、孟子合;設官之制,不與周官合;九畿之制,不與禹貢合”云云。　賈疏文繁,乃析爲五十卷,新、舊唐志並同。今本四十二卷,不知何人所併?

案宋書,孫處字季高,南史同。觀顯慶、開元禮句疑非此人,抑鄭引孫祗三語,下文皆爲樵說歟?賈疏本有圖,今本四十二卷者蓋脫去圖八卷,詳黃以周禮說略。

周官新義十六卷附考工記解二卷

安石之意,本以宋當積弱之後而欲濟之以富強,又懼富強之說必爲儒者所排擊,於是附會經義以鉗儒者之口,實非眞信周禮爲可行。　惟訓詁多用字說,病其牽合。

案晁公武云:"如行青苗之類,皆稽焉所以自釋其義者。蓋以其所創新法盡傳著之,務塞異議者之口",提要實本此。至所謂牽合者,如解"以爲民極"云:"設官分職,內以治國,外以治野,建置在上,如屋之極。極之字從木從亟,木之亟者屋極是也。"解上士、中士云:"士之字與工與才皆從二從丨,才無所不達,故達其上下。"解宰夫云:"夫之字與天,皆從一從大,夫者妻之天故也,天大而無上,故一在大上,夫雖一而大,然不如天之無上,故一不得在大上。"諸如此類極可哂!

周禮詳解四十卷

內附載陸德明釋文,而卷首以德明之名冠昭禹前。今考昭禹自序末云:"因釋文而作",或後人所增入,以德明時代在前,遂題諸昭禹上歟?

陸氏儀顧堂續跋云:"次行題曰:'唐國子監博士吳縣開國男陸德明釋文附。'前有昭禹自序及周禮互注總括十七條,似從宋本傳錄者。所採經典釋文、周禮音義亦十不存五,次行忽題德明銜名,不可解也?"玉縉案:有一"附"字,則承周禮而下體例甚明,提要及陸氏所疑皆未達。

太平經國之書十一卷

王與之周禮訂義首列宋代說周禮者四十五家。 其論天官玉府諸職一條,車若水脚氣集頗稱之,然其間命意間有不可解者?如齊東野語記韓侂胄之敗,殿司夏震倘聲喏於道旁。梅磵詩話記紹定辛卯臨安大火,九廟俱燬,獨丞相史彌遠賜第以殿司軍救撲而存,故洪咨夔詩有"殿前將軍猛如虎,救得汾陽令公府，祖宗神靈飛上天，痛哉九廟成焦土”。之句。其時武統於文，相權可謂重極，而此書宰相一篇尚欲更重其權。又宋人南渡之餘，湖山歌舞，不復措意中原，正宜進臥薪嘗膽之戒；而此書奉養一篇乃深斥漢文帝之節儉爲非，所論皆不可爲訓。毋乃當理宗信任賈似道時曲學阿世以干進歟？

案訂義宋代前尚有漢、唐六家，共五十一家，此特就宋言之。黃式三儆居集讀鄭氏太平經國書，稱其教化、內治、官吏、養民、節財諸篇，以爲醇粹可以實施諸行事。惟“攬權篇云：‘施不測之恩，用不測之威，我可以取必於人；而人不可以取必於我’，此近於術士之詭譎。稅賦篇云：‘畿外諸侯，食公田之稅以爲祿，榦私田之賦以爲貢。’又云：‘家出一兵，甸出一車’，皆非周法矣”。玉縉謂提要此條引梅磵詩話，而四庫不著錄，阮元揅經室外集收之。

周官總義三十卷

今衡陽本世已無傳，惟永樂大典尚載其天官、春官、秋官、考工記，而地官、夏官亦佚。謹裒合四官之文編次成帙，以存其舊，其地官、夏官則采王與之周禮訂義所引以補其亡，仍依讀書附志所列，勒爲三十卷。

王文清鋤經文略宋儒易山齋先生周禮總義序云：“恭逢聖人御極，特詔修定三禮，幷諭海內士夫家，三禮藏本皆得入獻。文清時備員纂修，留心掇討，方惜先生總義一書僅散見王氏訂義中，不得其全本，采之吾鄉行省所獻，亦未之及也。未幾，當事奏令纂修官入中祕文淵閣上蒐遺逸禮書，予乃從閱得永樂大典全書，其書網羅數千家，中載三禮多種，而山齋總義在焉。案之，獨司徒一官有缺，餘五官皆完善，予爲之狂喜。因出語先生族裔宗涒字公申者，時舉宏博來京師，且歎且喜，因捐貲傭善書者繕之；予亦從各纂修處彙其稾，隻字片言必以付，數閱月錄畢，幾千餘頁，約數十萬言，公申大快，歸將授梓，爲先世傳此絕業焉，予因述其事而志之"云云。玉縉案：文清所見大典輯本僅地官有缺，今提要稱夏官亦佚，蓋其時大典又散失若干冊矣。

周禮句解十二卷

案江西通志有朱申，字繼宣，宋太學生。又李心傳道命錄有淳祐十一年新安朱申序，其結銜題"朝散大夫知江州軍州兼管內勸農營田事。"似爲二人，不知此書誰所著也？

瞿氏目錄有宋刊本，張氏藏書志有明初刊本，並題魯齋朱申周翰撰。陸氏藏書志有明刊本，題宋魯齋朱申注釋。是申字魯齋，又字周翰，故徐昭慶考工記通凡例云："此注，本朱周翰句解"，孫攀古周禮釋評自序云："宋朱周翰氏依鄭本爲句解。"丁氏藏書志有左傳詳節句解，題朱申周翰。

周禮集說十卷

序題丙子後九歲，丙子爲宋亡之歲，友仁不題至元年號而上溯丙子以系年，蓋亦宋之遺民，故仿陶潛不書年號但書甲子之例。然陶潛在晉諸詩亦但題甲子，非以入宋之故，原集具存，友仁未之詳考耳。 原佚地官二卷，其春官總論亦佚。黃虞稷千頃堂書目云："關中劉儲秀嘗補注以行"，今未之見,亦姑仍其舊闕之焉。

陸氏藏書志有明成化刊本十二卷,卷一至卷十一,題曰周禮集說,吳興後學前谿陳友仁君復編,卷十二題曰周禮復古編,臨川俞庭椿壽翁編。首凡例,次綱領,卷一天官總論,卷二、卷三天官集說,卷四、五春官集說,卷六、七夏官集說,卷八、九秋官集說,卷十、卷十一考工記集說,卷十二復古編。前有至正戊子陳友仁序,後有成化甲午張瑄刊版跋,地官原缺。其儀顧堂集有跋云:"以卷第觀之,似友仁原本已然,而友仁序及張瑄跋未提一字,殊不可解?俞氏復古編本各爲書,與集說同編,卷次亦覺不倫。每官各爲總論是矣,各官總論列爲綱領,而天官總論列爲第一卷,殊不畫一。想陳氏原本未必如是,殆爲張瑄所亂。提要曰:'原佚地官二卷,春官總論亦佚',此本春官總論尚存。又提要所據之本十卷,序題丙子後九歲,此本十二卷,序題至正戊子,所見當別一本也。"春官總論,陸氏已刊入羣書校補中。吳氏拜經樓藏書題跋記云:"今觀其書,天官卷第三後即次春官卷第四,是地官當時已缺",其說與陸氏合。玉縉案:至正戊子,亦後人妄改,序中有"時異事殊禮經焉用"語,當爲前至元,此誤以爲後至元,故稱至正戊子;但丙子後九歲當爲乙酉,若戊子則後十二年,此疑丙子當爲己卯,友仁蓋斷自祥興元年,(陳漢章謹案,祥興元年,即景炎三年戊寅。其二年己卯,非斷自德祐二年,或亦後人妄改耳?)瞿氏目錄有明刊本十一卷、復古編一卷,云"此則地官二卷俱係劉補,又劉補在卷三、四,其卷皆複出,或後人不欲易陳氏舊第，故以劉補編入而不增卷也。”丁氏藏書志有元刊本十二卷附復古編云：“提要春官已缺，此帙猶存。提要又云：‘序題丙子後九歲’云云，此刻剜改‘丙子後九’四字爲‘至正戊子’，距作序時相隔六十二年，且刻改痕迹顯然。錢竹汀日記有觀劉疏雨所藏元槧周禮義疏十二卷，‘義疏’二字當爲‘集說’之誤，蓋傳錄有譌耳。明張刻闕地官，劉儲秀補之，此獨完善無闕。”

欽定周官義疏四十八卷

乾隆十三年御定三禮義疏之第一部也。

案雷鋐所爲方苞行狀云：“乾隆四年落職，獨纂修三禮。辛酉，進周官義疏，上留閱兼旬，命發刻，一無所更”，沈廷芳所爲傳略同。據此，則是書爲苞一人所撰。苞有周官集注十卷，析疑四十卷，此書與析疑相出入，提要於彼書議之，此不言者欽定故也。

周禮訓纂二十一卷

今考新書攻車七十五人。

案曹公新書也，見孫子作戰篇注張預引。論提要例，當雙行注明，此殊失之疏略。陳漢章謹案，新書本出司馬法，推其原，亦不必引曹公說。

周官集注十二卷

康熙丙戌會試中式舉人。　後落職修書。

案他處每稱某科進士，此變其例者以未殿試也。雷鋐所爲方苞行狀云：“丙戌成進士，榜未發，聞太夫人病，疾遽馳歸。”沈廷芳所爲傳亦云：“康熙丙戌會試，未殿試，母疾遽歸”，是也。至其落職，則以序戴南山集故。

周官祿田考三卷

彤獨詳究周制以與之辨，因撰是書，分官爵數、公田數、祿田數三篇。

翁方綱兩漢金石記慮俿銅尺記云：“曲阜桂未谷馥云：‘許祭酒、鄭司農尚不能定周尺，沈冠雲乃居然據以分田制祿，殊爲武斷。’江寧周幔亭集云：‘曲阜孔氏所弆銅尺，重今廣法平十八兩，面廣準此尺一寸，側厚準此尺五分，與沈冠雲周官祿田考尺同。沈即以此爲周尺，且云：沿傳十五等尺較之，當以此爲眞周尺，一切周官分田制祿，悉以此推用矣。’愚案二君於沈氏之說疑信不同，蓋稽古以闕疑致愼爲主，桂君之言，自不可廢，然沈冠雲著周官祿田考所繪古尺圖，實與此建初尺無二，則建初尺之即建武尺，尤爲足信矣。”

儀禮注疏十七卷

故賈公彦僅據齊黃慶、隋李孟悊二家之疏定爲今本。

丁氏藏書志云：“儀禮有嚴州單注本，有咸平、景德間單疏本，朱子自序通解云：‘儀禮以經不分章，記不隨經、而注、疏各爲一書，讀者不能遽曉’，馬碧梧說亦如之。是注、疏合刻，起於南、北宋之間而儀禮又在乎其後。又宋人各經皆以注附疏，分卷即依疏之卷數，如禮記注疏七十卷是也，惟儀禮以疏附注，其分卷則依經注之卷數，故單疏五十卷而注、疏本則轉十七卷也。”據此，則今本十七卷乃宋人依經注卷數，非公彦所定，公彦原第，見景德單疏及魏了翁要義。

儀禮釋宫一卷

考朱子大全集亦載其文，與此大略相同，惟無序。引宋中興藝文志，稱朱子嘗與之校定禮書，疑朱子固嘗錄如圭是篇，而集朱子之文者遂疑爲朱子所撰，取以入集，猶蘇軾書劉禹錫語題姜秀才課册，遂誤編入軾集耳。觀朱子儀禮經傳通解，於鄉飲酒"薦出自左房"聘禮"負右房"皆但存賈疏，與是篇所言不同，是亦不出朱子之一證矣。惟永樂大典内全錄其文，别爲一卷，題云李如圭儀禮釋宫。蓋其所據，猶爲宋本，今據以錄出，仍與集釋相附。其間字句與朱子本稍有異同，似彼爲初稾，此爲定本，今悉從永樂大典所載以存如圭之舊焉。

李慈銘桃華聖解盦日記云："此李氏如圭所著，朱子錄之，蓋欲取以入儀禮經傳通解而後人遂誤以爲朱子作，編入文集。乾隆中開四庫館，始據永樂大典所載李氏儀禮集釋諸書及中興書目知爲李作，奉敕更正，又命武英殿以活字版印行之，而欽定三禮義疏成於乾隆初年，故儀禮卷首列是書，尚稱爲朱子所作。今浙局翻刻義疏，悉仍原本之舊，未及改也。"

儀禮圖十七卷儀禮旁通圖一卷

鄭逢辰爲江西漕，以所撰儀禮經傳通解續獻於朝，贈文林郎。是書成於紹定元年戊子，書錄解題謂成於淳祐中，蓋未核其自序也。惟是讀儀禮者必明於古人宫室之制，然後所位、所陳，揖讓進退，不失其方，故李如圭儀禮集釋、朱子儀禮經傳通解皆特出釋宮一篇以總挈大綱，使衆目皆有所麗。是書獨廢此一門，但隨事立圖，或縱或橫既無定向，或左或右僅列一隅，遂似滿屋散錢，紛無條貫。其見於宮廟門僅止七圖，頗爲漏略，又遠近廣狹，全無分數。如序外兩夾，劉熙釋名所謂"在堂兩頭故曰夾"是也，圖乃與房室並列，則公食大夫禮"宰東夾北西面"疏云："位在北堂之南。"特牲饋食禮"豆籩鉶在東堂"注云："房中之東當夾北"者，皆茫然失其處所矣。門與東西塾同在一基，圖乃分在東隅、西隅，則士虞禮"七俎在西塾之西"無其地，及士冠禮"擯者負東塾"之類，皆非其處所矣。如斯之類，殊未能條理分明。

陸氏藏書志有宋刊儀禮經傳通解續祭禮十四卷，並載鄭逢辰表。及淳祐六年十一月中書後省劄。知逢辰以是圖隨祭禮書並進。劄中有"信齋楊先生復，隱德不耀，歿已十年"語，知復不及淳祐，其特贈文林郎，乃十一月三日奉旨；又贈敕稱故福州進士楊復，知復爲進士也。瞿氏目錄有元刊本圖十七卷、旁通圖一卷，云："前列朱文公乞修三禮奏劄，次列復自序，又次爲寧德陳普序，據陳序，知此本爲昭武謝子祥所刻。朱氏經義考分列二書，誤以陳序屬旁通圖，序中'荆舒王氏加踐蹂之'，蹂誤跡。"玉縉案：是書有通志堂本，不善。陳鱣云："吳槎客嘗以鮑以文所贈元刻核通志堂刊本，則通志刻本之圖甚謬也。"閻若璩潛邱劄記與石企齋云："監本十三經中儀禮脫誤尤多，士昏禮脫'壻授綏姆辭曰未教不足與爲禮也'一節十四字云云，上見日知錄。因讀宋楊復儀禮圖，末刻儀禮十七篇白文，今監板脫者皆同。唯‘哭止告事畢賓出’七字作‘哭者止賓出’五字，亦不是，寧脫毋刪，此尤可笑者！”

儀禮要義五十卷

瞿氏目錄有影鈔宋本，云："卷第悉依賈疏原本，今傳景德單疏本已多闕佚，分卷幾不可知，覈此書，猶可考見。其中文與今通行注、疏本異者，每與單疏本同。"玉縉案：江蘇書局有刊本。

儀禮逸經傳二卷

明一統志，"沅州劉有年洪武中爲監察御史，永樂中，上儀禮逸經十有八篇，楊愼求之內閣，不見是書"。朱彝尊經義考謂"有年所進卽澄此本，逸經八篇，傳十篇"，適符其數，其說似乎有據。今世傳內閣書目惟載澄書，不著有年姓名，蓋當時亦知出於澄矣。

案焦竑國史經籍志載吳澂儀禮逸經六卷，其後云："儀禮多軼，永樂中，御史劉有年獻逸經十有八篇，時未加表章，漸就湮沒，余深慨之，特附著於篇，令好古者有所聞焉。"是不以爲卽澄書。

儀禮集說十七卷

前有自序，稱"鄭康成注，疵多而醇少，刪其不合於經者，意義有未足，則取疏記或先儒之說以補之；又未足，則附以一得之見"。又疑喪服傳違悖經義，非子夏作，皆未免南宋末年務詆漢儒之餘習。然於鄭注之中，錄其所取而不攻駁所不取，無吹毛索垢百計求勝之心。蓋繼公於禮所得頗深，其不合於舊說者不過所見不同，各自抒其心得，初非矯激以爭名，故與目未睹注疏之面而隨聲佐鬭者有不同也。且鄭注簡約,又多古語,賈公彥疏尚未能一一申明,繼公獨逐字研求,務暢厥旨,實能有所發揮,則亦不病其異同矣。卷末各附正誤,考辨字句頗詳,知非徒騁虛詞者。

玉縉案:錢大昕潛研堂集跋是書,議其釋既夕篇"哭成踊",以爲圉人與御者,謂揆諸禮節必非人情,敖之疏語如此,乃譏鄭爲疵多醇少,豈其然乎?俞正燮癸巳類稾書是書少牢二篇後,議其釋少牢篇"主婦被錫衣",以爲"錫"當作"緣",與"椽"通。又"納諸內",以爲"內"謂籩中。有司徹"衆賓長其脅體儀也",以爲體儀謂或體或儀,儀者脊若脇之屬。謂敖繼公寂寂焉改變鄭義而語多陋誤,何故必以不通之說改之?此非常情所能測度,文繁不具錄。 陸氏儀顧堂續跋元槧本跋云:"所採諸家注,鄭注、賈疏而外,朱子之說爲多,此外惟馬季長、陳用之、李微之數條而已。每卷後有正誤數條,言所以去取之意,如後世校勘記之類。惟卷一、卷十一獨無,與通志堂刻同,似以無所校正而然,非缺也,何義門不察,疑爲缺而欲訪求,誤矣。卷十一末'大功二小功二'句下,通志堂本空四字,此本損破四字,以白紙補之,則通志堂所刊,卽以此爲祖本矣。顧亭林日知錄舉監本脫誤各條,此本皆不脫,則所據猶宋時善本也。"

經禮補逸九卷

程敏政篁墩集有書是書後曰:"環谷汪先生著書凡十餘種,先生既歿,悉被一人竊去攘爲己書。經禮補逸一編,尤號精確,乃百計購得之,其原本雖被改竄,然有附麗而無刓補,眞、贋之迹，皦然甚明。先生玄孫文彙等力圖刊布，因爲手校，且摹先生之像於編首，別爲附錄一卷"云云。此本有附錄、闕文、行狀之類而無其像，亦無敏政此跋，或後人別得改竄之本刻之歟？

陸氏藏書志有明初刊本十卷、附錄一卷，並載洪武二年曾魯序，又有弘治六年敏政序及十年敏政跋。丁氏藏書志載弘治刊本九卷云："有曾魯序、敏政序，並題環谷汪先生眞像後。"

儀禮述注十七卷

然如士冠禮"母拜受子拜送"，光坡謂母拜受乃受脯而拜，非拜子也，其義最允。蓋此拜受，如大射儀"主人盥洗象觚升酌膳東北而獻於公，公拜受"，乃拜受觚，非公先拜其卿大夫也。又如特牲饋食禮"主人洗角升酌酳尸，尸拜受"，乃拜受角，非祖考先拜其子孫也。凡此之類，頗有可取。

沈濂懷小編云："此義亦止可以解此條拜受之文，若見於母母拜之，冠義有'成人而與爲禮'之說，疏亦謂'脯自廟中來'，先儒非之；石梁王氏則云：'此禮爲適長子代父承祖者，與祖爲正體，故禮之異於衆'，然恐亦意揣之辭。古者婦人肅拜，周禮大祝注'肅拜但俯下拜，今時擅是也'，蓋即左傳'三肅使者而退'之肅，介者不拜，故亦肅拜，其禮本輕。"

儀禮章句十七卷

杭世駿榕城詩話稱"廷華去官後，寄居蕭寺，穿穴賈、孔，著二禮疑義數十卷"。案廷華所著周禮疑義今未之見，而此書則名章句，未審别有儀禮疑義抑或改名章句也？

案周禮疑義四十四卷，儀禮疑義五十卷，禮記疑義七十二卷，並見張金吾愛日精廬藏書志。儀禮疑義非卽章句。至丁丙善本書室藏書志周禮、禮記各存十八卷，爲今江南圖書館所藏，儀禮則無一葉之留矣。

補饗禮一卷

國朝諸錦撰。

案絳跗閣原本、藝海珠塵本、槐廬叢書本，均作饗禮補亡。

讀禮通考一百二十卷

是編乃其家居讀禮時所輯。

案鮚埼亭集萬石園先生傳，“嘗爲徐侍郎乾學纂讀禮通考百六十卷。”據此，則萬斯同代撰，後或有所增損耳！

禮記集說一百六十卷

兩江總督採進本。　寶慶二年官武進令時表上於朝。

案此本當是宋本，丁氏藏書志有影宋鈔本云：“當爲納蘭氏未刻以前所鈔。”案宋本道光間藏於上海郁泰峯家，同治間歸於豐順丁雨生中丞。持靜齋書目識云：“綿紙初印，魏鶴山序已殘缺，僅存了翁二字，鶴山書院一印。通志堂補遺錯誤，尤甚者七十三卷、七十六卷、七十七卷、九十六至九十九卷。”玉縉以今所行祗通志本，特錄其說。　李慈銘孟學齋日記云：“卷首載諸儒名氏，以漢鄭氏、唐孔氏爲首。其下論云：‘鄭注雖間有拘泥而簡嚴該貫，非後學可及。’又云：‘朱文公中庸章句，以‘戒謹其所不睹，恐懼其所不聞’，與‘莫見乎隱，莫顯乎微’爲兩事，剖析精詣，前所未有，今觀鄭注，已具斯旨。’案正叔是書上於理宗朝，當道學極盛之時而能推崇康成如此，其卓識冠世可謂千金一壺。” 陳澧東塾讀書記云:“衞正叔集說序云:‘他人著書，惟恐不出於己，予之此書，惟恐不出於人’，此固名言矣。又云:‘博求諸家之說，零篇碎簡，收拾略徧’，此不獨用力之勤，亦其宅心之厚;至所云‘沿襲陳言悉置弗取者’則未然也，其中空談義理，陳言甚多。由於貪多務得，遂成巨帙，讀之甚費日力而得益甚少，如有爲之削繁撮要者則善矣。其序又有云:‘抵排孔、鄭，依據明白，則亦併錄以俟觀者之折衷’，如此者則不可刪削，雖抵排未當，亦宜過而存之耳!”

禮記纂言三十六卷

案危素作澄年譜，載至順三年，澄年八十四，留撫州郡學，禮記纂言成。而虞集行狀則稱成於至順四年，卽澄卒之歲，其言頗不相合。 澄復改併舊文，儼然刪述，恐亦不免僭聖之譏。以其排比貫串頗有倫次，所解亦時有發明，較諸王柏刪詩尙爲有間，故錄存之而附論其失如右。

陸氏儀顧堂續跋元槧本跋云:“吳尙跋有云:‘先生親自點校，未畢而捐館’”，與虞集說合。瞿氏目錄有明刊本，云:“是書不徒重定篇次，并經文字句亦有改易處。如曲禮‘猩猩能言不離禽獸’，‘禽’改‘走’;檀弓‘梁木其壞’下，有‘則吾將安杖’，自注，以家語文補。又舊本‘太宰嚭使於師，夫差謂行人儀曰’，從鄱陽洪氏兩易二人之名，又以‘太宰嚭曰’四字移在‘反爾地’之上而舊在‘古之侵伐者’

之上者改作'行人儀曰',注謂如此文義方協順,而所引孔疏亦兩易人之名,以從一例。國朝朱文端曾刻此書,大加刪節,非全本也。全謝山曰:'此書所采各家之注,卽取之衛氏集說,掇拾頗精。'"

雲莊禮記集說十卷

朱彝尊經義考作三十卷,今本十卷,坊賈所合併也。　且何休漢代通儒,號爲學海,而注公羊傳'舟中之指可掬'句,引'天子造舟,諸侯維舟,卿大夫方舟,士特舟'語,尙誤記爾雅爲禮文,又何有於澔。澔所短者,在不知禮制當有證據,禮意當有發明,而箋釋文句,一如注孝經、論語之法,故用爲蒙訓則有餘,求以經術則不足,朱彝尊經義考以兔園册子詆之,固爲已甚,要其說亦必有由矣。

陸氏藏書志有元刊本、明刊本均三十卷,瞿氏目錄有元刊本十六卷。云:"前列至治壬戌澔自序,次禮記集說凡例。首列校讎經文目:曰蜀大字本、宋舊監本,興國于氏本,盱郡重刊廖氏本,建本注疏,南唐經傳通解;次列援引書籍,凡三十九種;次注說去取,下半葉殘闕,以明嘉靖間六老堂本覈之,則闕去音文反切及章句分段也。是書通行本俱作十卷,六老堂本作三十卷,案季滄葦書目有元板禮記集說十卷。則元時已合併矣。海寧陳仲魚藏有天曆刻本十六卷,爲建安鄭明德所刊,此本與之闇合,當是元時最初本也。"玉縉案:丁氏藏書志有明正統經廠本十六卷,凡例五條,悉與元刊合;又有嘉靖翻元本及閩刊本,均三十卷。　臧鏞堂拜經日記云:"公羊宣十二年注,禮天子造舟云云,案何邵公引爾雅釋水而稱禮者，魏張揖上廣雅表言，爾雅秦叔孫通撰置禮記，此蓋漢初之事。大戴禮記中當有爾雅數篇爲叔孫氏所取入，故班孟堅白虎通引爾雅釋親文稱爲禮親屬記。三綱六紀篇，禮親屬記曰：'男子先生稱兄，後生稱弟，女子先生爲姊，後生爲妹。'孟子'帝館甥於貳室'，趙云：'禮記妻父曰外舅，謂我舅者吾謂之甥。'應仲援風俗通聲音篇引釋樂'大者謂之產，其中謂之仲，小者謂之箹'爲禮樂記，則禮記中之有爾雅信矣。" 李惇羣經識小云："陳澔集說，好以己意改注疏，其中有斷不可通者約舉數條；" 下列所說曲禮奉席如橋衡，若非飲食之客則布席，席間函丈，前有士師則載虎皮，席蓋不入公門。文王世子文王之爲世子也，教世子，周公踐阼。玉藻登席不由前爲躐席，徒坐不盡席尺，讀書食則齋豆去席尺。少儀凡羞有湆者不以齊。坊記昏禮壻親迎，見於舅姑，舅姑承子以授壻，恐事之違也，以此坊民，婦猶有不至者。凡十一條，文繁不具錄。又云："集說所采，大率取之孔疏，或以疏文太繁，約舉其說，此亦不得不然。然纂述之體，直載其說者當載其書名，以己意約舉其義者則不必載其名，今案集說有約舉其義者，或加'疏曰'二字，有直載其文數行者，反不加'疏曰'二字，幷有以疏說嫁名他人者；如石梁王氏，未詳何人？陳氏屢載其說，實多疏謬。又有浩齋者亦不知何人？集說不載其姓，其說亦即疏說，陳氏豈欲采疏說而畏人議之，乃更爲此展轉以示其采用之博不專一書歟？似失纂述之體矣。"

陳氏禮說集說補正三十八卷

國朝納喇性德撰。

朱彝尊經義考作納蘭成德,蓋據原名也。翁方綱補正云:"方苞曰:張樸村以爲陸翼王所述。"玉縉案:翼王名元輔,故書目答問直題陸元輔代納蘭性德撰,蓋與大易集義粹言同也。

大戴禮記十三卷

崇文總目云:"大戴禮記十卷,三十五篇,又一本三十三篇。"中興書目云:"今所存止四十篇。"晁公武讀書志云:"篇目自三十九篇始,無四十三、四十四、四十五、六十一四篇,有兩七十四";而韓元吉、熊朋來、黄佐、吴澄並云兩七十三;陳振孫云兩七十二。蓋後人於盛德第六十六,别出明堂一篇爲六十七,其餘篇第,或至文王官人第七十一改爲七十二;或至諸侯遷廟第七十二改爲七十三;或至諸侯釁廟第七十三改爲七十四;故諸家所見不同。蓋有新析一篇,則與舊有之一篇篇數重出也。漢許慎五經異義論明堂稱禮戴說、禮盛德記,卽明堂篇語,魏書李謐傳、隋書牛宏傳俱稱盛德篇,或稱泰山盛德記,知析盛德篇爲明堂篇者出於隋、唐之後。又鄭康成六藝論曰:"戴德傳記八十五篇",司馬貞曰:"大戴禮合八十五篇,其四十七篇亡,存三十八篇。"蓋夏小正一篇多别行,隋、唐間錄大戴禮或闕其篇,是以司馬貞云然。原書不别出夏小正篇,實闕四十六篇,存者宜爲三十九篇,中興書目乃言存四十篇,則竄入明堂篇題自宋人始矣。

陸氏藏書志有明覆宋本十三卷並載韓元吉序云:"崇文總目則十卷而云三十五篇,據此,則總目爲十卷,且無三十三篇之本。” 錢大昕潛研堂集跋是書云:“大戴禮記八十五篇,史記索隱云四十七篇亡,見今存者有三十八篇。自宋以來,相傳之本,篇第始三十九,終八十一,中間闕者四篇,重者一篇,韓元吉云:兩七十三。晁公武云:兩七十四。實四十篇,視小司馬所稱多二篇者唐以前無明堂篇,後人從盛德篇析而二之;而遷廟、釁廟兩篇疑古本亦合爲一也。小戴記經北海鄭氏表章,得列十經之數,而大戴之書無師授者,以致亡佚過半。然兩家之記,要各有所長,如夏小正勝於呂氏月令,武王踐阼較之文王世子爲醇,而孔子三朝記七篇,曾子十篇,皆古書之僅存者,實賴斯記以傳,必軒彼而輕此,非通論也。學者惑於隋志之文,謂大戴之書爲小戴所删取,然隋志述經典傳授,多疏舛不可信,鄭康成六藝論但云戴德傳記八十五篇,戴聖傳四十九篇,別無小戴删大戴之說,今此書與小戴略同者凡六篇,可證其非删取之餘。詩正義引大戴禮辨名記云:‘千人爲英’;又引大戴禮政穆篇云:‘太學明堂之東序也’,劉昭注續漢書引作‘昭穆篇’,漢書儒林傳服虔注驪駒逸詩篇名,見大戴禮,今本皆無之,蓋在逸四十七篇中矣。又云:‘王式言,聞之於師,客歌驪駒,主人歌客毋庸歸,江翁曰;經何以言之?式曰:在曲禮’,服虔注以爲見大戴禮,是大戴亦有曲禮篇也。”玉縉案:月令爲周書,非呂氏作,錢蓋沿鄭誤。學海堂二集吳文起大戴禮記考云:“提要、戴校本皆引陳振孫云‘兩七十二’,文獻通考、朱氏經義考引陳語皆作‘闕七十二’,與上汪引合。玉縉案,謂汪中正誤引。此引陳語,反謂

'重出七十二', 兩引殊異, 未詳孰是?"玉縉案, 吳考篇第外, 復及逸篇、逸句等甚詳, 文繁不錄。

夏小正戴氏傳四卷

夏小正本大戴禮記之一篇, 隋書經籍志始於大戴禮記外, 別出夏小正一卷, 注云"戴德撰"。崧卿序謂"隋重賞以求逸書, 進書者遂多, 以邀賞帛, 故離析篇目而爲此, 有司受此, 又不加辨, 而作志者亦不復考", 是於理亦或然。然考吳陸璣詩草木鳥獸蟲魚疏曰: "大戴禮夏小正傳云: 蘩, 由胡; 由胡, 旁勃也", 則三國時已有傳名。疑大戴禮記舊本但有夏小正之文而無其傳, 戴德爲之作傳別行, 遂自爲一卷, 故隋志分著於錄; 後盧辯作大戴禮記注, 始採其傳編入書中, 故唐志遂不著錄耳。又隋志根據七錄, 最爲精核, 不容不知夏小正爲三代之　書, 漫題德撰。疑夏小正下當有傳字, 或"戴德撰"字, 當作"戴德傳"字, 今本譌脫一字, 亦未可定?觀小爾雅亦孔叢之一篇, 因有李軌之注遂別著錄, 是亦旁證矣。

程鴻詔夏小正集說夏小正標題下云: "傳文古質, 大都出於先秦孔氏之徒, 孫星衍說。或云子夏, 黃叔琳、李調元說。或云公羊高、穀梁赤。 朱駿聲說。 今存於大戴禮之第四十九篇, 又二月傳謂'今時大舍采也'下云: 今時, 作傳者自今時也, 舍讀爲釋, 大舍采禮, 漢已不行, 故諸儒說'舍采'有五義不定。 洪震煊、朱駿聲說。 唐時議禮者謂秦、漢釋奠無文, 唐禮樂志許敬宗疏。然則今時謂周時, 知小正傳非秦、漢人所作也。"

三禮圖集注二十卷

則所謂六本者：鄭玄一，阮諶二，夏侯伏朗三，張鎰四，梁正五，開皇所撰六也；然勘驗鄭志，玄實未嘗爲圖，殆習鄭氏學者作圖歸之鄭氏歟？

黄以周禮說略三禮圖云："竇儼序其書云：'博采舊圖，凡得六本，實原於梁、鄭、阮、張、夏侯諸家之言而非出於臆說。'聶書之善，盡斯數言。其本六而家五者，撰禮圖有兩梁氏，一爲梁正，一爲不知名位之梁氏也。宋史聶崇義傳載張昭駁義曰：'四部書目有三禮圖十二卷，是隋開皇中敕禮官修撰，其圖第一、第二題云梁氏，第十後題云鄭氏，又稱不知梁氏、鄭氏名位所出，今書府有三禮圖，亦題梁氏、鄭氏不言名位，厥後有梁正者，集前代圖記更加詳議，阮圖三卷刪爲二卷，是其證也。'鄭君三禮圖，時人疑非康成作，故云不知鄭君名位。嘗讀魏書李謐傳，謐論明堂制度，引鄭玄禮圖云：'扆從廣八尺，畫斧文於其上，今之屏風也'，則舊所稱鄭氏三禮圖爲康成作，在北魏時已云然矣。宋初所行者，據張昭言，實止夏侯伏朗、張鎰、梁正三本。昭云：'四部書目有三禮圖十二卷'，此夏侯伏朗本也。又云：'今書府有三禮圖亦題梁氏、鄭氏'，此張鎰本也。又云：'厥後有梁正者，集前代圖記更加詳議，論阮諶之紕繆，兼三卷刪爲二卷'，此梁正本也。宋藝文志載不知作者三禮圖十二卷，疑即夏侯伏朗本，其書本非伏朗作。張彦遠云：'隋開皇二十年，敕有司撰三禮圖，左武侯執旗侍官夏侯伏朗畫'，是其證也。竇儼云：'博采六本'，此張大之言耳，所引鄭、阮舊說亦取於三家書中所采，非見其原書也。"玉縉案：據此，則提要分夏侯伏朗及開皇所撰爲二，大誤。

郊社禘祫問一卷

至於時祭之外，禘爲大祭，所謂三年一祫五年一禘者語出緯書，本不足據，祫對禴爲義，不對禘爲義也。

玉縉案：此殆謂緯書始於哀、平耳，不知緯候不起於哀、平，經義叢鈔有徐養原、汪繼培、周治平、金鶚、李富孫諸人辨，已爲定論。然猶曰撰提要者未見，今考漢書韋玄成傳，玄成等奏議曰："五年而再殷祭，言一禘、一祫也。祫祭者，毀廟與未毀廟之主皆合食於太祖，父爲昭，子爲穆，孫復爲昭，古之正禮也"。御覽五百二十八引五經通義云："王者諸侯所以三年一祫、五年一禘何？三年一閏，天道小備，故三年一祫，祫者，取未遷廟主合食太祖廟中；五歲再閏，天道大備，故五歲一禘，禘者，取已遷廟主合食太祖廟中。"韋玄成、劉向遠在緯書未出之前而已有此說，不應不知也。

禮書一百五十卷

則鷹、振孫所記爲確。

陸氏皕宋樓藏書志有宋刊本及宋刊、元修本，題"左宣議郎太常博士臣陳祥道上進"，並有建中靖國元年尚書禮部牒。

儀禮經傳通解三十七卷續二十九卷

所載儀禮諸篇咸非舊次，亦頗有所釐析，如士冠禮三屨本在辭後，仍移入前陳器服章；戒宿加冠等辭本總記在後，乃分入前各章之下；末取雜記女子十五許嫁笄之文，續經立女子笄一目，如斯者不一而足。 其喪、祭二門則成於朱子門人黄榦，蓋朱子以創稾屬之。楊復原序述榦之言有曰："始余創二禮粗就，奉而質之先師，喜謂余曰：君所立喪、祭禮規模甚善，他日取吾所編家鄉、邦國、王朝禮其悉用此更定"云云，則榦之所編，尙不失朱子之意。然榦僅修喪禮十五卷，成於嘉定己卯，其祭禮則尙未訂定而榦又歿；越四年壬午，張虙刊之南康，亦未完本也。其後楊復重修祭禮，鄭逢辰進之於朝，復序榦之書云："喪禮十五卷，前已繕寫，喪服圖式，今別爲一卷附於正帙之外。"前稱喪服圖式、祭禮遺稾尙有未及訂定之遺憾，則別卷之意固在此。又自序其書云："南康學宮舊有家鄉、邦國、王朝禮及張侯虙續刻喪禮，又取祭禮稾本并刊而存之，竊不自揆，遂據稾本，參以所聞，稍加更定以續成其書，凡十四卷。"

阮元所訂學海堂文集有梁國珍儀禮之記之傳解一篇，末云："朱子經傳通解一書誠有功於禮學，然命名之義竊有不安，且旣以禮記爲傳而冠義、昏義兩篇，不附士冠、士昏文後而另爲篇目，內則、內治、五宗、親屬諸篇凡儀禮所無者，又專取之小戴而附以傳記之說，是以禮記爲經矣，於體例亦不無乖牾。此則江愼修禮書綱目之名較善，而其義例亦爲精當矣。" 陸氏藏書志有宋刊本楊復儀禮經傳通解續祭禮十四卷，云："以呂留良刊本較之，脫落羼錯，妄刪、妄增，竟無一合，謬妄至此，致蹈滅門之禍，殆有以也。”其儀顧堂續跋云:“復字志仁, 福安人,受業於朱, 又受業於黄勉齋,學者稱信齋先生。朱子纂儀禮經傳通解,既成家鄉、邦國、王朝禮而以喪、祭二禮屬之黄勉齋,嘉定己卯,勉齋始成喪禮而以祭禮槀本授楊信齋,信齋隨時咨問鈔識以待筆削而勉齋即世, 張虙知南康, 續刻喪禮, 又取祭禮槀本刊之以待後學, 四方朋友, 未有取而修定之者。信齋自念齒髮浸衰,曩日幸有所聞,不可不及時傳述,遂據槀本參以所聞,稍加更定以續成其書,見自序。是張虙所刊,乃信齋授於勉齋之槀本,即四庫所收呂氏所重刊者,此則信齋以槀本修定者,與張刊本不同。故以呂刊互勘,或增或删,或改或易,竟無一條全同也。”玉縉案,跋語是,志蓋未定之說。

五禮通考二百六十二卷

以樂律附於吉禮宗廟制度之後,以天文、推步、句股、割圜立“觀象授時”一題統之,以古今州國、都邑、山川、地名立“體國經野”一題統之, 並載入嘉禮, 雖事屬旁涉, 非五禮所應該,不免有炫博之意。

曾國藩雜著云:“以天文等學錄入爲‘觀象授時門’, 以地理州郡錄入爲‘體國經野門’,於著書之義例,則或駮而不精,其於古者經世之禮云無所不該,則未爲失也。”汪之昌青學齋集論五禮通考各門得失云:“提要謂以樂律附於吉禮宗廟制度之後云云,失之彰彰者固塙有明徵,即就書中各門而論,有編次未當者, 有立名未洽者, 有參之體例不合者,有準之凡例宜省者。軍禮於次第四,凡事涉行軍者咸隸焉，而‘軍社’仍隸‘社稷門’；且軍禮有祭所過山川一題，不列‘四望山川門’，以例軍社，殊未畫一。祈穀門春秋書‘魯祈穀郊’，禘祫門‘魯禘、祫’，大雩門‘魯大雩’，四望山川門‘魯望’，魯，特周時一侯國，不宜別爲標名；如依春秋例，記魯事異於列邦，則春秋自是魯史，所謂別內、外者於體宜然，此書以禮爲綱，別係魯稱，嫌於自爲一朝。‘魯祈穀郊’，‘魯禘、祫’，何妨卽入經傳‘祈穀郊’與經傳‘禘、祫’中，‘魯大雩’，亦可隨事分附‘常雩’或‘因旱而雩’條，‘魯望’不必別於‘列國望’，庶於全書立名之例相稱。體國經野門，以虞書‘肇十有二州’居首，下迄明史地理志，與吉、嘉諸禮先經後史之例咸符，然水利亦度地急務，遷史河渠，班書溝洫，煌煌當代典章，考封禪門馬第伯記封禪事略尙見徵引，況各史志禮儀、律曆大都備錄全文，獨於馬、班鉅製，西京水利轉復見遺，疏漏之失不待言，抑亦自違其體例者也。凡例於讀禮通考，惜其於吉、嘉、賓、軍四禮未就，因其體例分輯四禮爲若干門。凶禮之荒喪，專補徐所未逮，隱然以所撰與徐書相表裏；然徐於經史諸言喪葬采集頗詳且盡，五禮通考喪禮門之儀禮喪服、年月、衣冠已槪見於徐書，似當從併省之例。略舉數端，失又如此，亦小疵之無傷大體也。” 五禮通考之誤：如五禮通考卷一云：“考天地之祭，漢時或分或合，後惟魏文帝之太和，周武帝之建德，隋高祖之開皇，唐玄宗之開元，宋神宗之元豐，元文宗之至順，明世宗之嘉靖，特主分祭，餘皆主合祭。” 姚文枏歷朝郊祀分合考駮之曰：

"元豐、至順、嘉靖固特主分祭，開元二十年以前之不合祭蓋沿舊章，至二十年以後則未嘗分祭。然因其新禮定分祭而遂目爲特主分祭，雖非核實，尚屬有因，至北魏、北周，史志本無合祭之文，安得有太和、建德特主分祭之事，秦氏蓋沿春明夢餘錄之誤，而春明夢餘錄乃誤讀宋陳襄等疏也。案文獻通考載元豐時樞密院陳襄等上言，有云：'由漢歷唐，千有餘年之間，而以五月親祠北郊者惟四帝而已；如魏文帝之太和，周武帝之建德，隋高祖之開皇，唐睿宗之先天，皆希闊一時之舉也。'據此，則襄等本但舉五月祠北郊者，故非惟不合祭而不親祠北郊者不舉，即祠北郊而不以五月者亦不舉。及春明夢餘錄誤襲其文，以爲由漢及唐分祀者惟四帝而已，已爲謬誤，而於唐則以並未分祭之開元易確係分祭之先天，尤爲極謬。大抵自唐以前，史書所載率無要領可尋，故明李善長等言，'王莽奏以正月合祀，由漢歷唐千餘年間皆因之合祭'。張璁言，'合祭之說，實自莽始，漢之前皆主分祭，漢以後亦間有之'，均見明史禮志。語均模棱，然未有如春明夢餘錄之謬也。秦書卓然成家，特恐學者復沿其偶然之誤，故糾之。自魏景初、至唐開元，惟東晉初合祭，權也，天冊萬歲，偶也，餘但有分祭之證，秦氏餘皆主合祭一說，尤爲草率。" 又云："夏祖禹，殷祖契，周祖稷，皆是始封於夏、於商、於邰之君，以有國爲有功，不專以德而已。"汪師韓唐宋毀廟論駁之曰："此欲以證唐獻、宋僖之不足爲始祖也。夫唐之爲唐，乃因景帝在後周時追封唐國公，由是元帝及高祖皆襲唐公，唐景帝之廟號太祖，豈不正與古合乎？”

書儀十卷

考隋書經籍志，謝元有內外書儀四卷，蔡超有書儀二卷，以至王宏、王儉、唐瑾皆有此著，又有婦人書儀八卷，僧家書儀五卷。蓋書儀者，古私家儀注之通名，崇文總目載唐裴茝、鄭餘慶、宋杜有晉、劉岳尚皆用斯目，光是書亦從舊稱也。

十七史商榷九十五云：“新五代史劉岳傳，‘鄭餘慶嘗採唐士庶吉凶書疏之式，雜以常時家人之禮爲書儀兩卷，唐明宗詔岳增損其書，公卿家頗遵用之’。案古爲書儀者甚多，今諸家與岳書皆亡，司馬溫公書儀，正是吉凶書疏家人之禮，疑以岳爲藍本。”

家禮五卷附錄一卷

案王懋竑白田雜著有家禮考曰：“家禮，非朱子之書也。家禮載於行狀，其序載於文集，其成書之歲月載於年譜，其書亡而復得之由載於家禮附錄，自宋以來，遵而用之，其爲朱子之書幾無可疑者，乃今反覆考之，而知決非朱子之書也。李公晦序年譜，家禮成於庚寅居祝孺人喪時，文集序不記年月，而序中絕不及居喪事。家禮附錄陳安卿述朱敬之語，以爲此往年僧寺所亡本，有士人錄得，會先生葬日攜來，因得之。其錄得攜來，不言其何人？亦不言其得之何所也？黃勉齋作行狀，但云‘所輯家禮世所遵用，其後有損益，未及更定’。既不言成於居母喪時，亦不言其亡而復得，其書家禮後亦然。敬之朱子季子，公晦、勉齋、安卿皆朱子高第弟子，而其言參錯不可考據如此。案文集，朱子答汪尙書書、與張敬夫書、呂伯恭書，其論祭儀、祭說往復甚詳，汪、呂書在壬辰、癸巳，張書不詳其年，計亦在其前後也。壬辰、癸巳，距庚寅僅二、三年，家禮旣有成書，何爲絕不之及而僅以祭儀、祭說爲言耶？陳安卿錄云：‘向作祭儀、祭說甚簡而易曉，今已亡之矣’，則是所亡者乃祭儀、祭說而非家禮也明矣。文集、語錄自家禮序外無一語及家禮者，惟與蔡季通書有‘已取家禮四卷納一哥’之語，此儀禮經傳通解中家禮六卷之四，而非今所傳之家禮也。甲寅八月跋三家禮範後云：‘嘗欲因司馬氏之書參考諸家，裁訂增損，舉綱張目以附其後，顧以衰病不能及已，後之君子，必有以成吾志也。’甲寅距庚寅二十年，庚寅已有成書，朱子雖髦老，豈盡忘之，至是而乃爲是語耶？竊嘗推求其故，此必有因三家禮範跋語而依仿以成之者，蓋自附於後之君子而傳者遂以託之朱子所自作，其序文亦依仿禮範跋語，而於家禮反有不合，家禮重宗法，此程、張、司馬氏所未及，而序中絕不言之，以跋語所未有也。其年譜所云居母喪時所作，則或者以意附益之爾，敬之但據所傳不加深考，此如司馬季思刻溫公書之比。公晦從遊在戊申後，其於早年固所不詳，祇敍所聞以爲譜，而勉齋行狀之作，在朱子沒後二十餘年，其時家禮已盛行，又爲敬之所傳錄，故不欲公言其非，但其詞略而不盡，其書家禮後謂經傳通解未成，爲百世之遺恨，則其微意亦可見矣。後之人徒以朱子季子所傳，又見行狀、年譜所載，廖子晦、陳安卿皆爲刊刻，三山楊氏、上饒周氏復爲之考訂，尊而用之，不敢少致其疑；然雖云尊用其書，實未有能行者，故於其中謬誤亦不及察，徒口相傳以熟文公家禮云爾。惟元應氏作家禮辨，其文亦不傳，僅見於明邱仲深濬所刻家禮中，其辨專據三家禮範跋，語多疎略，未有以解世人之惑，仲深亦不然之。故余今徧考年譜、行狀及朱子文集、語錄所載，俱附於後而一一詳證之，其應氏、邱氏語亦並附焉，其他所載謬誤亦數十條，庶來者有以知家禮決非朱子之書，而余亦得免於鑿空妄言之罪"云云。其考證最明。又有家禮後考十七條，引諸說以相印證，家禮考誤四十六條，引古禮以相辨難，其說並精核有據。懋竑之學篤信朱子，獨於易本義九圖及是書斷斷辨論，不肯附會，則是書之不出朱子可灼然無疑。

瞿氏目錄有宋刊本纂圖集注文公家禮十卷，云："題門人秦溪楊復附注，後學復軒劉垓孫增注，前有朱子自序，凡通禮一卷，冠禮一卷，昏禮一卷，喪禮五卷，祭禮二卷。其圖散見各門中，元刻本重編卷數，抽出深衣制度另爲深衣考，幷抽出各圖另立一卷，失其舊矣。其附注、增注俱以陰文標明，明刻混而一之，遂致莫辨。序文尚是朱子手書，與本集所載多不合處，如'用于貧窶'，集訛作'困于'，明刻本亦訛困。'究觀古今'，集少'究'字，'務本實'集作'敦本'是也。白田王氏以此序爲依仿禮範跋語者，由未見是本故耳。"王縉案：提要所據當卽周復本，非此本，此外又有劉璋補注本。　黄式三儆居集讀白田草堂集，以易圖、家禮爲非朱子作，詳白田草堂存槀下。朱一新無邪堂答問云:"白田謂本義前列九圖,非朱子之舊,然咸淳乙丑吳革刊本已有此九圖,易學啓蒙言之尤詳,且繫辭、說卦傳本義皆曾用先天以釋之。白田又謂家禮非朱子作,顧訪溪悔過齋續集曾引北溪文集以辨之,其言極確。"

禮類存目

周禮補亡六卷

訂定天官之屬五十九,地官之屬五十七,春官之屬六十,夏官之屬五十,秋官之屬五十七,冬官之屬五十四。 書蓋成於泰定丙子。

案朱彝尊經義考一百廿五載葵自序,作天官之屬六十,夏官之屬五十九。又案泰定無丙子,凡甲子至丁卯四年卽改元致和,此丙子,非甲子卽丙寅之誤。曝書亭集有丘氏周禮定本序,豈是書又名定本歟?

周禮集注七卷

景泰甲戌進士。

案經義考一百廿六引陸元輔說作辛未,考辛未爲二年,甲戌爲五年。

周禮定本四卷

凡爲五官敍辨五篇,六官圖說一篇,周官剔僞一篇,周禮正經六篇。

經義考一百廿七作十三卷,並載芬自序云:"作爲五官敍辨五卷,六官圖釋一卷,剔僞一卷;旣乃錄成正經,重加校訂,仍分六卷,總之十有三卷,題曰周禮定本。"據此,則

"四"字當誤，豈提要所見，别一併合之本歟？

讀禮疑圖六卷

後三卷依據孟子立斷，因及後代徭役、軍屯之法，論其得失，大旨主於輕徭薄賦，其意未始不善，其說亦辨而可聽。

案王應電周禮翼傳有非周禮辨一篇，其自序云："季氏大旨，惟執孟子一書以爲權度，然孟子之學，識其大者，使之當路，則其施爲必不泥周家之舊章。況周禮行乎王國而非侯國之所通行，其籍藏於六官，孟子未嘗適周，固不得而見。其行於侯國者，諸侯惡其害己而去其籍，齊之姜移而爲田，晉之姬移而爲魏，舊法豈有存者哉？"

周禮注疏合解十八卷

采與溥爲復社領袖，在當日聲望動天下，然此書疎淺特甚，豈亦託名耶？

經義考無注疏二字，並載采序云："賈人以友人所纂周禮注疏相示，余旣卒業而歎曰：'是書也行，康成之學將還舊觀。且其於諸儒移置者仍爲標指，以著訛謬，則益令正經顯白'，但於漢、唐注疏外，有參考衆家釐益整散者則不得直名注疏，因題曰周禮合解，亟勸廣布"云云。是此書本非采作，纂輯者豈未見此序耶？

周禮說略六卷

而此書謂月令爲秦時書，秦地寒涼，萬物後動，故後周禮一月。不知秦地卽周地，無中、外南、北之分也。

案牧師鄭注云："月令季春乃合累牛騰馬遊牝於牧，秦時書也，秦地寒涼，萬物後動。"據此，則所說實本鄭注。

周禮文物大全無卷數

疑坊肆書賈於盧氏五經圖中，摘其周禮諸圖而稍稍竄亂之，別爲一書以售其欺耳！

案經義考一百廿八云："陳氏林周禮文物大全圖，未見"，或此書爲陳林撰，俟考。

高注周禮二十二卷

書中采前人之說，多本諸王昭禹訂義。

案訂義爲王與之作，若昭禹書則名詳解。

周官析疑三十六卷考工記析義四卷

然於說有難通者，輒指爲後人所竄，因力詆康成之注。荀子曰："厚刀布之斂以奪之財，重田野之稅以奪之食"。

沈濂懷小編云："方氏釋周官，多指爲莽、歆竄入，不無武斷。紀文達駮此三條，其說甚辨，然'口率出泉'，究是漢法，於成周未見明文。至'國服爲息'，以小宰爲證，安知小宰所云'聽稱責'，非專指在民之稱責乎！紀所引止雜書及春秋傳，究無正經可證。如成周時已有稱貸在官，何以荒政十二不言已責，似仍當以方說爲正。若賦之什一，止論大凡，自是通人之論，可以釋禮家之聚訟。" 玉縉案：此篇引書，或舉篇名或否，殊不合法，今略舉之。荀子"厚刀布之斂"，見富國篇。管子"發故屋，辟故窌以假貸"，見四時篇。左氏傳"齊使有司寬政"，見昭二十年。三禮義宗"稅俱什一"，見□□□引。又漢書本紀高祖四年，當稱高紀。房玄齡注管子，當稱尹知章，方與全書體例合。

周官辨一卷

分別僞、辨惑二門。

案是書一、二辨僞，三至八辨惑，凡十篇。"別"當作"辨"。

周禮集傳六卷

昔錢𣙜病俞庭椿以後割取五官，殊失古本之舊，因著冬官補亡三卷，所補凡二十有一。

案錢氏初名士馨，字稚農，又字稚拙。其冬官補亡，所補凡二十一：曰司空，曰后稷，曰農正，曰農師，曰司商，曰甸人，曰火師，曰水師，曰舌人，曰工人，曰舟虞，曰匠師，則本諸國語。曰寄，曰象，曰狄鞮，曰譯，則本諸王制。曰野虞，曰工師，曰舟牧，則本諸月令。曰工正，曰圬人，則本諸左氏傳。經義考及曝書亭集盛稱之，實則雜漏無義也。四庫未著錄。

周禮輯義十二卷

今考禮圖"六彝爲上尊"云云。

案爾雅釋器疏引，當畢出，惟字句小有異同。下引孫炎注，亦見本疏。

周禮拾義無卷數

如幣餘之賦，馬氏與林孝存、王與之之說不同。

案林孝存者，林碩也。其幣餘遺說已佚，抑別一人？俟考。

喪禮吾說篇十卷

奇齡說經好立異議，而顚舛乖謬則莫過於是書。大旨以子夏喪服傳爲戰國以後人僞作，故逐條攻擊，務反其說。其叛經之尤者，如謂喪服有齊衰無斬衰，考釋名釋喪服曰："斬衰不緝其末，直翦斬而已，齊，齊也”，故鄭注喪服傳曰：“斬不緝齊緝也”，與釋名之義相符。奇齡乃謂齊而不緝乃齊之本名，而從而緝之，則又以緝齊得名，三年之重齊不緝，期功則緝之。然所謂齊而不緝，仍是釋名斬衰不緝其末之說，又何必陽改其名而陰存其實乎！至謂期功以下之齊乃緝，則齊衰三年者皆已不緝，是改斬之名下同於齊，又改齊之實上同於斬，支離怪變，彌爲不可究矣。奇齡以周禮、儀禮同出戰國人僞撰，故於周禮司服職齊衰斬衰之文置之不道，至左氏，乃奇齡所最信者也，考昭公十年傳，晉平公卒，叔向曰：“孤斬焉在衰絰之中”，杜預注曰：“既葬未卒哭，猶服斬衰”，明爲斬衰之確證，乃引雜記三年之喪如斬語，謂非服斬之義。襄公十七年傳，“齊晏桓子卒，晏嬰麤縗斬苴絰帶杖菅屨”，是斷斷不得謂之非斬服者，奇齡亦謂斬字下屬苴絰帶爲句，乃斬苴麻以爲絰帶。荀子一書，亦奇齡之所最信也，考三年問篇，明出斬衰之名，不能復辨，則曰禮論篇中，但有齊衰無斬衰，三年問篇乃後人妄改。夫稍可穿鑿之處，即改易其訓詁句讀以就己說，至必不可掩之處，則遁而謂之妄改，持是以往，天下復有可據之書乎！奇齡又謂三年之喪當爲三十六月，不得折月，而又無解於荀子禮論篇二十五月而畢之文，遂謂畢者乃畢衰服也，至二十七月禫後又加禫服九月。考閒傳曰：“中月而禫，禫而纖，無所不佩。”孔穎達疏曰：“此謂禫祭既畢，吉祭以後，無所不佩。”又喪服小記曰：“再期之喪三年也，期之喪二年也。”喪大記曰：“禫而從御，吉祭而復寢。”檀弓曰：“是月禫，徙月樂。”閒傳又曰：“中月而禫，禫而飲醴酒，飲酒者先飲醴酒，食肉者先食乾肉。”是徵諸禮經顯有典訓，今奇齡謂禫後服縵冠素端者凡十月，與經義無一相合，豈先王制禮之意乎？其他若謂父在爲母不當期年，父母不當爲長子三年，皆據律以議經。至謂本生父母不當降在期服，傳重者不必嫡孫，則不特叛經且背律矣，豈非恃其博洽違心巧辨哉？

李慈銘荀學齋日記云：“其力辨今世子死孫稱承重之非，墓祭之近古，紙錢卽明器，今市中所貨千張皆作刀布形，最爲近古，上香卽古之焫蕭，樂之有喇叭灑捺，卽漢、晉之銅角，樂部之所謂橫吹，周禮之六同，鄭注謂以銅爲管曰同，尤近於古，士喪禮有楔齒綴足几之非，殯在西牆下之非，大夫殯去車以棺著地，士殯掘地埋棺之非，弔喪有哭無拜禮，主拜賓，賓不答。皆足以匡古今之失。”玉縉案：李氏此說，有是有非，姑錄之。又云：“其謂喪服有齊衰無斬衰，及父在不當爲母期年，父母不當爲長子三年等，誠爲鉅謬。其言喪禮立重，諸儒所說，近於非理，因謂重卽銘旌，所以識別死者，卽所以依神，故重有主道，重之爲言幢也，童童然也，則頗有名理。若如舊說舊圖，誠不知何所取義也？”

服制圖考八卷

建子字辰起。

丁氏藏書志有精鈔本喪服制考八卷，題秀水後學朱建子辰始氏輯，長男丕武謹校。云“四庫存目謂其字辰起，此本作辰始，殆是原本？”玉縉謂喪服當亦是原本。

批點檀弓二卷

是編莫知所自來？明萬曆丙辰，烏程閔齊伋始以朱、墨板刻之。

丁氏藏書志有嘉靖丙辰姚安府刊本檀弓叢刊二卷，云："書目下題'附謝疊山批點'六字，夾注'批見注後，點見文旁'八字。前有嘉靖丙申張含序，復有楊愼自序，末有弘治壬戌永昌張志淳題云：'此本圈批，前俱有，至季武章起，止有圈而無批。前亦有不盡然者，至於所以然之意，復有去取不可曉者？今雖少爲增補，而卒亦草草也。'當爲謝氏批點而識。萬曆丙辰，烏程閔齊伋謂得謝高泉所校舊本，始以朱、墨印行，而不知先有弘治張氏增補之本也。"

禮記章句十卷

蓋與劉向别錄之以全篇分類者大不同矣。

案樂記樂禮節，任氏云："劉向别錄作樂理，熊安生作樂體"，臧鏞堂拜經日記云："今細考孔氏禮記正義、張氏史記正義及陸氏釋文竝無此說，係欺人之談。"

四禮疑五卷

然好用臆說，未可據爲典要。

玉縉案：惠棟九曜齋筆記有"呂坤謬說"及"呂坤尊朱子而駁周公"兩條，皆議是書。徐時棟煙嶼樓筆記又議其"論志石"一條，文繁不具錄。

四庫全書總目提要補正卷七

春　秋　類

春秋左傳正義六十卷

杜注多強經以就傳，孔疏亦多左杜而右劉，是皆篤信專門之過，不能不謂之一失。

劉文淇青溪舊屋文集與沈小宛先生書云："杜氏以經訓飾其奸邪，惠定宇微發其端，焦里堂六經補疏以杜氏爲成濟一流，不爲無見，然以杜氏之妄並誣及左氏，則大謬矣！"又與劉楚楨書云："沖遠學識，無媿通儒，然此書乃未成之作，又經後人刪竄，多失其眞。且沖遠在時，馬嘉運頗駁正其失，當時服其精博，是其書在唐初已有疑議矣。"

春秋公羊傳注疏二十八卷

徐彥疏引戴宏序曰："子夏傳與公羊高，高傳與其子平，平傳與其子地，地傳與其子敢，敢傳與其子壽，至漢景帝時，壽乃與齊人胡母子都著於竹帛"，何休之注亦同。今觀傳中有子沈子曰，子司馬子曰，子女子曰，子北宮子曰，又有高子曰，魯子曰，蓋皆傳授之經師，不盡出於公羊子。定公元年傳，

“正棺於兩楹之間”二句，穀梁傳引之，直稱沈子，不稱公羊，是併其不著姓氏者亦不盡出公羊子，且併有子公羊子曰，尤不出於高之明證。知傳確爲壽撰，而胡母子都助成之，舊本首署高名，蓋未審也。羅璧識遺稱“公羊、穀梁自高、赤作傳外，更不見有此姓，萬見春謂皆姜字切韻脚，疑爲姜姓假託”。案鄒爲邾婁，披爲勃鞮，木爲彌牟，殖爲舌職，記載音譌，經典原有是事，至弟子記其先師，子孫述其祖父，必不至竟迷本字，別用合聲，璧之所言，殊爲好異。 以左傳附經始於杜預，公羊傳附經則不知始自何人？觀何休解詁，但釋傳而不釋經，與杜異例，知漢末猶自別行。今所傳蔡邕石經殘字公羊傳亦無經文，足以互證。 彥疏唐志不載。

沈家本寄簃文存云：“此說似是而實非，戴序上文言‘春秋之說，孔子口授子夏’，下文云：‘著於竹帛。’何注上文云：‘其說口授相傳’，下文‘始記於竹帛’，皆無公羊壽作傳之文，是其爲實有已成之傳，世相口授，漢志以爲隱其書而不宣，所以免時難也。直至漢代景帝之時，始登竹帛，傳之於世，則壽與子都之力。正如論語爲孔子之言，孟子爲孟子之言，而實則門弟子記之，遂得謂非孔、孟之言耶！春秋說題辭云：‘傳我書者公羊高’，釋文引桓譚新論，亦云‘齊人公羊高緣經文作傳’，此漢人皆以爲公羊高，魏、晉以後，亦毫無異說。至‘子沈子曰’等云云，自非傳之正文，故特標名以別之。即‘子公羊子曰’，亦必非正傳所有，故亦標‘子公羊子’以別之。又如穀梁引沈子自述公羊之語，傳之者遽以屬之沈子，亦此時有之事，不足疑也。” 左暄三餘偶筆云:"禮記雜記'釁巾以飯',公羊賈爲之也;而氏族略引元和姓纂云:今下邳有穀梁氏,則不得謂無此姓也。" 瞿氏目錄云:"徐氏不知何時人?紀文達據董廣川藏書志定爲唐人,確不可易,阮氏乃從王西沚之說,謂卽北史之徐遵明,見公羊校勘記序。又以疏中少言定本,知出唐以前人。見成二年校勘記。不知疏中言定本甚多,開卷隱公第一下,便言定本升公羊字在經傳上,此正是疏出唐人之一證,其說殊未可通也。漢藝文志、熹平石經皆經、傳別行,分經附傳,當自何氏始,蓋旣並注經、傳,則因經之有注可知傳之有經。阮氏乃謂解詁但釋經,大氐漢後人爲之。亦見公羊校勘記序。何氏釋傳不釋經,其說蓋出紀文達,然卽隱二年而觀,'春,公會戎于潛''秋八月庚辰,公及戎盟于唐','鄭人伐衞',三處經皆有注,但不注有傳之經,正以義具傳中,故不復注耳,安得因此遂謂概不釋經,其說又未可解也?"玉縉案:隱十年"春王二月,公會齊侯、鄭伯于中丘",桓二年"秋七月,紀侯來朝,公及戎盟于唐","冬,公至自唐",經皆有注。宣十五年,"宋人及楚人平",成四年,"鄭伯堅卒",哀二年,"晉趙鞅帥師及鄭軒達帥師戰于栗",疏皆有定本字,俱詳瞿氏校語中。是提要以注但釋傳不釋經爲非,而以疏爲唐人撰,頗是。洪頤煊讀書叢錄云:"疏中引爾雅孫炎注、郭璞音義、書序長義、孝經疏之類,皆唐以前本,疏司空掾云:"若今之三府掾",三府掾亦六朝時有之,至唐以後,則無此稱矣。此疏爲齊、梁間舊帙無疑。"又姚範援鶉堂筆記云:"隋、唐間不聞有三府掾,亦無三府之稱，意者在北齊、蕭梁之前乎？”玉縉謂，此豈唐人仍舊疏之未盡改者歟？　嚴可均鐵橋漫稾書公羊疏後云：“公羊疏無撰人名，崇文總目或云徐彥，郡齋讀書志引李獻民說同，不知何據？即徐彥亦不知何代人？東晉有徐彥，與徐衆同時，見通典九十五，又九十九有武昌太守徐彥與征西桓溫牋，而疏中引及劉宋庾蔚之，則非東晉人，今世皆云唐徐彥，尤無所據，蓋涉徐彥伯而訛耳！疏，先設問答，與蔡邕月令章句相似，唐疏無此體例。所引書百三十許種，最晚者郭璞、庾蔚之，餘皆先秦、漢、魏。開卷疏司空掾云：‘若今三府掾是也’，齊、梁、陳、隋、唐無此官制，惟北齊有之，則此疏北齊人撰也。隋志有失名疏十二卷，唐不著錄，北宋復出，以卷太大，分爲三十卷，又分爲二十八卷，即今本也。”

春秋穀梁傳注疏二十卷

又自序有商略名例之句，疏稱甯別有略例百餘條，此本不載；然注中時有傳例曰字，或士勛割裂其文散入注疏中歟？其疏“長狄眉見於軾”一條，連綴於“身橫九畝”句下，與注相離。蓋邢昺刊正之時，又多失其原第，亦不盡士勛之舊矣。

陳澧東塾讀書記云：“提要疑楊士勛割裂略例散入疏中，澧案，隱二年疏云：‘春秋二百四十二年，無王者一百有八’云云，與桓元年疏所引范氏例之語同，此楊氏取范氏例散入疏中之證。”　瞿氏目錄有鈔殘本云：“如文十一年‘眉見於軾’疏，校標注高三尺三寸，原與上‘身橫九畝’疏標注五丈四尺另爲一條，今注疏本誤連上錄之，遂與本注相離，其實楊氏原書不誤也。成十四年‘秋叔孫僑如如齊逆女’疏，‘公即位’，下文即云‘公子遂如齊逆女’，十行本脫‘即位下文’四字，毛本脫‘下文即云’四字，校勘記謂十行本脫七字亦誤也。成十六年‘會于沙隨’疏，標‘傳譏在諸侯也’六字另爲一條，注疏本溷入上文‘戰于鄢陵’疏中，大謬矣。襄五年注疏本，標‘叔孫豹繒世子巫如晉’，校勘記謂此句當在下文‘公羊以繒世子巫’之上，以標起、止爲非。今案此本亦標‘叔孫豹如晉’六字，而公羊句上並無‘叔孫豹’云云。校勘記引單疏本，止據何小山校本而未見原本，故其說相歧。襄三十年‘宋災伯姬卒’傳疏，‘共公卒雖日久，姬能守夫在之貞’，注疏本‘夫在’作‘災死’，與上句不相應矣。定十年‘公會齊侯于頰谷’疏，‘若非孔子必以白刃喪其瞻核，焉敢直視齊侯行法殺戮’，‘瞻核’當是察視意，與下‘直視’相應。十行本‘瞻’誤爲‘膽’，閩、監、毛本承之，改‘核’爲‘賅’，一誤再誤，至‘焉’字又誤‘矣’字，下幷不成句矣。其餘字句足訂脫誤者，已詳校勘記與張氏藏書志中，不復贅述。”

春秋集傳纂例十卷

袁桷後序稱“此書廢已久，所得爲寶章桂公校本，聞蜀有小字本，惜未之見”。

瞿氏目錄有舊鈔本，云：“此書所引三傳經文每有異文，與今本不同，可補釋文之闕。宋慶曆間刻本，明嘉靖時有繙雕本，至國朝龔氏所刻，多脫錯處，有行款宜大字者譌作小字，引穀梁傳譌作公羊之類，此從宋本鈔出，可以正其失。”

玉縉案：陸氏儀顧堂續跋有明覆宋本跋，歷舉龔氏玉玲瓏閣本之脱錯，文繁不録。末謂龔刊所祖，與此本不同，疑出元江西刊本。此則行密字小，當祖蜀小字本，則與瞿氏所藏爲别一本也。

春秋集傳辨疑十卷

刊本於萊序之末，附載延祐五年十一月集賢學士克酬言，"唐陸淳所著春秋纂例、辨疑、微旨三書，有益後學，請令江西行省鋟梓"云云，其分於是時歟？

朱彝尊曝書亭集有陸氏春秋三書序，亦云辨疑七卷，陸氏皕宋樓藏書志有舊鈔十卷本，並載慶曆戊子吳興朱臨誌云："纂例雖傳而世不全，獨辨疑無遺辭，而學春秋者當自辨疑始，故予廣其傳。"然則十卷之分自慶曆時已然矣。延祐五年云云，亦見元史仁宗本紀。

春秋名號歸一圖二卷

蜀馮繼先撰。

翁方綱經義考補正云："閻百詩曰：'先'當作'元。'"玉縉案：瞿氏目録有宋刊本，作繼先。

春秋尊王發微十二卷

復之論，上祖陸淳而下開胡安國，謂春秋有貶無褒，大抵以深刻爲主。晁公武讀書志載常秩之言曰："明復爲春秋，猶商鞅之法棄灰於道者有刑，步過六尺者有誅"，蓋篤論也；而宋代諸儒喜爲苛議，顧相與推之，沿波不返，遂使孔庭筆削，變爲羅織之經。夫知春秋者莫如孟子，不過曰"春秋成而亂臣賊子懼"耳，使二百四十二年中無人非亂臣賊子，則復之說當矣；如不盡亂臣賊子，則聖人亦必有所節取，亦何至由天王以及諸侯大夫無一人、一事不加誅絕者乎？過於深求而反失春秋之本旨者，實自復始。

陳澧東塾讀書記云："最荒謬者孫明復之尊王發微。隱元年不書即位，孫云：'正也。五等之制，雖曰繼世，而皆請於天子，隱公承惠，天子命也，故不書即位以見正焉。'十一年公薨，孫云：'不言葬者，以侯禮而葬也。隱雖見弑，其臣子請諡於周，以侯禮而葬，故不書焉。'即此二條，可知其務與三傳相反，遂虛造請於天子之事，竟以爲古事可以隨意而造者。其餘不通之說，不可枚舉，如隱元年三月公及邾儀父盟于蔑，孫云：'凡書盟者，皆惡之也。春秋之法，惡甚者日，其次者時，非獨盟也。以類而求，二百四十二年諸侯罪惡輕重之跡，煥然可得而見矣。'如其說，則事無罪惡者，但當書年不書時日乎？其意謂二百四十二年無事不惡耳，且云惡甚者日，然則天王崩書日，亦惡甚乎？如此，而猶名其書爲尊王耶？隱四年九月，衞人殺州吁于濮，孫云：'其言于濮者，威公被弑，至此八月，惡衞臣子緩不討賊，俾州吁出入自恣也。'此穀梁范注最謬之語而孫明復鈔襲之，可謂不惑乎？"陸氏儀顧堂續跋影宋本跋云："與通志堂刊本同出一源，而通志本稍有脫誤。卷八成公三年冬十有一月傳，'故言聘'下，脫'言盟'二字。四年公至自會冬成陳傳，'諸侯怠于救患'，'怠'誤'急'。七年丙戌卒于鄟，釋文'采南反'下，脫'字林音千消'五字。卷十昭公十二年公子慭，釋文'魚靳反'下，脫一字。"

春秋權衡十七卷

故是書進退諸說，往往依經立義，不似復之意為斷制。

陳澧東塾讀書記云："秦人、晉人戰于河曲，公羊云：'曷為以水地河曲？疏矣，河千里而一曲也。'公羊之意，嫌河曲不知何地？故解之，言河非處處有曲，千里乃一曲，但言其曲處，即可知其地。蓋河自南流入塞，至華陰乃曲而東流，此秦、晉戰處也，而原父作權衡云：'若千里一曲，悉可名之河曲，是三河之間無他地名，直曰河曲而已，不亦妄乎！'原父之意，以為三河之間處處皆河曲，此不解公羊語意而遽加駁難，雖無關春秋大義，然失之粗疏矣。"

春秋傳十五卷

又好減損三傳字句，往往改竄失眞。如左傳"惜也越竟乃免"句，後人本疑非孔子之言，敞改為"討賊則免"，而仍以"孔子曰"冠之，殊為踳駮。

陳澧東塾讀書記云："劉原父之書即啖、趙、陸之法，刪改三傳而合為一傳，然所刪改多不當。如鄭伯克段于鄢，原父錄左傳而改之云：'大叔出奔共，追而殺諸鄢。'夫以為左傳不可信則不當錄之，豈有句句可信獨'大叔出奔共'一句不可信者乎？既信公羊、穀梁殺段之說，乃錄左傳而刪改之，此則孔沖遠正義序所謂'方鑿圓枘'者矣。"

春秋經解十三卷

宋史藝文志載覺春秋經解十五卷，又春秋學纂十二卷，春秋經社要義六卷。朱彝尊經義考據以著錄於經解，注曰存，於學纂、要義皆注曰佚；然今本實十三卷，自隱公元年至獲麟，首尾完具，無所殘闕，與宋志所載不符。考陳振孫書錄解題，載春秋經解十五卷，春秋經社要義六卷，而無春秋學纂。王應麟玉海，載春秋經社要義六卷，春秋學纂十二卷，而無春秋經解。其學纂條下注曰："其說以穀梁爲本及採左氏、公羊歷代諸儒所長，間以其師胡瑗之說斷之，分莊公爲上、下"云云，與今本一一相合。然則春秋學纂即春秋經解之別名，宋志旣誤分爲二書，并譌其卷數，書錄解題亦譌十三卷爲十五卷。

瞿氏目錄有舊鈔本十五卷，云："此書見宋史藝文志、陳氏書錄，卷數相同。" 陸氏儀顧堂續跋云："卷一隱上，卷二隱下，卷三桓上，卷四桓下，卷五莊上，卷六莊下，卷七閔公，卷八僖公，卷九文公，卷十宣公，卷十一成公，卷十二襄公，卷十三昭公，卷十四定公，卷十五哀公。前有莘老序，後有陽羡邵輯序，檇李張顏跋，楊時後序，楊序後低二格，有新安汪綱跋，再後有周麟之跋及本傳，蓋從邵輯刊本影寫者。今本作十二卷，又經後人合併矣。"據此，則提要所說皆非。 陸氏藏書志有舊鈔本龍學孫公春秋經解十五卷，據此，則自有十五卷之本。

春秋集解十二卷

自序稱"自熙寧間謫居高安，爲是書，暇輒改之，至元符元年卜居龍川，凡所改定，覽之自謂無憾"。蓋積十餘年而書始成，其用心勤懇，愈於奮臆遽談者遠矣。 宋史藝文志稱是書爲春秋集傳，文獻通考則作集解，與今本合，知宋志爲傳寫誤矣。

蘇籀欒城遺言云:"公自熙寧謫高安,覽諸家之說爲集傳十二卷,紹聖初,再謫南方,至元符三易地,最後卜居龍川白雲橋,集傳乃成,歎曰:'此千載絕學也!'既而坡公觀之,以爲古人所未至。"玉縉案:據此,則宋史不誤,通考及今本作集解者誤。 案陸氏藏書志有明刊本潁濱先生春秋集傳,不作集解。

春秋辨疑四卷

江西通志及萬姓統譜皆云是書四十九篇,今止四十四篇,蓋有佚脫。

陸氏藏書志有元刊元印十卷本,其案語云:"四庫所收,乃從永樂大典輯出,此則其原本也。大典篇目相同,惟王、天子、天王辨末'又可知矣'下,脫注文數百字,正文數百字,書滅辨下篇'然後辨故'下,脫三百餘字,餘則無大異也。兩本皆只四十五篇,江西志、萬姓統譜作四十九篇者誤也。朱竹垞經義考僅錄胡澹菴序,謂其已佚,則是書之罕見可知矣。大典本胡序脫二十餘字,以澹菴文集較之,則此本又有不同。澹菴集有蕭先生墓誌,亦館臣所未見也。"其儀顧堂題跋同。

春秋經解十二卷

朱彝尊經義考稱其嘗知滁州,曾子開爲作茶仙亭記,經解諸書,皆罷官後所作。考子方宋史無傳,惟李心傳建炎以來繫年要錄稱其於紹聖間三上疏乞置春秋博士,不報,乃隱居眞州六合縣,杜門著書者三十餘年,陳振孫書錄解題所載大略相同。朱震進書劄子,亦稱爲東川布衣。彝尊之說不知何據? 惟永樂大典引儀眞志一條, 云"子方與蘇、黄游, 嘗爲知滁州, 曾子開作荼仙亭記, 刻石醉翁亭側, 黄庭堅稱爲六合佳士", 殆彝尊誤記是事故云然歟? 大抵推本經義, 於三傳多所糾正。

案曝書亭集涪陵崔氏春秋本例序亦云: "嘗與蘇、黄諸君子游, 知滁州日, 曾子開曾爲作記, 刻石醉翁亭側", 明是誤記儀眞志之説。陸氏儀顧堂續跋云: "子方畢生精力萃於本例一書, 此書乃本例之緒餘也。子方嘗謂詩與春秋相表裏, 其解鄭伯克段于鄢不書弟者, 叔于田之詩存, 則段爲弟可知。解蔡人殺陳佗, 據墓門詩序, '陳佗不義惡加萬民'句, 斷弑君之賊。解夫人享齊侯于祝邱, 辭不見譏者, 謂敝笱之詩存, 則文姜之惡不患不見於後世。解鄭棄其師, 不曰鄭伯不曰鄭人者, 清人之詩存, 則鄭棄其師可知, 皆創聞也。"

春秋五禮例宗七卷

而諸家寫本皆佚其軍禮三卷。

陸氏儀顧堂續跋云: "宋諱有缺筆, 蓋從宋本傳錄者。今惟存七卷, 而四、五、六三卷缺焉, 惟文淵閣書目著錄張大亨五禮例宗, 注曰一册全, 則大典必有全書後乃有缺耳。四庫所收, 亦缺此三卷, 朱竹垞經義考雖注曰存, 而不載大亨自序, 則亦未見此書矣。"玉縉案: 吳氏藏書題跋記云: "周芚兮大令得宋槧本, 闕卷與此同。"

春秋通訓六卷

蘇籀雙溪集載大亨以春秋義問軾, 軾答書云云。

陸氏儀顧堂續跋云:"答書今見欒城遺言。"

春秋讞二十二卷

惟古引春秋以決獄,不云以決獄之法治春秋,名書以讞,於義既爲未允,且左氏、公羊、穀梁皆前代經師,功存典籍,而加以推鞫之目,於名尤屬未安。是則宋代諸儒藐視先儒之錮習,不可以爲訓者耳!

陸氏儀顧堂續跋云:"其自序曰:'以春秋爲用法之君而己聽之,有不盡其辭則欺民,有不盡其法則欺君,凡啖、趙論三家之失爲辨疑,劉氏廣啖、趙之遺爲權衡,合二書正其差誤而補其疏略,目之曰讞'",見陳振孫書錄解題,今本失載。是石林此書,承啖、趙、劉三家之緒論,非創格也,特讞之名爲過當耳。

春秋集解三十卷

本中字居仁,好問之子,宋史本傳載其靖康初官祠部員外郎,紹興六年賜進士,擢起居舍人,八年遷中書舍人兼侍講,權直學士院,學者稱爲東萊先生,故趙希弁讀書附志稱是書爲東萊先生撰。後人因祖謙與朱子遊其名最著,故亦稱爲東萊先生,而本中以詩擅名,詩家多稱呂紫微,東萊之號稍隱,遂移是書於祖謙,不知陳振孫書錄解題載是書,固明云本中撰也。

案呂公著之子曰希哲,希哲之子曰好問,好問五子,長曰本中,次曰揆中,又次曰弸中,又次曰用中,又次曰忱中;弸中之子曰大器,其長子曰祖謙,則本中爲祖謙從祖也。祇以本中、祖謙學者多稱爲東萊先生遂不免致誤耳。

春秋傳三十卷

案玉海載紹興五年四月詔，"徽猷閣待制胡安國，經筵舊臣，令以所著春秋傳纂述成書進入，十年三月，書成上之，詔獎諭，除寶文閣直學士，賜銀幣"。是安國此傳久已屬稾，自奉敕撰進，又覆訂，五年而後成也。　欽定春秋傳說彙纂，於安國舊說始多所駁正。

涵芬樓有影印宋刊本，張元濟跋云："安國進書表，實在紹興六年十二月，館臣未見此表，致沿玉海之訛，疏矣。"玉縉案：玉海"十"字係"六"字傳刻之誤耳。　瞿氏目錄有宋刊本，云："前有自序及紹興六年進書表，論名諱劄子，又有述綱領、明類例、謹始例、敍傳授四篇，汲古毛氏俱遺之，添入音注、失舊本之眞矣。"玉縉案：提要所據通行本，非此本，故概未論及。　王紳珍盍堂文集論三傳胡傳云："文定傳，深者少和平之氣，刻者無忠厚之情，穿鑿附會，牽強而不可解，非經生之迂談，則申、韓之苛法矣。且其中往往有相牴牾者，如尊君父，例也，而三國從王爲貶桓，國君被逐爲累上，焉在其爲尊君乎？討亂賊正人心，例也，而商臣稱楚子爲向善，文姜稱小君爲無貶，焉在其爲討賊乎？敍先後之倫，秩上下之序，例也，而不書卽位爲首絀隱公，王不稱天爲再貶天王，焉在其爲秩分乎？至於伐與國則專辠被伐，殺大夫則皆謂累上，聘問天子所以親諸侯；而王使之來無不譏，會盟諸侯所以謹邦交；而公卿之出無不刺，天子不葬，則以爲魯不會，天子不崩，則以爲王不赴。甚至魯事稱我也，而濟西以稱我爲譏，莒卒不葬也，而去疾以不葬爲辠，與當時情勢戾矣。大抵文定之書，取公、穀之餘論而甚之者也。"

春秋左氏傳説二十卷

其類編取左氏之文，分别爲十九目。久無傳本，惟散見永樂大典中，頗無可采。

張氏藏書志有舊鈔本類編云："不分卷，自周至論議凡十九門，官制分子目九：曰周，曰魯，曰晉，曰楚，曰齊，曰宋，曰鄭，曰衞，附諸小國，曰家臣。議論分子目七：曰典禮，曰兵，曰土功，曰荒政，曰火政，曰諸侯政事，曰名臣議論，每門俱前列左傳而以國語附其後。首有年表三十，綱領二十二則，年表者，以魯紀年而諸國征伐、會盟諸大事列其下；綱領者，雜采尚書、周禮、禮記、論語、孟子、國策、漢書及晉杜預、宋呂希哲、謝良佐之説以爲一書之綱領也。是書直齋書錄解題、宋史藝文志、明內閣書目著錄六卷，經義考注佚。此本首目完整，惟不分卷數，與陳氏等所載不符，或傳寫者合并歟？"玉縉案：陸氏藏書志載此書並引張説，瞿氏目錄則云六卷。

春秋左氏傳續説十二卷

是編繼左氏傳説而作，以補所未及，故謂之續説。

陸氏儀顧堂續跋云："前有綱領十八條，此書雖續傳説，與傳説體例不同。傳説如比事之例，先列經文之相類者數條而後爲之説，此則或出經文數句，或出經文一句而説之。其辭如語錄，與麗澤論説集錄相似，當出隨時講説而門弟子錄以成書者。今麗澤論説集錄羣經皆有，而獨無春秋，或即集錄之一種而摘出別行者歟？”

詳注東萊左氏博議二十五卷

楊士奇稱別有一本十五卷，題曰精選，黄虞稷稱明正德中有二十卷刊本，今皆未見。

楊紹和楹書隅錄云：“正德本載在天一閣書目，有正德己巳江東張偉跋，謂‘博議全帙久不見於天下，正德丁卯，鉛山張侍御以十卷授予兄廷鎮，未幾，復得十卷於當塗濮內翰，吾鄉梅留守又出其所鈔末五卷，盱江何冬官亦以世藏手鈔見寄，始爲完璧’云云，實二十五卷，故俞部以爲獨全，總目所據，蓋偶脱五字耳。明時尚有劉氏安正堂刊本，標題‘新刊京本詳增補注東萊先生左氏博議’，亦二十五卷，俞部想未之見也。”玉縉案：瞿氏目錄有劉本，又有元刊本精選東萊先生左氏傳博議句解十六卷，云楊文貞稱別有一本十五卷，題曰精選，或即是本未可知，惟卷數微不合耳！丁氏藏書志有元刊巾箱本二十五卷，云“道光己亥，瞿氏清吟閣重雕時假得平湖胡氏宋槧本，參以元本、明本校讎，宋本惟東萊自序後多‘乾道九年五月初四日’九字，餘無別異”。

春秋比事二十卷

舊本題宋沈棐撰，棐始末無可考，惟是書前有陳亮序，稱其字文伯，湖州人，嘗爲婺之校官；陳振孫書錄解題曰：“案湖有沈文伯，名長卿，號審齋居士，爲常州倅，忤秦檜，貶化州，不名棐也，不知同父何以云然？豈別有名棐而字文伯者乎？然則非湖人也”云云，其說與亮迴異。都穆聽雨紀談又據嘉定辛未廬陵譚月卿序，以爲莆陽劉朔撰，併稱月卿親見劉氏家本，此本不載月卿序，亦未審穆何所據？疑以傳疑，無從是正，以陳亮去棐世近，姑從所序，仍著棐名。

陸氏儀顧堂續跋影元本跋有二則，其一稱："嘉定辛未廬陵譚卿月浚明跋，祇存'頃得劉氏家本，特表而出之，且讎正三十六字，乙者十有三，減者六，注者十有七云'三行而缺其前。因據繫年要錄、輿地紀勝、嚴州圖經、咸淳毘陵志歷攷沈文伯之仕履，以爲無言其治春秋者，無怪同甫、直齋均有疑辭。"其二云："都穆聽雨紀談據譚卿月序以爲劉朔作，四庫所據本無譚序，故提要著錄仍題沈棐名，此本譚序祇存末三行，但以'頃得劉氏家本特表而出之'二語證之，必以爲劉朔作。考朔爲後村之祖，後村集有二大父遺文跋云：'麟台公歿於信安傳舍中，故遺槀尤少，有春秋比事二十卷，別爲書'，與譚卿月之言合，則此書信爲劉朔作矣。朔字復之，莆田人，與兄夙皆受業於林光朝，少喜易，蘄以名家，以春秋久爲王介甫茅塞，更治春秋。紹興庚辰，以春秋登第，調溫州司戶，累知福清縣，入爲祕書省正字，疾作，求爲福建參議官，行至信安，卒於傳舍，見中興館閣錄及葉水心集二劉墓誌。朔既以春秋名家，又有後村集、譚卿月序可證，其爲朔著無疑。惟文伯氣節文章卓然有以自立，必非竊書以爲名者，同甫所見之本並無撰人姓名，序稱或曰沈文伯所爲，亦未定爲文伯作也，直齋乃始誤會，當改題劉朔名爲是。其書卷一周天王云云，卷二十夷狄，春秋之敎，比事屬辭，雖著於禮經，而漢、唐以來說春秋者，無有依經比類合爲一書而加以論斷者，有之自此書始，故水心推爲三家之外自出新義爾雅獨至也。是書初刊於同甫，當在淳熙中，再刊於嘉定，三刊於至元，惟王顯仁所見之嘉定刊本，譚卿月序不全，又未細繹陳序，遂題爲沈先生春秋比事，其誤蓋始於陳直齋而成於王顯仁，同甫不任咎也。文淵閣著錄春秋比事兩部，亦題文伯名，蓋皆元刊，惟都穆所見之本，譚卿月序完全，當爲嘉定刊耳，安所得譚序完全者一證明之。經義考亦不載譚卿月序，又引吳師道說，謂沈棐字文約，衢人，未知何據？"

春秋分紀九十卷

凡年表九卷，世譜七卷，名譜二卷，書二十六卷，周天王事二卷，魯事六卷，大國世本二十六卷，次國二卷，小國七卷，附錄三卷。其年表則冠以周及列國，而后夫人以下與執事之卿皆各爲一篇。其世譜則王族、公族以及諸臣每國爲一篇，魯則增以婦人名、仲尼弟子，而燕則有錄無書，蓋原闕也。名譜則凡名著於春秋者分五類列焉。書則曆法、天文、五行、疆理、禮樂、征伐、職官七門。其周、魯及列國世本以及次國、小國附錄，則各以經、傳所載分隸之。條理分明，敍述典贍，所采諸儒之說，與公說所附序論，亦皆醇正，誠讀春秋者之總匯也。

全祖望鮚埼亭集有此書序云："其爲例，仿太史公史記，有年表，有譜，有書，有世本。間附以諸儒之說，用功既核，取材又博。"陸心源儀顧堂續跋云："首爲例要，其目曰名諱例，曰說綱領，曰敍傳授，年表之目十云云。游倡序，謂其書仿史記而作，年表仿十二諸侯年表，世譜仿功臣、王子侯年表，世本仿世家；惟既仿史記，則周天子宜仿本紀，魯宜列世本之首，次國、小國亦宜爲世家，乃周天王、魯及次、小國獨否，何也？疆理志，每國有指掌圖，頗爲詳核，其所論辨，如謂似褒非國名，州來非兩地，皆足證杜預釋例釋地之誤。預之春秋世族譜爲釋例之一，今永樂大典所採，寥寥數條，顧啓期春秋世系，今已失傳，伯剛皆見全書，世譜考異屢引之，世族譜可補今本釋例之缺，世系可藉是以見崖略。其敍傳授曰：'以聖經爲本而事則案左氏，左氏近誣則采公、穀及先儒義之精，文句有未安則用啖、趙例頗加刪削。論述大綱本孟子，而微詞多取程、胡之論'，可以見其宗旨矣。”玉縉案：史記有周本紀，如何再仿，此周天王事、魯事另爲卷，一不仿本紀，一不列世本，最允洽，以春秋本爲魯史也。次國、小國承大國世本而下，亦見斟酌，何必復爲世家。

春秋集義五十卷綱領三卷

張萱內閣書目，稱其“采周、程、張三子，或著書以明春秋，或講他經以及春秋，或其說有合於春秋者，皆廣收之，”然所采如楊時、謝湜、胡安國、朱子、呂祖謙之說，不一而足，謝湜尤多，萱蓋考之未審耳。經義考載是書，前有綱領二卷，又有魏了翁序，此本乃皆不載，蓋傳寫佚之。

陸氏儀顧堂續跋云：“春秋集義五十卷，綱領三卷，前有嘉定十三年山陽度正序，十四年魏了翁序及李俞進書表，諸家姓名事略，所採周子、二程子、張子、范淳夫、謝顯道、楊龜山、侯思聖、尹和靖、劉質夫、謝持正、胡康侯、呂東萊、胡五峯、李愿中、朱子、張南軒之說，凡十七家，十六家皆有事略，張子獨無，不可解也？其書以濂洛爲宗，故胡安定之口義，孫莘老之經解、經社要義，孫明復之尊王發微、春秋總論，劉公是之權衡、意林，崔子方之本例、經解，王哲之王綱論，蘇潁濱之集傳，呂居仁之集解，蕭子荆之辨疑，雖全書具存，亦皆不採，蓋一家之學也。"

春秋集注十一卷綱領一卷

今此書遺本僅存，而所謂集傳則佚之久矣。

案集傳殘本十九卷，見阮氏揅經室外集及瞿氏目錄、張氏、陸氏藏書志。陸氏並載張鑑手跋云："古人著書，綱目多在卷末，此傳因當時本與集注並刻，故得附於卷終，不必以延祐以後重刊集注而疑其有綱領也。"玉縉案：翁方綱通志堂經解目錄云："春秋諸傳會通所引張洽語，仍即今所見張氏集注而非張氏之傳，則知張洽集傳其書之佚久矣"，此說與提要同。其經義考補正亦以爲李廉所采者乃集注非集傳，實則元至正間未必已佚，或李廉偶未見耳？

春秋纂言十二卷總例一卷

至於經文行款，多所割裂；而經之闕文，亦皆補以方空，於體例殊爲未協；則澄於諸經率皆有所點竄，不獨春秋爲然。讀是書者，取其長而置其所短可也。

陸氏儀顧堂續跋云："其書，年爲一行，春、夏、秋、冬各爲一行，皆頂格；月、日各爲一行，皆低二格。經之缺文，可推測而知者，如桓公三年至八年，十一年至十七年，春首月不書王之類，皆於正月上作一方格，四年不書秋、冬首月，則秋、冬二行各於頂格爲方格，七月、十月，則低二格爲兩方格。其不可推測如郭公之類，則仍舊而爲說於下，此注春秋之創格也。經文以左氏爲主，公、穀異文注於下。每年以大衍曆著其月大、月小，而推明經所書日之干支爲月之某日。所采諸家傳說，左氏、公、穀、陸氏、啖氏、趙氏、杜氏預、張氏洽、高氏閌爲最多，胡氏、劉氏、高郵孫氏、襄陵許氏次之，先采舊說，後著己說者，以'澄曰'别之，經下即著己說則否。直齋書錄解題：'廣德軍刊古監本春秋經，每事爲一行，朱子於春秋獨無論注，惟以左氏經文刊之臨漳。'晁氏曰：'春秋經十二卷，以左氏經爲本，其與公、穀不同者注於下。'是書每事爲一行，公、穀異文注於下，當本諸此。"玉縉案：提要所言不甚瞭，得此乃明。

春秋讞義九卷

原書十二卷，久無刊本，今諸家所藏皆佚脱其後三卷。

張氏、陸氏、丁氏藏書志，並有鈔本十二卷，後三卷皆全。玉縉案，陸氏已刊入羣書校補中。

春秋諸傳會通二十四卷

廉字行簡，廬陵人。明楊士奇東里集云："廉於至正壬午以春秋舉於鄉，擢陳祖仁榜進士，官至信豐令，遇寇亂，守節死。時南、北道梗，未及旌褒，明初修元史時故交無在當路者，有司又不知採錄以聞,故史竟遺之”。則廉實忠義之士,非以空言說經者矣。

陸氏儀顧堂續跋云:廉字行簡,安福人,至正二年進士,仕爲贛州路信豐令。元季兵亂,洞獠時出剽掠,廉立伍相保守,郡境以寧,紅巾賊奄至,以死守,衆潰遇害。其子敬,嗣父官,亦力戰死,邑人爲立雙節祠,見豫章書。

春秋師説三卷

其門人金居敬又集澤思古十吟與吳澂二序及行狀附錄於後。

瞿氏目錄有元刊本屬辭十五卷,春秋左氏傳補注十卷,春秋師説三卷,云:“師説後附錄黃楚望思古吟十章,吳氏澂爲黃氏作六經辨釋補注、易學濫觴、春秋指要三書序;又子常所作黃楚望先生行狀;又附門人金居敬總跋。”

春秋屬辭十五卷

二曰假筆削以行權。

玉縉案,此目本無弊,翁方綱復初齋集書春秋師説後,議其筆削條間,可不必云行權,頗轇轕,茲不錄。

春秋左氏傳補注十卷

是書卽采傅良之說以補左傳集解所未及。

陸氏儀顧堂續跋云:“其書出經文一句而補注於下,雖以陳止齋春秋章旨爲宗,兼採孔穎達、劉敞、葉夢得諸家之說附益之,至名物、度數、訓詁、地理固不若近儒之精也。”

翁方綱復初齋集有是書跋云:“通志堂板本尙有闕脫,當訪求舊本補之。東山此補注,蓋於經傳所繫皆極斟酌出之，非僅若後來補注者專以釋左氏文句典訓爲功也。東山治春秋，其取益蓋本於黄氏澤，而亦參用啖、趙、陸、葉諸家之說；至若陳止齋左傳章旨，久湮不傳，惟賴此所引得以粗具其概。惟是左氏之傳，其中有因杜解而反滋疑者，亦有當日依經附義非可盡以後人文義概之者，又在乎善讀經傳者知所體會爾。”玉縉案：提要所據爲兩江採進本，未知即通志本否？但通志本有闕脫亦不可不知。

春秋大全七十卷

朱彝尊經義考引吳任臣之言曰：“永樂中敕修春秋大全，纂修官四十二人，其發凡云：‘紀年依汪氏纂疏，地名依李氏會通，經文以胡氏爲據，例依林氏’，實則全襲纂疏成書，雖奉敕纂修實未纂修也。朝廷可罔，月給可糜，賜予可邀，天下後世詎可欺乎”云云？於廣等之敗闕，可爲發其覆矣。

顧炎武日知錄云：“全襲汪克寬胡傳纂疏，但改其中‘愚按’二字爲‘汪氏曰’，及添廬陵李氏等一、二條而已。”

春秋明志錄十二卷

此書亦多自出新意辨駁前人。

陳景雲絳雲樓書目注云：“徵引太叢雜，如季彭山說亦采入，他可知矣。”

春秋孔義十二卷

豈諸家書目或有以攀龍之名同因而誤高爲李者。

案明史藝文志有李攀龍孔義，無高攀龍孔義，今高書載兄子世泰序曰：“我伯父忠憲公有春秋孔義之書”，其爲史誤明甚。陳漢章謹案：此文上言兄子，下言伯父，必有一誤。

左傳杜林合注五十卷

案朱彝尊經義考載宋林堯叟春秋左傳句解四十卷。

陸氏藏書志有元刊本音注全文春秋括例始末左傳句讀直解七十卷，有四凶圖，有十二戰國圖，有綱目，其案語云："明崇禎時，杭州書坊以林注分附杜注而是書遂晦，今以合刻本較之，有以林注作杜注杜注作林注者，不僅奪落删削已也，此猶林氏原書。"據此，則句解乃七十卷，瞿氏目錄同。

春秋稗疏二卷

至以鸜鵒爲蹇號蟲，反斥埤雅之譌。　故子糾之說，近時梁錫璵據爲新義；翬不書族定姒非謚之說，近時葉酉亦據爲新義，殆皆未見其書也。

曾國藩王船山遺書序云："先生沒後，巨儒迭興，或攻良知捷獲之說，或辨易圖之鑿，或詳考名物、訓詁、音韻正詩集傳之疏，或修補三禮時享之儀號爲卓絕，先生皆已發之於前，與後賢若合符契。"

春秋地名考略十四卷

據閻若璩潛邱劄記稱"秀水徐勝敬可爲人作左傳地名訖，問余成公二年鞌之戰"云云，則實士奇倩勝代作也。

案劄記作"徐善敬可爲人撰春秋地名"，張穆所爲閻氏年譜云："勝當作善。撰提要者蓋誤合勝力、敬可爲一人"。玉縉案：勝力名嘉炎。又朱彝尊曝書亭集有春秋地名考序云："地名考一十四卷，吾鄉徐處士善所輯"。

春秋闕如編八卷

袁熹是書獨酌情理之平，立褒貶之準，謹持大義而刊削煩苛。

李慈銘受禮廬日記云："是書凡七卷，止於成公八年，而後附以讀春秋十一則，共爲八卷，四庫書目極稱之，謂近代說春秋者以此爲最。然春秋舍左氏傳則無從下手，袁熹意欲一空附會穿鑿之說，而不信左傳，謂其多誣，概以聖人修春秋，不過仍舊史之文直書而義自見，無所褒貶，則當日亦何所容其筆削，又何以游、夏莫贊一辭乎？子曰：'吾猶及史之闕文'者，謂於事本闕者則闕之耳，非謂史必以闕爲美也，故曰'於其所不知蓋闕如也'，袁熹以此命名，便爲不知春秋之義。其中議論，多影附遷就，自相鑿枘，於三傳之說，忽信忽疑，進退無據，蓋憑私自用，而又濟以學究迂腐之識，觀其孫鍾璜之跋，謂袁熹嘗言春秋以啖助、趙匡、陸質三家爲最優，則其識趣可知矣。袁熹本以時文小題名家，其書固無足取，四庫書目雖紀河間總其事，然爲之者非一人，如此書提要，蓋由不學之人所爲，不足爲定論也。"

春秋大事表五十卷

是書以春秋列國諸事比而爲表。其朔閏一表，用杜預隱公元年起辛巳之說。

楊椿孟鄰堂文鈔答顧震滄書云："諸表簡而明，詳而要，顧尙有可商者，孟子曰：'王者之迹熄而詩亡，詩亡然後春秋作，其事則齊桓、晉文'，蓋自隱五年王師伐翼、伐曲沃至莊六年救衛，未嘗無征伐之事，而是非倒置，喜怒失常，故號令不行，每戰輒敗。莊十四年諸侯伐宋，齊桓請師於周，單伯會之，取成於宋而還，自是大盟會，大征伐，必皆請王人主之，諸侯亦遂無敢抗者。定四年，劉子會召陵而後，成桓公之會鋑鄭，單平公之會黄池，皆不復見於經，蓋霸者之事，卽王者之迹，霸者亡而王迹熄矣。似宜於王迹表中詳敍霸者之事之盛衰，以著王迹之熄之漸，不得僅摭王朝事，名之爲王迹拾遺表也。孔子言禮樂征伐，以陪臣執國命，繼天子、諸侯、大夫之後，春秋初，石碏使其宰獳羊肩莅殺石厚於陳，陪臣事始於此。昭、定間陪臣恣睢甚矣，萇宏爲周室忠臣，亦劉子之陪臣也，陳漢章謹案：劉子之臣爲天子陪臣，似不得云劉子陪臣。聖門如冉有、有若、樊遲、子路、仲弓、子羔皆嘗仕於季氏，今天子、諸侯、大夫事已詳，而陪臣表獨未有，似宜增之，以備春秋世變。春秋人物，善者固多，不善者亦衆，表之恐不勝表，今以至聖與諸賢並列，似覺未安。諸侯叛王，始於鄭莊，大夫助君爲逆，莫甚於鄭之祭仲、子元、曼伯、原繁、高渠彌、祝聃之屬，今賊臣表止有高渠彌而祭仲等未載，餘亦尚多可議，似可不立此表。謚法爲有土之君及卿大夫老歸者設耳，而春秋亡國之君、喪家之大夫亦有之，且父子祖孫有時相襲，似宜改謚法考爲表，以逸周書之謚君大夫所已謚者詳列之於右。其他時令、朔閏等表，或闡前人所已言，或創前人所未有，敍論考辨說，證據精明，議論雅正，望之若大海之無津涯，卽之若江河之可挹注，眞今古之奇觀，儒林之盛業也。"

玉縉案：以上所商各條，今檢顧書俱未改從。考刑賞表，分子目凡六，殺、刺、放與錫命，皆刑賞內事，執與出奔，皆與刑賞無與。即殺、執二例，有宜分而誤合者，亦有宜合而誤分者，南菁文鈔三集有丁傳靖、達李書後各一篇議之，楊氏未之糾。又錢泰吉曝書雜記云："江氏漢學師承記謂以宛斯之書爲藍本，蓋指鄒平馬氏左傳事緯也。事緯誠精核，然是宋章氏事類始末之類，與大事表實不相同，不知江氏何以言之？"又云："左傳事類始末，宋章沖茂深撰，附錄一卷，類聚春秋災異、力役、時政、陳名、器物而以列國興廢附於末，實馬氏左傳事緯之權輿也。馬書之精核，非茂深所及，而體例則大略相同，其所撰左傳辨例、左傳圖說、列國年表、晉楚職官表、覽左隨筆、春秋名氏譜、左傳字釋固不若章氏附錄之寥寥數葉，而以視顧氏大事表則亦猶章氏之於馬氏矣。或謂顧氏以此爲藍本，此論未公，我不憑也。" 俞樾春在堂雜文續編汪曰楨歷代長術輯要序云："杜氏嘗著術論，大旨謂'天行不息，日月星辰皆動物也，物動則不一，累日爲月，累月爲歲，不得不有毫毛之差，而算守恆數，故術無有不差失，易言治歷明時，言當順天以求合，非苟合以驗天'。杜氏此論，雖若通達，然不求之術而徒求之紀載之文，則其爲術勞而終不免於疏且舛。今杜氏長術具在，不過就前後推排以成其說。孔穎達於隱二年傳云：'杜觀上下，若月不容誤，則指言日誤，若日不容誤，則指言月誤'，蓋杜氏所恃以考定經傳者止於如此，非知術者也。本朝顧震滄氏著春秋朔閏表，其法用方幅之紙，橫書十二月，每月繫朔、晦於首尾，細求經傳之干支日數，不合卽爲置閏，則亦猶夫杜氏之術也。"

左傳補注六卷

桂林府同知李文藻刊本。

丁氏藏書志有盧文弨校刊本，云："益都李文藻以戴東原手校本付順德胡亦常，後胡病，屬順德張錦芳刊竣。盧抱經學士謂誤字猥多，復加校正，且記交游酬酢雜事於校語之後。"

春秋繁露十七卷

中興館閣書目謂繁露冕之所垂有聯貫之象，春秋比事屬辭，立名或取諸此，亦以意爲說也。　今以永樂大典所存樓鑰本詳爲勘訂。

陸氏藏書志有明蘭雪堂活字本，並載程大昌書後兩則云："牛享問崔豹冕旒以繁露者何？答曰：'綴玉而下垂如繁露也'；則繁露也者，古冕之旒，似露而垂，是其所從假以名書也。"歷舉通典及太平寰宇記、太平御覽所引，以爲"其書皆句用一物以發己意，有垂旒疑露之象，玉杯、竹林，同爲託物"云云，書目蓋本此，眞所謂以意爲說者。至諸書所引均見原本，宜樓鑰譏其所見不廣也。周禮大司樂、禮記文王世子鄭注並引董仲舒云：'成均五帝之學'，賈、孔二疏並以爲繁露文，今本無此語，是則當在逸篇中矣。譚廷獻復堂日記二云："借趙撝叔所藏勵編修校董子本，名守謙，字自牧，靜海人。編修在四庫全書處用永樂大典校王道焜本，其自記云：'凡異同二千七百餘字，'"據此，則此乃守謙勘訂。陸氏儀顧堂續跋蘭雪堂本跋云："以漢魏叢書本校一過，卷十三，多‘四時之副第五十五’一篇云云，皆與大典本合。卷十六，求雨第七十四‘他皆如前’下，‘秋暴巫’上，與‘神農求雨第十，九日戊己不雨，命爲黃龍，又爲大龍，壯者舞之，季立之，又曰：東方小僮舞之，南方壯者，西方沾，未詳。北方下疑少一字。人舞’，四十餘字相連屬。篇末‘女子欲和而樂’下，接‘神農書又曰開神山神淵，積薪夜擊鼓譟而燔之，爲其旱也’二十三字，是宋本已如此矣。續漢志注所引，無‘神農求雨’以下四十餘字，當有刪節，盧抱經刊本，遂據以削之，並改‘神農書又曰’二十三字爲小注，未免喧賓奪主矣。此外字句之間頗有勝於大典本者，如求雨七十四‘其神后稷，祭之以母肫五’，各本皆脫‘母肫’二字，大典本亦同，此本不脫，與劉昭續漢志注、杜氏通典同，其一端也。蓋大典本雖與此本同出宋本，大典本輾轉鈔錄，脫譌在所不免，此則以宋本摹印，奪譌自少。大典本有樓鑰、胡槼二跋，此本無之，考黃氏日鈔樓攻媿校本，嘉定中胡槻刻於江東漕台，其後岳珂又刻於嘉禾郡齋，或大典本出江東漕台，此本以嘉禾爲祖歟！”玉縉案：凌曙注本已補“母肫”二字，餘依盧校。

春秋類存目

左傳節文十五卷

舊本題宋歐陽修編。

案明史藝文志載汪道昆春秋左傳節文十五卷，丁氏藏書志有明李事道左概六卷，云凡例稱章法、句法、字法佳者，仍汪南明節文標出，是此本卽汪氏所編。

春秋左傳句解三十五卷

元朱申撰。　惟傳文頗有删節是其所短。

案周禮句解提要以申爲宋人，前後互異。丁氏藏書志有萬曆刊本春秋左傳詳節句解云："傳文删節過甚"，據此，則詳節二字不可少。

左傳拾遺二卷

丁氏藏書志有鈔本左傳博議拾遺二卷，云："此書收入四庫存目，進本脫'博議'二字，非原本也。此書根柢政事，以史證經，訓詁辨正，必有根據，其姪曾孫緒曾得之，寄刊於金山錢氏小萬卷樓，並著其要於開有益齋讀書志中，可以得其概矣。"

孝　經　類

古文孝經孔氏傳一卷附宋本古文孝經一卷

舊本題漢孔安國傳，日本信陽太宰純音。據卷末乾隆丙申歙縣鮑廷博新刊跋，稱其友汪翼滄附市舶至日本，得於彼國之長崎澳，核其紀歲干支，乃康熙十一年所刊。前有太宰純序，稱："古書亡於中夏，存於日本者頗多，昔僧奝然適宋，獻鄭注孝經一本，今去其世七百餘年，古書之散逸者亦不少，而孔傳古文孝經全然尚存。惟是經國人相傳之久，不知歷幾人書寫，是以文字譌謬，魚魯不辨，純旣以數本校讎，且旁採他書所引，苟有足徵者莫不參考，十更裘葛，乃成定本。其經文與宋人所謂古文者亦不全同，今不敢從彼改此，傳中間有不成語，雖疑其有誤，然諸本皆同，無所取正，故姑傳疑以俟君子。今文唐陸元朗嘗音之，古文則否，今因依陸氏音例並音經、傳，庶乎令讀者不誤其音"云云。考世傳海外之本，別有所謂七經孟子考文者，亦日本人所刊，稱西條掌書記山井鼎輯，東都講官物觀補遺，中有古文孝經一卷，亦云"古文孔傳，中華所不傳，而其邦獨存"。又云"其眞僞不可辨，末學微淺，不敢輒議"云云。則日本相傳原有是書，非鮑氏新刊贋造。此本核其文句，與山井鼎等所考大抵相應。惟山井鼎等稱每章題下有劉炫直解，其字極細寫之，與注文麤細弗類；又有引及邢昺正義者爲後人附錄，此本無之爲少異耳。其傳文雖證以論衡、經典釋文、唐會要所引亦頗相合，然淺陋冗漫，不類漢儒釋經之體，并不類唐、宋、元以前人語，殆市舶流通，頗得中國書籍，有桀黠知文義者，摭諸書所引孔傳影附爲之以自誇圖籍之富歟？考元王惲中堂紀事有曰："中統二年，高麗世子植來朝，宴於中書省，問曰：'傳聞汝邦有古文尙書及海外異書？'答曰：'與中國書不殊，'"高麗、日本，比鄰相接，海東經典，大概可知，使果有之，何以脊然不與鄭注並獻，至今日而乃出，足徵彼國之本出自宋、元以後，觀山井鼎亦疑之，則其事固可知矣。

臧琳經義雜記云："唐司馬貞云：'古文孝經出孔壁。先是，安國作傳，緣遭巫蠱，未之行也。昶集注之時，尙未見孔傳，中朝遂亡其本，近儒欲崇古學，妄作傳學，假稱孔氏。'案古文孝經，見漢藝文志，謂孔安國作傳當無其事，殆猶晉出古文尙書也。江荀昶晉人，尙未之見，隋儒劉炫輩何由得之？此明是劉光伯僞託。此書北宋前已亡逸，惟唐人尚有徵引者，今錄以備考”云云，文繁不具錄。孫志祖讀書脞錄續編云：“近刻日本國孝經孔傳，詞意繁複，不類西漢傳注文字，較之魏、晉間人所作書傳，體製更爲卑下，蓋彼國人僞撰以欺世，並非唐人所見之本也。前有太宰純序云：‘明皇御注之文，邢昺以爲依孔傳者畢有，特一二字不同爾！’予細校之，天子章云：‘孔傳以人爲天下衆人言君愛敬己親，則能推己及物’，孝治章引‘亦以相統理’，聖治章引‘郊謂圜丘禮天也’，書湯誥正義，孔注孝經圜丘與郊爲一事。又云：‘立德行義，不違道正，故可尊也’者，此依孔傳也。案近刻注下文‘制作事業動得物宜故可法也’三句，亦孔傳語，五刑章引‘聖人制作禮樂而敢非之，是無法也’，感應章引‘禮，君燕族人與父齒’，皆近刻所無。喪親章引‘恐其下有伏石涌水疑衍字。泉，復爲市朝之地，故卜之’，案近刻作‘伏石漏水，復爲市朝，遠防之也’，亦小異。”鄭珍巢經巢經說云：“孝經一篇，漢有今、古文，今文顏貞出之，河間獻王上之，長孫氏、江翁等說之；古文出自孔壁，祕在內府，至東漢許叔重、鄭仲師始爲解說，何有孔安國傳也？隋劉炫始僞作孝經孔氏傳，與今文鄭注並列學官，五代之亂，亡其傳，惟本經存。乾隆中，汪翼滄市日本，攜彼國太宰純校刊古文孝經孔氏傳以歸，付鮑廷博刻之，其書遂徧布海內，四庫提要已斥其僞矣，然止謂陋穴不類漢人釋經而不暇實覈其僞。當時精審若召弓盧氏，且極序辨爲眞孔氏作，贋書之惑人若是，余故爲列十證闢之”

云云，文繁不具錄。又云："驗此十事，知作是書者，彼窮島僻梟一空腐之人，見前籍稱引孔傳，中土久無其書，漫事粗捃，自詡絕學，以耀其國富祕藏耳。不知孔氏原未與孝經作傳，就令唐人所見孔傳至今尚存，亦是劉炫僞撰，不足與漢儒注說並重；矧不善作僞，淺陋至於此極也，而世儒尚恐人不之遽信，巧爲推護，非好奇之心先入之歟？傎者或反據以駁漢人舊說，又至愚矣。" 丁氏藏書志有日本文政刊本孝經孔氏傳一卷，云："東瀛經籍訪古志云：'首存孔序二行，次孝經孔氏傳，次開宗明義章第一，卷末空一行，書孝經一卷，次空二行，署弘安二年九月十三日書寫之畢。每章下有經文字數，文政癸未年福山覆刻；'幷跋云：'此書梁末亡逸而顯於隋，故隋、唐諸儒多疑此傳假託，然隋至盛唐，此與鄭注並著令式，貞觀中有詔立玄宗注，此傳仍不廢，享保中，中國商至長崎，訪以歸，鮑廷博雕之，盧文弨序，引唐代諸書以證隋代舊本，總目謂宋、元後所影附，殆由未見正本歟！林祭酒述齋悲正本湮滅，以弘安鈔本活字刷印，弘安本近歸余插架，紙質精堅，筆蹟沈遒，裝成卷子，實爲五百年前之舊本。於是影模以刻於家，原本序僅存二行，今以元亨中清原良枝本補繕之，以效百衲史記之韇'云云。東瀛雕手，本號鬼工，蝨文蛀眼，傳摹不遺毫髮，無殊親睹卷子也。"又有日刊本，題魯人孔安國傳，日本信陽太宰純音，後學上毛山世璠標注。云"前有明和九年壬辰春山世龍標注古文孝經序，次享保十六年辛亥太宰純重刻序，次孔安國序，經二十二章，皆注經字若干，卷末通計經一千八百六十一字，傳八千七百九十四字，其上界、旁界，記述議文。彼土原刻於享保十七年，再刊於文化十二年。"又有日刊本，題漢魯人孔安國傳，日本足利山本龍校。云"前有北山山本信有撰序，時爲寬政庚申五月朔，又有南陽山本龍序，亦寬政十二年庚申所撰，餘與文化本同，第無旁界述議之文"。 玉縉案：安國但傳古文孝經，未嘗作傳，顏師古漢書注'庶人章分爲二'云云，'今異者四百餘字'云云，皆據僞孔本言之，眞古文本梁末亡逸，後之古文及傳，實劉炫僞作，釋文新、舊唐志所載孔傳，俱屬劉本。崇文總目稱古文二十二章本，出屋壁中，今孔注不存，而隸古文與章數存。陳氏於孝經鄭注下，亦稱五代以來，孔、鄭注皆亡，則併劉氏僞孔傳已佚之，故朱氏經義考注曰佚也。是本又僞孔之重儓，當屬好事者摭拾釋文、會要、邢疏所引孔傳，以己意足成之。周中孚鄭堂讀書記辨此甚詳，足補提要所未及。周又云："所附宋本，即指解本正文，以所據爲宋刊指解本，故蒙以宋本之稱，"此語亦明瞭。 又案弘安二年，當宋帝昺祥興二年，元世祖至元十六年，則其僞在元以前，提要謂不類元以前語，固非；享保十七年，當我世宗雍正十年，若康熙十一年，則爲彼國寬文十二年，提要據太宰純音本，而謂核其紀歲干支乃康熙十一年所刊，亦非。明和九年，是年改元安永，當乾隆三十七年，寬政十二年，爲嘉慶五年，其文化十二年，則嘉慶二十年，可見彼土遞有傳刻，非如我之僅有知不足齋本矣。

孝經正義三卷

唐玄宗明皇帝御注，宋邢昺疏。　舊唐書經籍志："孝經一卷，玄宗注"，唐書藝文志："今上孝經制旨一卷，注曰：玄宗"，其稱制旨者，猶梁武帝中庸義之稱制旨，實一書也。宋咸平中邢昺所修之疏，卽據行沖書爲藍本，然孰爲舊文，孰爲新說，今已不可辨別矣。

孫志祖讀書脞錄續編云："今本孝經疏，題云宋邢昺校，則此疏似非出昺手，卽成都府學生鄉貢傅注奉右撰序一篇，亦不言作疏之人，蓋疏非昺所撰也。考唐書儒學元行沖傳，'玄宗自注孝經，詔行沖爲疏，列於學官'，則疏爲行沖作無疑。"　阮福孝經義疏云："邢昺署銜下言奉勅校定注疏，未直言邢昺疏；且序云：'奧旨微言，已備解乎注疏；'又云：'今特翦截元疏'，是邢昺但校定翦截元行沖疏而雜以己意，名爲講義，並非攘元疏爲己疏，惟元之本疏及邢所校定者今無區別，是以後人但曰邢疏而罕言元疏也。唐書元行沖傳：'玄宗自注孝經，詔行沖爲疏，立於學官。'宋史邢昺傳：'咸平二年始置翰林侍講學士，以昺爲之，受詔校定周禮、儀禮、公羊、穀梁春秋傳、孝經、論語、爾雅義疏，及成，並加勳階。'又云：'昺在東宮及內庭，侍上講孝經、禮記、論語、書、易、詩、左氏傳，據傳疏敷引之外，多引時事爲喻，深被嘉獎。'元行沖傳是明言奉詔爲疏，邢昺傳是明言奉詔校定，又言據傳疏敷引，據此，更可見邢實爲校定幷未爲疏，今本元疏、邢校合而爲一，原難分剖；但御製序前列唐明皇撰，宋邢昺校，卷一至卷九經文前列唐明皇御注，陸德明音義，宋邢昺校，是經內陰文注字是屬明皇，陰文音義二字是屬陸德明，陰文疏字自是屬元行沖，而行沖未列名，若屬邢昺，則列名又是'校'字非'疏'字，檢論語、爾雅，每卷前邢列名皆直寫'疏'字，此獨言'校'者，更可見矣。然此'疏'字究無著處，福今擅將陸德明音義下宋邢昺校上補增元行沖疏四字，以正唐儒之名。德明爲隋末唐初人，是音義在明皇注前，行沖爲明皇時人，故補列名當次於德明後也。" 案陳振孫書錄解題云："明皇孝經注，唐志作孝經制旨"，提要蓋本此。王昶金石萃編石臺孝經下案語云："新書藝文志：今上孝經制旨一卷，注'玄宗'二字，下又載元行沖御注孝經疏二卷"，然則注與制旨各自爲書，猶隋書經籍志既載梁武帝中庸講疏一卷又有私記制旨中庸義五卷也。邢昺疏於庶人章引制旨曰："嗟乎！孝之爲大，若天之不可逃也"云云，聖治章引制旨曰："夫人倫正性，在蒙幼之中"云云，其語甚詳，陳直齋未見制旨，則宋時其書已佚。然邢疏大半監本元疏，此二條必因行沖之舊，行沖撰疏時，旁引制旨以申御注，尤非一書之證，經義考及關中金石記並沿直齋之誤。

孝經定本一卷

後有大德癸卯澄門人河南張恆跋，稱"澄觀邢疏而知古文之僞，觀朱子所論知今文亦有可疑，因整齊諸說附入己見，爲家塾課子之書，不欲傳之，未嘗示人"云云。

陸氏藏書志有明刊本孝經吳澄注四卷，並載大德癸卯張恆記，亦有"整齊諸說附入己見"等語，惟無"觀邢疏"三句,未知即此書否?

附案:黄榦孝經本旨,江直方孝經外傳,李長桂孝經綱目,朱鴻經書孝語,絕不箋釋經文,今别列於儒家。

案黄榦、江直方、李長桂三書,儒家類不載,存目亦無其名,惟朱鴻經書孝語見存目。

四庫全書總目提要補正卷八

五經總義類

宣帝時始有石渠五經雜義十八篇，漢志無類可隸，遂雜置之孝經中。隋志錄許慎五經異義以下諸家，亦附論語之末。舊唐書志始別名經解，諸家著錄因之，然不見彙括諸經之義。朱彝尊作經義考，別目曰羣經，蓋覺其未安而採劉勰正緯之語以改之，又不見爲訓詁之文。徐乾學刻九經解，顧湄彙採總集經解之義名曰總經解，何焯復斥其不通，蓋正名若是之難也。考隋志於統說諸經者雖不別爲部分，然論語類末稱"孔叢、家語、爾雅諸書，併五經總義，附於此篇"，則固稱五經總義矣。今準以立名，庶猶近古。論語、孝經、孟子雖自爲書，實均五經之流別，亦足以統該之矣。

徐時棟煙嶼樓讀書志云："古人總解羣經之書寥寥數部，不能創立專門，故或置孝經中，或附論語後，至後來著作既夥，自不能不別立一類；而此類中所載各書，往往論解多經，斷非五經二字可該，卽由諸書命名觀之，如劉敞七經小傳，毛居正六經正誤，岳珂刊正九經三傳沿革例，錢時融堂四書管見，何異孫十一經問對之屬，各自明標數目，此豈能以五經二字統之。若謂孝經、論、孟均五經之流別，則史家本之尚書、春秋，子家本之論語、孟子，集家本之詩、書二經，儒者著書，苟非二氏，何一書非五經之流別。況功令明以論、孟、孝經爲專經，三禮皆禮，三傳皆春秋，尚各謂之經，總稱十三經，又豈可以五經二字統該之。然則宜立何名？曰：語求其近古，義求其安妥，與其準唐人之隋書經籍志，不如采梁人之文心雕龍而以羣經爲號也。乃提要謂其不見爲訓詁之文，此語頗可駭怪，夫提要經部中如曰易類、書類、詩類，其所錄之書，何一部非訓詁之書，其所名之書，何一類見訓詁之文，而獨於羣經必確鑿以訓詁之文爲正名乎？"

鄭志三卷補遺一卷

案隋書經籍志："鄭志十一卷，魏侍中鄭小同撰"，"鄭記六卷，鄭玄弟子撰"，後漢書鄭玄本傳，則稱"門生相與撰玄答弟子依論語作鄭志八篇"，劉知幾史通亦稱"鄭弟子追論師說及應答，謂之鄭志；分授門徒，各述師言，更不問答，謂之鄭記"，其說不同。然范蔚宗去漢未遠，其說當必有徵。隋志根據七錄，亦阮孝緒等所考定，非唐、宋諸志動輒疎舛者比，斷無移甲入乙之事。疑追錄之者諸弟子，編次成帙者則小同，後漢書原其始，隋書要其終，觀八篇分爲十一卷，知非諸弟子之舊本也。　此本三卷，莫考其出自誰氏？

鄭珍鄭學錄云："康成卒時，小同僅四、五歲，安能記述祖時師弟問答，必是康成歿未久，諸弟子即各出所記，分五經類而萃之，爲志八卷。後來小同更有所得，增編爲十一卷，自題己名，故隋志歸之小同撰耳！” 丁氏藏書志有舊鈔本，云：“聚珍版、問經堂皆有印本。此鈔本甚舊，當在聚珍以前，不知誰氏所校？卷前記云：‘淩人一條，前半段未見元文，不敢擅改’，則非草草收藏者。”

經典釋文三十卷

考癸卯爲陳後主至德元年，豈德明年甫弱冠即能如是淹博耶！或積久成書之後，追紀其草創之始也。

南菁文鈔二集，有鈕永建答經典釋文問云：“癸卯爲陳後主元年固無可疑，然莊子外篇釋文云：‘浙江今在餘杭郡’，考餘杭郡隋煬帝初置，陳時爲杭州；又人間世釋文云：‘有扈，案今京兆鄠縣也’，考鄠縣漢屬右扶風，晉屬始平郡，隋時幷始平入京兆，鄠始爲京兆屬縣，此二地沿革，皆非陳時所有。竊謂釋文一書，其始作雖在陳末，而觀成則已晚年，覈其時代，當在隋末唐初。已往敍錄載陳時人，如易之周宏正，春秋之王元規，爾雅之施乾，皆不云近人而云陳，此亦成書不在陳時之一證也。”

七經小傳三卷

今觀其書，如謂尙書“愿而恭”，當作“愿而荼”，“此厥不聽”，當作“此厥不德”；謂毛詩“烝也無戎”，當作“烝也無戍”；謂周禮“誅以馭其過”，當作“誅以馭其禍”，“士田賈田”，當作“工田賈田”，九簭“五曰巫易”，當作“巫陽”；謂禮記“諸侯以貍首爲節”，當作“以鵲巢爲節”，皆改易經字，以就己說。至禮記“若夫坐如尸”一節，則疑有脫簡；“人喜則斯陶”九句，則疑有遺文；禮，"不王不禘"，及"庶子王亦如之"，則疑有倒句；而尚書武成一篇，考定先後，移其次序，實在蔡沈之前；蓋好以己意改經，變先儒淳實之風者實自敞始。又如解尚書"鳥獸蹌蹌"，謂古者制樂，或法於鳥，或法於獸。解毛詩"葛之覃兮"，謂葛之茂盛，則有人就而刈之以爲絺綌，如后妃在家，德美充茂，則王者就而聘之以爲后妃。解論語"乘桴浮於海"，謂夫子周流列國，如桴之在海，流轉不定。其說亦往往穿鑿，與安石相同。

玉縉案：中如以書"此厥不聽"聽爲德之誤，則漢石經作聖，聖與聽通，不與德通。以詩"烝也無戎"爲不合韻，當作戍，"天命不徹"爲徹訓均，則戎古音讀汝，與侮叶，爾雅釋訓"不徹不道也"，傳故訓徹爲道。南陔六詩，據儀禮曰樂、曰笙、曰奏而不言歌，遂以爲有聲無辭，非亡之，周禮九夏，見左傳曰金奏肆夏，與工歌文王別，亦以爲有聲無辭，則金奏工歌也，孔疏有明文。且維清序曰奏象舞，武序曰奏大武，敞亦謂將舞象則先歌維清，將象武則先歌武，是敞於二詩言奏知其有辭，何獨於南陔等及九夏言奏而疑之，其說爲不可通。凡此，馮登府十三經詁答問已辨之。其言曰："北宋諸儒，不講古音，不信爾雅，往往好爲改字，移易經文，並出胸臆，以漢儒爲非。"傳中論書多及僞傳，言詩不從小序，蓋風尚使然耳！　又案，阮訂詁經精舍文集有顧廷綸笙詩有聲無詞辨一篇，甚精覈，亦駁劉說，文長不備錄。黃以周儆季文鈔先考行略云："詩中如常棣務、戎爲韻，務幽部，戎東部，於古韻不合，戎之訓助，義亦未明。解之曰:‘戎本作軵,軵之或字爲搣,軵、搣有推助之義,由搣借戎,古音古義滋迷矣。’”此發前人所未發,由搣借戎,音義滋迷,尤令人解頤。今考爾雅釋言,“戎,相也”,釋文,“戎本或作搣,顧如勇反”,而玉篇“搣如勇切”,集韻引爾雅亦作搣,皆與之合。說詩者徒以說文無搣字,遂未之及耳,惟胡承珙後箋謂軵、搣聲、義並同,其文亦頗長,不錄。 又沈濂懷小編云:“釋文引馬氏說,‘鳥獸笥簴也’。又風俗通音聲篇,尙書‘簫韶九成,鳳皇來儀,其形參差,象鳳之翼,十管長一尺。’”案鳥獸象笥簴,簫象鳳,其義似較他說爲長,劉說與馬氏說及風俗通正合。

六經圖六卷

甲字鼎卿,昌州人,乾道二年進士,成都文類載其數詩而不詳其仕履。其書成於紹興中。邦翰不知何許人?嘗官撫州教授,其書成於乾道中。 陳振孫書錄解題引館閣書目載邦翰所補之本:易七十圖,書五十有五圖,詩四十有七圖,周禮六十有五圖,禮記四十有三圖,春秋二十有九圖,合爲三百有九圖。

陸氏儀顧堂題跋云:“甲字嗣淸,四川遂寧人。乾道二年對策,言恢復之志不堅者二事,上覽對不悅,置第五,賜文林郎,淸議推之,有聲西州。初試邑,有部使者頗以繡衣自驕,怒其不降意,誣劾以罪,趙衞公爲白於當路,劾牘竟不下。隱居靈泉山,著有棣華小稾,見岳珂桯史及四川通志宋元詩會小傳,顧起元序以爲布衣者誤也。弟輔,宋史有傳。毛邦翰，衢州江山人，紹興二十七年進士，乾道初官撫州州學教授，終於轉運判官，見浙江通志。" 其藏書志有大易象數鉤隱圖一卷，尙書軌範撮要圖一卷，毛詩正變指南圖一卷，周禮文物大全圖一卷，禮記制度示掌圖一卷，春秋筆削啓微圖一卷，明刊仿宋本。並載乾道元年苗昌言序云："陳大夫爲撫之期年，又取六經圖命泮宮職講肄者編類爲書，刊之於學。諸經諭各以其圖就議於余，且曰是圖集諸家所長，願因其舊，凡得易七十云云，合爲圖三百有九"，與陳引合。又載所編姓名，有陳森、劉濤、毛邦翰、徐世聞、危幾安、龔迪、吳翬飛、黃松年、崔崇之、唐次雲、李自修、趙元輔，據此，則此本爲官書也。苗序陳大夫卽指森言。　玉縉又案：今江西廣信府上饒縣學石刻，凡：周易上二十七圖，下三十四圖，共六十一圖；尙書上二十六圖，下二十八圖，共五十四圖；詩經上二十六圖，下十二圖，共三十八圖；周禮上四十五圖，下十九圖，共六十四圖；禮記上二十一圖，下二十一圖，共四十二圖；春秋上二十二圖，下二十一圖，共四十三圖；六經通計凡三百有二圖。陸耀遹金石續編云："廣信府學石刻六經圖，撰書摹勒人皆不著，惟周易下序卦圖後，尙書下律度量衡圖後，並有'思可錄'三字。思可何人？無由悉其姓氏、爵里、時代，考宋王象之輿地紀勝昌州碑記，載有六經圖碑，舊志在郡學，郡人楊甲鼎卿著，宋昌州昌元郡，今重慶府榮昌縣。不詳目次篇數。陳振孫書錄解題則載毛邦翰補楊甲之本，凡三百有九圖；又載葉仲堪重編邦翰之本，凡四百三十六圖，皆與此圖篇目不合，意此圖乃楊甲昌州石本之舊也。明一統志江西廣信府名宦載元盧天祥至元中守信州，興學校，崇詩書，刻六經圖於石，立兩廡下，則知今廣信府六經圖石刻，卽元至元中盧天祥所立，蓋本昌州六經圖碑，宋紹興中楊甲所著者。其圖有表、有譜，統名曰圖，易首參同日月之義，兼列子、揚子太玄、關氏洞極、司馬溫公潛虛、邵子皇極經世諸說。說經三禮並重，圖有周禮、禮記而無儀禮，不審去取何義？豈圖猶未竟而所傳僅此耶！嘗見萬曆間廬江盧侍御刊本，題曰五經圖。京山李維楨序云：'五經圖易、書、詩、春秋、周禮、禮記各八篇，以信州石本更爲木本。'蓋合二禮爲一經，故總題五經；而寔仍六經之數，各爲八篇。又國朝乾隆初潮陽鄭之僑宰銘山，刊於鵝湖書院。序云：'原圖編序配合，疏密相間，幾若天設，建於信州學宮。'寧化雷鋐序曰：'廣信學宮原有六經圖石刻，以難於展閱，易以梨棗。'是盧氏、鄭氏板本，皆卽此圖重刊。盧本刪併，鄭剞劂精工，凡三百四十四圖，分增不少，名皆沿信州石本而原次棼矣。"

刊正九經三傳沿革例一卷

瞿氏目錄有影鈔宋本，云："今世行本有四：乾隆戊申，興化任氏始刻；旣而知不足齋鮑氏刻桐花館訂本；嘉慶甲戌，揚州汪氏以影宋本翻刻；若郡中璜川吳氏所刻，卽出自此本，各本互有出入，而是本爲勝。惟書中'以平爲便'句，當與上'以頗爲陂'一例，任本、鮑本作'以便爲平'，自較此本爲優。若泰誓注'不如周家之少仁人'，任本'少'

譌'多';又顧命'一人冕執鋭,實'鈗'字也',鮑本與此本同,任本'鋭'譌'鈗','鈗'譌'鋭'。岳氏以神祇之'祇',從示而無畫,祗敬之'祗',從示而有畫,底音抵者上有點,底音止者無點,鮑本、汪本於底音止下無畫則譌矣。說文惟疒部疷從氐,若广部無從氐之字也,此本所寫皆不譌。"玉縉案:全祖望鮚埼亭集外編跋岳珂傳,歷舉張端義貴耳集及宋史徐鹿卿傳、杜杲傳、袁甫傳所載,以爲珂直掊克忮深之小人,有媿於乃祖,雖春秋責備賢者之意,而足爲後世警,特附識之。 李慈銘桃華聖解盦日記云:"以吳刻影宋本校知不足齋本,吳刻間有誤字,不及鮑刻之精。倦翁於小學尙疏,而別白謹愼不敢妄改,南宋人中所僅見。其書雖僅三十餘葉,而詳載版本源流、經注體例,於音釋一門尤爲晐備,此讀經者之津筏,尤刻書者之準繩,所當家置一編者也。"

四如講稾六卷

今觀是書所講,實兼及諸經,不止四書。

陸氏藏書續志有影鈔明刊本黃四如先生六經四書講稾六卷,丁氏藏書志同,即從嘉靖丙午本傳錄者。福建通志及莆田志所載固誤,提要何不據是書標題言之也。張氏藏書志有舊鈔本六經四書講稾六卷,板心有"繡佛齋藏本"五字。

六經奧論六卷

則爲宋末人所作具有明驗。

黃式三儆居集有是書跋云:"宋東萊呂氏祖謙撰六經奧

論，詳見呂集四卷答聶與言書。自明之中葉，有好事者刊其書，以爲鄭漁仲所撰，借重名以行其書。駁之者以爲漁仲所上書目無奥論，漁仲紹興年間人，書中言薛艮齋、朱文公，皆在其後；且其天文總辨中論'鬼料竅'一條，謂夾漈先生得是書而讀之，其譌顯然，因之書遂不行。不知薛、朱皆呂氏友，故及之，其稱文公者，必傳寫者竄改之耳。其書中之悖謬者，如言先天諸圖康節得之希夷將啓手足之際，康節當作种放，种傳穆修，穆傳李之才，李傳邵，此中必有譌奪字，由後人傳寫改竄而誤，呂氏豈不考人之系代源流，謬妄至此。夫呂氏本南宋大儒之閎博者，其書中多格言，足令人采取，集中自言此書之論與博議，皆少年爲場屋而作，淺狹偏暗不中理，則書中之論有不醇者，亦不足爲呂氏病。" 陸氏儀顧堂題跋六經雅言圖辨跋云："莆陽二鄭先生六經雅言圖辨六卷，明人影寫宋刊本。文淵閣書目、焦氏經籍志、千頃堂書目皆著於錄，惟不著二鄭之名，此本亦同，次二行題曰'甲科府敎許一鶚家藏，甲科府敎方澄孫校正'，核其文，卽四庫所收之鄭樵六經奥論也。提要證其不出樵手，而未定爲何人所著？吳兎牀愚谷文存謂六經奥論之名必後人妄題，是矣。又據道園學古錄稱夾漈著述五十餘種，疑卽在五十餘種之中，不知夾漈著述不止五十餘種，見宋史藝文志夾漈遺稾及八閩通志，並無此書之名也，兎牀誤矣！文淵閣書目有六經圖辨，無六經奥論，至董氏玄賞齋書目始有六經奥論，可見成化以前無此名，必黎溫刊板所妄改耳，蓋淺人見書題莆陽二鄭而不著其名，但知莆田之有鄭樵，不知有鄭厚，故妄題之。不知二鄭非一鄭也，其撰人，當從弘治興化府志作鄭厚與弟樵同撰者爲近。厚字景韋，樵之從兄也。紹興五年成進士，調泉州觀察推官，言者希檜旨，劾以諂事趙鼎，謗議朝政，遂罷歸。少時嘗著藝圃折衷，論多過激，紹興十三年駕部員外郎王恭摘書中詆孟子語言於朝，詔令建州毁板，已傳播者焚之。檜死，起昭信軍節度推官，改知湘潭縣，卒於官。著通鑑分門類要四十卷，見宋史藝文志、弘治興化府志、陳壽祺福建通志所引林光朝撰墓志及建炎以來繫年要錄。竊謂此書卽藝圃折衷之焚餘，後人又有所附益耳！折衷今不可見，必辨論經傳而折其衷者，板雖毁，書雖焚，如元祐黨人文字，豈能禁其不傳，惟無弛禁明文，不敢公然刊行，故易其名曰六經雅言圖辨，折衷與辨，其義一也。又恐獨題鄭厚之名形迹易露，樵以進書得官，與厚以著書獲咎相反，故以夾漈之說雜之。曰莆陽二鄭者，樵與厚齊名故也；曰家藏者，其意若曰流傳自昔，知其姓不知其名耳；不然，古來刊書，有題編次，有題校正者，未聞有題爲家藏者也。許一鶚字國深，莆田人，淳祐元年進士，餘無考。方澄孫字蒙仲，淳祐七年進士，歷官泉州通判，知邵武軍，見福建通志。書爲澄孫官敎授時所刊，事在淳祐末寶慶初矣。書中徵引南宋人著述尚多，如易舉正條下引晁公武進易解，秦以詩廢而亡條引陳君舉說，武成條引林少穎，書疑條引胡五峯、吳才老，書詩逸篇條引洪邁舊日爲三山敎等語。厚爲漁仲從兄，漁仲卒於紹興三十二年，年五十九，景韋長漁仲三歲，以檜死後起官改官之時計之，其卒當亦在紹興、隆興之間。容齋生於政和五年，少潁生於政和二年，明仲生於元符元年，才老仕於紹興時；皆與景韋時代相接。公武之易解，據書錄解題進於乾道間，非景韋所得見；君舉生於紹興十一年，至隆興之初才二十歲，其所著書亦非景韋所得見，今觀所引公武易解、陳君舉說，及正朔總論之晦菴詩說，古今文尚書辨之文公語錄，辭句序次，顯然後增，皆門弟子所附益也。蓋亦猶胡安定周易口義、公是先生弟子記之例，爲門弟子述其師之說，故不題撰人姓名而但稱莆陽二鄭。雅言者，口義、語錄之變文，不然，但曰六經圖辨足矣，何必曰雅言圖辨乎？後有重刊是書者，宜改題曰鄭厚弟子述其師及樵之說，則無往而不可通矣。千頃堂書目於六經圖辨之外，別出車似慶六經奧論，注云：或作鄭樵者非，未知何據？"

明本排字九經直音二卷

若九經前後失次則當爲坊刻之誤，旣無關大旨固無庸深論矣。

陸心源儀顧堂集有是書元刊本跋云："前集一卷，後集一卷，補遺一葉。前集首孝經，次論語，次孟子，次毛詩，次尙書，次周易；後集首禮記，次周禮，次春秋左傳，凡九經。序次似不以倫，而元以來童蒙讀經先後之序，藉此可見其概。" 又有重刊序云："聞之故友嘉興唐大令翰題，海寧查氏有宋刊九經，後附直音，題孫奕季昭撰，即著履齋示兒編者。因取示兒編所說經音一一對勘，不獨論議皆同，辭句亦如出一手，信乎其出於季昭矣。宋史藝文志有許奕九經直音九卷，考魏了翁鶴山集許公神道碑，詳列奕所著書而不及直音，夫豈許氏所著哉？宋史殆誤孫爲許耳。余有宋刊白文九經，上端附列直音，與此皆同，避諱則至寧宗廓字止，則季昭寧宗時人，九經亦寧宗時刊也。明本有所削節，故並沒其名耳。”

五經說七卷

惠棟九經古義詆其論大學親民一條，不知親、新通用本馬、鄭之解金滕爲夏蟲之見云云。

丁氏藏書志有惠棟手批通志堂本，云：“惠氏九經古義於此書已有所詆議，此則批抹非止一條。如開卷河圖洛書之名自易大傳言之，卽批云：‘易大傳並未以天一地二爲河圖’；又漢儒所說龜文可證者莫如大戴經注之言，卽批云：‘大戴禮注是盧辯，乃六朝人；大抵圖書之說至宋始詳’，又批云：‘未聞乎古，至宋而始有是說。’其下亦多駁正，足見著書之難。”

簡端錄十二卷

凡易三卷，書二卷，春秋三卷，禮記一卷，大學、中庸合一卷，論語、孟子合一卷。

案此提要止十一卷，蓋書二卷下，當增“詩一卷”三字。禮記一卷，亦當稱“禮記、孝經合一卷”。

七經孟子考文補遺一百九十九卷

原本題西條掌書記山井鼎撰，東都講官物觀校勘，詳其序文，蓋鼎先爲考文而觀補其遺也。二人皆不知何許人？則知古本非無稽也。

周春十三經音略云："西條侯名鼎，字君彝，又稱神生，觀字叔達。同校者石之清平、義質木晟，序之者物茂卿，序後云：'享保丙午正月'，爲國朝康熙五年。補遺成於享保庚戌，梓畢於享保辛亥。此書一字一句，詳校異同，不敢輒行改易，猶是唐以前說經家法。禮記以古本、宋本、明本及足利學活字本互校而成，尤爲精細。" 玉縉案：是書有阮元重刊小版本，其序云："元在京師僅見寫本，及奉使浙江，見揚州江氏隨月讀書樓所藏，乃日本元板楮紙印本，攜至杭州，校閱羣經，頗多同異。山井鼎所稱宋本，往往與漢、晉古籍及釋文別本、岳珂諸本合。所稱古本及足利本，以校諸本，竟爲唐以前別行之本。物茂卿序所稱唐以前王段吉備諸氏所齎來古博士之書，誠非妄語。故經文之存於今者，唐開成石經、陸元朗釋文、孔沖遠正義三本爲最古，此本經雖不全，實可備唐本之遺。即如周易文言傳'可與幾也'，古本、足利本'幾'上有'言'字，與李鼎祚集解及孔疏合，疏中'共論'二字，正釋'言'字也。尚書堯典'敬授人時'，古本、足利本作'民時'，此唐以前未避諱之驗；而洪範'無偏無陂'，'陂'仍作'頗'，亦在未經詔改以前。召誥'錫周公曰拜手稽首'，'曰'下有'𢻬'字，'𢻬'乃篆文'𢼸'字之譌。'比介于我有周御事'，'介'作'迩'，'迩'爲'邇'字古文，所由誤爲'介'字，皆與傳疏所解相合，此漢、晉以來僅存古字也。毛詩殷其靁，古本、足利本二章作‘莫敢或遑息’，三章作‘莫敢或遑處’，此承首章加‘息處’二字爲韻，極合；而淺人於二章刪‘或’字，三章刪‘敢’字以成四言，古人之文，不若是纖巧矣。又椒聊兩‘遠條且’，古本皆作‘遠脩’，今案兩條固非，兩脩亦誤，蓋首章爲‘脩’，次章爲‘條’，‘脩’、‘條’皆古韻也。古毛傳離經單行，首章傳曰：‘脩長也’，次章傳曰：‘言聲段若膺大令云：馨字之譌。之遠聞也。’若兩章‘脩’、‘條’無別，毛不應次‘遠聞’一訓於‘匊篤’二訓之後，故脩之爲長，一訓已明，條爲條鬯，義須再訓，詩人就椒之在升在匊者，言其香之遠聞，非謂樹之枝條遠揚也。禮記檀弓，‘宮中無相以爲沽也’，古本、足利本‘相’下有‘君子’二字，乃成文。‘司徒旅歸四布’，作‘司徒敬子使旅歸四方布’，案正義中屢言‘敬子’，猶是皇侃、熊安生舊語，設經中無此，則疏豈空言。喪服小記，‘齊衰惡笄以終喪’，‘笄’下有‘帶’字，乃與注疏合。雜記‘其介在其東南，北面，西上，西于門’，古本疊‘西上’二字，案此古本‘西上西于門’五字，乃鄭氏注文，古本已誤爲經，淺人以文不類經，復刪疊字，經、注相淆久矣。春秋經文公十五年，‘齊人侵我西鄙’，足利本‘齊’上有‘秋’字；昭公元年‘公子比出奔晉’，‘公’上有‘楚’字，義並長。左氏傳哀公十一年‘公孫務人’，‘孫’作‘叔’，與檀弓合，‘務、禺’乃異同，‘孫’字直誤耳。二十六年‘乃睦於子矣，衞師侵外州’，‘矣’字下多杜注‘民睦’二字，傳文無‘衞’字，案此義長，蓋越師非衞師也。論語異同，多出皇侃義疏，洵爲六朝眞本。孟子趙岐章指，亦勝俗本邵武僞疏。惟孝經多據僞孔安國本爲無足取。凡以上經文，略爲舉證，皆非唐石經以下所有，誠古本也。傳注、釋文、正義三者所校，更爲繁細，助語多寡，偏旁增減，或不足爲重，然精核可采者亦復不少。至於書大誥'肆哉爾庶邦君'，古本、足利本皆作'肆告'，似亦可從。然漢書翟方進傳王莽擬大誥，此節正作'肆哉'，則作'告'乃形近之譌，若斯之類，宜審辨焉。山井鼎等惟能詳紀同異，未敢決擇是非，皆爲才力所限，然積勤三年，成疾幾死，有功聖經，亦可嘉矣！" 玉縉案：椒聊次章傳，言聲之遠聞也，乃毛總傳全詩，阮說蓋沿段氏所訂毛詩故訓傳初本之譌，觀顧廣圻思適齋集與段論椒聊經傳書可見。後段改從顧說，而毛詩校勘記阮仍主首章作"脩"次章作"條"之說，實非。 楊守敬叢書舉要云："此日本山井鼎等就其國足利學所藏古鈔本、宋槧本、及足利學活字本合而校之，頗爲精審。然余於其國得周易、尙書單疏、毛詩黃唐殘本、禮記單疏殘本、左傳古鈔卷子本及單疏殘本、皆山井鼎所未見。又得七經經注本各數通，以校山井鼎之本，時多出入，緣山井鼎僅就足利一學所藏，余則遍覓其國中古本，故所見多數倍。擬爲重校七經本，僅成論語、左傳，餘未脫稾，而余老衰眼昏，不復能細校勘，然其本皆什襲藏之，未敢散逸也。"

阮訂詁經精舍文集有洪頤煊是書跋云："偶以他書所引證之，如隨'大亨貞'，'貞'上有'利'字；升'積小以高大'，'以'下有'成'字；柏舟'髧彼兩髦'，'髧'作'优'；月令'鞠有黄華','鞠'作'菊';與釋文所引本同。曲禮'主人辭不能亨','亨'作'烹';檀弓'從若斧者焉','從'上有'吾'字;鄉飲酒義'所以致絜也','絜'作'潔';與初學記所引本同。坤'象曰履霜堅冰','冰'下有'至'字;檀弓'使子路問之','子路'作'子貢';禮器'二者天下之大端矣','矣'作'也';與藝文類聚所引本同。羔裘'彼其之子','其'作'己';衡門'可以樂飢','樂'作'療';論語'舉一隅','隅'下有'而示之'三字;與文選注所引本同。雜卦'姤遇也','姤'作'遘';王制'示弗故生也','示'作'亦';學記'燕辟廢其學','辟'作'譬';與唐石經本同。緇衣'敝予又改爲兮','敝'作'弊';曲禮'酒漿處內','內'作'右';檀弓'凡在宮者殺無赦','宮'作'官';祭統'論撰其先祖','撰'作'譔';與太平御覽所引本同。他如桓公六年疏,'孔子年十九,娶于宋开官氏','开'作'幷',與韓勑碑同,可正今讀'开'之誤。襄公二十八年傳'武王有亂臣十人','亂'下無'臣'字,與論語釋文同,可爲攻僞古文尚書者增一佐證。定公四年傳'殷民六族殷民七族','民'作'氏',古人氏族並稱,不可謂避唐諱也。洪範'五者來備','者'下有'是'字,後漢書李尋傳作'五氏來備',古'氏''是'通用,後人誤衍一'者'字。又曲禮'客踐席乃坐',作'客踐席主人乃坐',檀弓'還葬'下有'而無椁'三字,王制'屏之遠方'上有'不變王'三字,樂記'五成而分'下有'陝'字,表記'不犯日月'上有'君子'二字,義皆長於今本。山井鼎稱足利學所藏古本爲唐以前物,蓋亦可信其不誣矣。惟盤庚'作福作災',作'依福依災',當是'作'字之譌。微子之命序'殺武庚','庚'作'康',古文'康、庚'字相近。君牙'率乃祖攸行','攸'作'道','攸'本作'逌',因譌作'道'。秦誓'斷斷猗','斷斷'作'鲇鲇',即說文'詔'字之譌,亦惜材力有限,尚不能考覈精當耳。昔人謂文選注一字一縑,頤煊於此書亦云。"

九經誤字一卷

惟儀禮脫誤比諸經尤甚,如士昏禮"視諸衿鞶"下,脫"壻授綏姆辭曰未教不足與爲禮也"十四字;鄉射禮"各以其物獲"下,脫"士鹿中翿旌以獲"七字;燕禮"享于門外東方"下,脫"其牲狗也"四字;特牲饋食禮"長皆答拜"下,脫"舉觶者祭卒觶拜長皆答拜"十一字;少牢饋食禮"振之三"下,脫"以授尸坐取簞興"七字。其一、兩字之脫尚有二十處,皆賴炎武此書校明,今本得以補正,則於典籍不爲無功矣。

王鳴盛爲金曰追作儀禮經注疏正譌序云:"即以顧氏所校經之正文與璞園所校參觀之,如士昏禮一篇,'主人'至'答拜'節,'主人拂几授校','校'當作'校'。'饌于'至'皆蓋'節,'菹醢四豆','菹'當改'菹'。'女從'至'其後'節,'被穎黼','穎'當改'潁'。'席于北牖下'節,'牖'當改'墉'。'命之'至'宗事'節,'命之辭曰','辭'字衍。此五條皆顧氏之所未及。"

經問十八卷經問補三卷

其中如論褚師、聲子不解韤,論肅容、肅揖、肅拜三者之分,論婦人不稱斂衽,論稽首、頓首之誤用,論杜預注丘甲之非,論儀禮出二戴禮記不出二戴，論甘盤不遯於荒野，論姓分爲氏氏分爲族，論以字爲氏不必定用王父，論兄弟不相爲後，破汪琬以弟後兄之說，以史記諸侯年表正趙世家記屠岸賈之譌，謂衞宣公無烝夷姜事，謂孟子記齊、楚伐宋時宋猶未滅滕，謂春秋桓公多闕文，論公行子有子之喪，論微子、微仲，論鄭康成誤注勦說爲雷同，論孔子非攝相，論孔子適周非昭公二十四年，論畏厭溺，論魯鼓、薛鼓非無詞，論媒氏禁遷葬嫁殤，論子文三仕三已，論束牲載書，皆證佐分明，可稱精核。

李慈銘荀學齋日記云："其議論通闢處，往往推經義以斷史事，極爲明快；而肊說無徵亦時有之。如辨陰厭、陽厭，謂成人之陽厭在室之西北隅，所謂屋漏，殤之陽厭在室之東北隅，所謂窔，即當室之白。不知室之東北隅名宧，爲人之飲食處，窔在室之東南隅，即安戶處，此明見爾雅釋宮者，說文亦同，惟窔作官，曰戶樞聲也，因戶在東南少右，其左之隙地曰官，正直戶安樞處，常聞戶樞之聲官窅然，因名之曰官。釋名曰：'窔，幽也'，亦取幽冥也，儀禮既夕記云，'埽室聚諸窔'，鄭注，'室東南隅謂之窔'，其字作窔，說文，窔官、窔，突也，官，冥也，二字蓋可相通，是窔亦幽暗之處，故埽室者聚塵垢於此，猶今埽室者必先聚之戶下，以便畚而出之。窔自當在戶東，與牖隔遠故幽暗。牖更在戶西，戶東無牖，古室中惟西南有一牖。其內曰奧，爲尊者所坐處。段氏說文注謂窔在戶東、牖西者非是。然則窔之爲地甚迫，豈有容祭之處，毛氏蓋誤記宧爲窔。至以爲當室之白，尤謬，古人牀在北牖，居室之西北，其上有囱以取明，故曰屋漏，言日光所穿漏，故曰當室之白，以日夕寢處其下，故曰仰不愧於屋漏，即獨寢不愧衾之意，若宧與窔，安有此乎！”

十三經注疏正字八十一卷

國朝沈廷芳撰。是編校正十三經注疏，以監本、重修監本、陸氏閩本、毛氏汲古閣本參互考證，而音義、釋文則以徐氏通志堂本爲準。凡：周易三卷，尚書五卷，詩十四卷，周禮十卷，儀禮十一卷，禮記十五卷，左傳十卷，公羊傳四卷，穀梁傳二卷，孝經一卷，論語二卷，孟子一卷，爾雅三卷。考諸經正義，宋端拱、咸平、景德遞有校正而版本久湮，明以來公私刊版亦有據宋本刊正者，而所校往往不同。廷芳是書，每條標其本句而疏其譌誤於下，其據某本改者並顯出之，有未定者則以疑存之，或有據某人說者亦綴附焉。於形聲六體尤所究詳，然籀改而篆，篆改而八分而隸書，偏旁點畫，或因或革，不能限以許慎之所述。又經師口授，各據專門，春秋則三傳異文，詩則四家殊字，而假借通用又復錯出於其間，故曰若、越若，書自不同，桑葚、桑椹，詩亦各體，此一經自不相同者也。周禮之簭，不可通乎周易之筮，儀禮之庿，不可通於禮記之廟，此諸經各不相謀者也。鄭康成之屢稱舊書，陸德明之多引別本，更不論矣。故是書所舉，或漏或拘，尚未能毫髮無憾。

案廷芳爲浦鏜作傳云：“正字書存余所，故人苦心，會當謀諸剞劂，芳得附名足矣。”而鏜弟銑作秋稼吟稾序云：“正字書沈椒園先生許爲付梓，今已入四庫全書，而非兄之名也。"據此，則是書爲浦鏜撰，非出沈廷芳。鏜字金堂，一字聲之，號秋稼，嘉善廩貢生。　阮元十三經注疏校勘記凡例云："近日校經之書，莫詳於嘉善浦鏜十三經注疏正字；但鏜雖研覈孜孜，惜未見古來善本。又以近時文體讀唐代義疏，往往疑所不當疑；又援俗刻他書肆意竄改，不知他書不必盡同義疏所引，而他書之俗刻，尤非唐代所傳之本也。"案阮記引據各本目錄，如書、詩、周禮、儀禮、禮記、公羊、爾雅七經，引浦書或稱正字，或稱正誤，一也。

九經辨字瀆蒙十二卷

炳震，歸安人。　第一卷爲經典重文，如翽翽、坎坎之類。第二卷爲經無重文，如虩字、豶字之類。第三卷爲經典傳譌，如文言傳"重剛而不中"，重字本義疑衍，象傳"履霜堅冰"，魏志作"初六履霜"之類。第四卷、第五卷爲經典傳異，以注疏本列於上，以石經不同者列於下，其諸書援引異文亦併附著。第六卷爲經典通借，如"君子以順德"，"順"王肅本作"愼"；"磐桓利居貞"，"磐"釋文一本作"盤"之類。第七卷、第八卷、第九卷爲先儒異讀，如易"大人造也"，"造"劉歆引作"聚"；"君子體仁"，"仁"董遇本作"信"之類。第十卷爲同音易義，如彖本訓豕走，而易之彖則訓爲斷；毒本訓害，而王弼注師卦"毒天下"訓爲役之類，然其音不改。第十一卷爲易音、易義，如元亨之"亨"，在王用亨于岐山則讀"饗"；乾、坤之"乾"，在噬嗑乾胏則讀"干"之類，併其音而改之矣。併附以異字同義，如易之鼫鼠，即詩之碩鼠；易之鮑鮑，即書之杌隉之類。第十二卷則注解傳述人也。

案炳震字東甫，提要失載其字。丁氏藏書志云："是書以九經文字分爲十類：曰經典重文，曰經典闕文，曰經典傳譌，曰經典傳異，曰經典通借，曰先儒異讀，曰同音異義，曰異音異義，曰異字同義，曰注解傳述人"，所舉亦較爲明瞭。

古經解鉤沈三十卷

是編採錄唐以前諸儒訓詁。首爲敍錄一卷，次周易一卷，尚書三卷，毛詩二卷，周禮一卷，儀禮二卷，禮記四卷，左傳七卷，公羊傳一卷，穀梁傳一卷，孝經一卷，論語一卷，孟子二卷，爾雅三卷，共三十卷，而敍錄、周易、左傳均各分一子卷，實三十三卷也。自宋學大行，唐以前訓詁之傳，率遭掊擊，其書亦日就散亡。沿及明人，說經者遂憑臆空談，或蕩軼於規矩之外。國朝儒術昌明，士敦實學，復仰逢我皇上稽古右文，詔校刊十三經注疏，頒行天下，風教覲摩，凡著述之家，爭奮發而求及於古，蕭客是書其一也。其敍錄備述先儒名氏、爵里及所著義訓，其書尚存者不載，或名存而其說不傳者亦不載，餘則自諸家經解所引旁及史傳、類書，凡唐以前之舊說，有片語單詞可考者悉著其目。雖有人名而無書名，有書名而無人名者，亦皆登載。又以傳從經，鉤稽排比，一一各著其所出之書；並仿資暇集、龍龕手鏡之例，兼著其書之卷第以示有徵。又經文同異，皆以北宋精本參校，正前明監版之譌闕。自序謂創始於己卯，成槀於壬午，晝夜手錄，幾於左目靑盲而後成帙，其用力亦可謂勤矣。至梁皇侃論語義疏，日本尚有全帙；又唐史徵周易口訣義，今永樂大典尙存遺說，是書列皇氏書於佚亡，而史氏書亦未採，蓋海外之本，是時尙未至中國，而天祿之珍，庋藏淸祕，非下里寒儒力所能睹也；然經生耳目之所及者，則捃摭亦可謂備矣。

江藩漢學師承記云："當日戴震謂是書有鉤而未沈者，有沈而未鉤者，然沈而未鉤，誠如震言，若曰鉤而未沈，則震之妄言也。今核考其書，豈有是哉？惟皇侃論語義疏，其書出於著鉤沈之後，何得謂之鉤而未沈。藩爲先生受業弟子，聞之先生曰：'鉤沈一書，漢、晉、唐三代經注之亡者本欲盡采，因乾隆壬午四月得虛損症，急欲成書，乃取舊稾錄成付梓，至今歉然，汝能足成之，亦經籍之幸也。'"玉縉案：江說與提要合，且亦是書一小掌故也。

古微書三十六卷

荀爽謂起自哀、平，據其盛行之日言之耳。　所採凡：尙書十一種，春秋十六種，易八種，禮三種，樂三種，詩三種，論語四種，孝經九種，河圖十種，洛書五種。以今所得完本校之，瑴不過粗存梗概。又唐瞿曇悉達開元占經，去隋未遠，所引諸緯，如河圖聖洽符、孝經雌雄圖之類，多者百餘條，少者數十條，瑴亦未睹其書，故多所遺漏。又摘伏勝尙書大傳中洪範五行傳一篇，指爲神禹所作，尤屬杜撰。然其採摭編綴，使學者生於千百年後，猶見東京以上之遺文以資考證，其功亦不可沒。經義考毖緯一門所引據，出瑴書者十之八九，則用力亦可謂勤矣。

玉縉案：阮元所訂詁經精舍文集有徐養原等緯候不起於哀平辨凡五篇，文繁不錄。又錢泰吉甘泉鄉人稾跋是書云:"孫氏從羣書鈔撮成尚書緯五卷云云,可謂富矣;然挂漏舛誤,亦所不免。且每條下不注採輯所自,考證末由。"又云:"天官占候之說,時時徵驗,事幽辭富,有助文章,賁居子更徵引羣籍以疏通證明之,其功亦與鄭康成、宋均相汭矣。"

五經總義類存目

峚陽草堂說書七卷

崇禎中爲溫體仁所搆,誣以杖母不孝,磔於市。是編首爲中庸說一卷,次大學意一卷,以中庸冠大學前者,其說謂中庸以明德終,大學以明德始,大學實繼中庸而作也。論語詠,一仿宋張九成之例,以絕句代箋疏。次孟子略述,隨意標舉而說之,故曰略焉。四書皆崇禎十二年詔獄中作以授其子珏者,次詩書論世三卷,則雜論詩、書二經,大抵皆明末狂禪,提倡心學,無當於聖賢之本旨。

玉縉案:鄭本不知經學,其云"中庸以明德終,大學以明德始,大學實繼中庸而作也",後譚貞默推衍爲三經見聖編,謬種流傳,至於此極。惟其磔於市,實爲奇冤,陸以湉冷廬雜識鄭峚陽條,載黃道周謂"正直而遭顯戮,文士而蒙惡聲,古今無甚於此者"。又載黃宗羲峚陽墓表,謂"公爲奸相溫體仁所陷"云云,以爲峚陽事載於明史者未詳,得徵君之文而始白,今考黃表在南雷文定三集中。其他論之者極夥,以武進湯修業所作鄭峚陽寃獄辨五篇,并天山自譜及其詩文之有關身世者,凡一百六十餘頁,分爲四卷，曰崟陽公寃案傳信錄爲最備。同年王犞鄰仁俊亦輯數十百條爲崟陽辨誣錄，約有五六卷，未知異同若何？惜未刊行，今槀本不知流落何許矣？

四庫全書總目提要補正卷九

四　書　類

孟子正義十四卷

漢趙岐注，其疏則舊本題宋孫奭撰。岐字邠卿，京兆長陵人，初名嘉，字臺卿，永興二年辟司空掾，遷皮氏長。延熹元年，中常侍唐衡兄玹爲京兆尹，與岐夙隙，岐避禍逃避四方，乃自改名字，後遇赦得出，拜幷州刺史；又遭黨錮十餘歲，中平元年徵拜議郎，舉燉煌太守，後遷太僕，終太常，事蹟具後漢書本傳。奭字宗古，博平人，太宗端拱中九經及第，仁宗時官至兵部侍郎龍圖閣學士，事蹟具宋史本傳。是注即岐避難北海時在孫賓家夾柱中所作。　其疏皆敷衍語氣，如鄉塾講章，故朱子語錄謂其全不似疏體，不曾解出名物制度，只繞纏趙岐之說。至岐注好用古事爲比，疏多不得其根據，如注謂"非禮之禮，若陳質娶妻而長拜之；非義之義，若藉交報讎"，此誠不得其出典。至於"單豹養其內而虎食其外"，事出莊子，亦不能舉，則弇陋太甚。朱彝尊經義考摘其欲見西施者人輸金錢一文事詭稱史記，今考注以尾生爲不虞之譽，以陳不瞻爲求全之毁，疏亦並稱史記，尾生事實見莊子，陳不瞻事實見說苑，皆史記所無，如斯之類，益彰撰無稽矣。

孫志祖讀書脞錄云："元何異孫十一經問對引趙岐本傳，'岐，京兆長陵人，年已五十，因恥疾宦官，數爲貶議，中常侍唐玹爲京兆尹，收岐家屬，陷以重法，岐變易姓名，與其從子揩范書作戩。逃竄。嘗憩息於濟、岱之間，有安邱孫嵩，年二十歲，范書二十餘。察其非常人，密問之，岐以實告，遂與同載而歸，藏之複壁中，岐隱忍困阨者三年，注成孟子，數年後，唐玹輩死，因赦乃出。'志祖案：所引趙岐本傳與范蔚宗後漢書小異，其所云藏複壁三年注成孟子，此事范書不載，但云藏複壁中數年，岐作戹屯歌二十三章而已。傳末著'要子章句'，劉貢父校'要'當作'孟'，以岐注孟子傳至今，本傳何得反不記也。何氏所引，豈出謝承書耶？元時謝書尚存，未可知也？錄之以諗讀史者。"玉縉案：提要上引范書，下云注即在孫賓家夾柱中作，雖與何引合而語不相應，孫賓亦當作孫賓石。陳澧東塾讀書記云："僞孫疏甚有精善處，如公都子曰、告子曰章疏云云，形色天性章疏云云，此二段精善之至，近人以其僞而蔑棄之，不知其有可取者矣。"又云："僞疏之不通者，如'我能爲君約與國戰必克'，疏云：'我能爲君期與敵國戰鬪，必能勝'，連讀'與國戰'三字，謂國爲敵國，此其不通也。'居惡在仁是也，路惡在義是也'，疏云：'非仁非義者，亦以所居有惡疾在於仁，所行有惡疾在於義是也'，釋惡爲惡疾，又不通也。'然後知生於憂患'，疏云：'如是則然後因而知人以憂患謀慮而生’，此連用‘如是則然後因而’七字，又不通也。‘曾晳死，曾元養曾子’，疏云：‘曾晳已死，曾元奉養其曾子’，此‘其’字不通；‘丑見王之敬子也’，疏云：‘今丑每見王之敬重其子也’，此‘其’字又不通也。‘奚爲後我，民之望之若大旱之望雨也’，疏云：‘怨云何爲而後去，其我民之望其湯之來，若大旱之時，人望其雲霓而雨之降’；‘周公相武王誅紂’，疏云：‘周公乃輔相武王誅伐其紂’，此‘其’字皆不通。然何以不通至此，此疏必非一人之筆也。” 玉縉案：藉交報仇，周廣業孟子四考亦如提要所說；其陳質拜妻，廣業謂陳質疑是奠贄之義，下引繁露五行相勝篇云云，蓋謂營蕩有妻長夫拜語，非謂卽營蕩事。而焦循正義云：“古事相傳，名姓往往各異”，殊屬誤會。陳不瞻事，提要謂見說苑，乃新序之誤，見義勇篇。

錢大昕十駕齋養新錄云：“孟子正義，朱文公謂邵武士人所作，卷首載孫奭序一篇，全錄音義序，僅添三、四語耳，其淺妄不學如此。晁公武讀書志有孫奭音義而無正義，蓋其時僞書未出，至陳振孫書錄解題始並載之。馬端臨經籍考幷兩書爲一條，云‘孟子音義正義共十六卷’，引晁氏曰：‘皇朝孫奭等採唐張鎰丁公著所撰，參附益其闕。古今注孟子者，趙氏之外，有陸善經，奭撰正義，以趙注爲本，其不同者，時時兼取善經；如謂‘子莫執中’爲‘子等無執中’之類，’今考‘子等無執中’之說，初不載於正義，唯音義有之，馬氏旣不能辨正義之僞託，乃改竄晁語以實之，不知晁志本無正義也。” 又云：“趙岐注孟子，每章之末，括其大旨，間作韻語，謂之章指，文選注所引趙岐孟子章指是也。南宋後僞正義出，託名孫奭所撰，盡刪章指正文，仍剽掠其語散入正義，明國子監刊十三經，承用此本，世遂不復見趙岐元本矣。考崇文總目載陸善經注孟子七卷，稱'善經刪去趙岐章指與其注之繁重者復爲七篇'，見文獻通考。是刪去章指始於善經，邵武士人作疏，蓋用善經本也。"

論語義疏十卷

其經文與今本亦多有異同，如"舉一隅"句下，有"而示之"三字，頗爲宂贅，然與文獻通考所引石經論語合。"夫子之言性與天道不可得而聞也"下，有"已矣"二字，亦與錢曾讀書敏求記所引高麗古本合。其疏文與余蕭客古經解鉤沈所引，雖字句或有小異而大旨悉合。知其確爲古本，不出依託。觀古文孝經孔安國傳，鮑氏知不足齋刻本信以爲眞，而七經孟子考文乃自言其僞，則彼國於授受源流，分明有考，可據以爲信也。至"臨之以莊則敬"，作"臨民之以莊則敬"，七經孟子考文亦疑其"民"字爲誤衍，然謹守古本而不敢改，知彼國遞相傳寫，偶然譌舛或有之，亦未嘗有所竄易矣。

孫志祖讀書脞錄云："皇侃論語義疏十卷，當南宋時已佚，故朱子亦未之見，近始與古文孝經孔傳並得之日本國中，嘗取二書衡量之，則孔傳贋而皇疏似眞也。其中遺文佚事，若管仲奪邑之伯氏名偃，公冶長辨雀語，張石虎難夷、齊之類，洵足以資多識而廣異聞。且所采舊說數十家，標新領異，非唐以後人所能僞撰；然經文與今本多異，其合於史書徵引者固可擇善而從，而流傳既久，亦容有彼國人之竄改。如‘子行三軍則誰與’，釋文云：‘與’，皇音餘，而今本義疏云：‘若行三軍，必當與己’，是仍讀如字而不音餘也。‘子溫而厲’，釋文云：皇本作‘君子’，今義疏本仍作‘子’，吾不能無疑焉。好古之士，當分別觀之。”玉縉案：陳澧東塾讀書記以‘子行三軍則誰與’疏，爲皇疏殘闕而足利人妄補之。　朱一新無邪堂答問云：“注引周說十四條，邢疏皆作周氏，皇侃皆作周生氏，要之皆非也。何序稱集周氏、周生氏之說，則兩家皆有采取，今皇、邢二疏皆爲後人所竄亂，惟釋文於‘冉子退朝’章引周生烈云云，此確爲周生氏之說，餘則不復可識別矣。”玉縉案：此說於日本刻本雖無涉，而提要卻未見及，因錄之。日本經籍訪古志稱“是書有舊鈔五本，且云六朝經書，傳世無幾，義疏爲李充、繆播等十三家之經說依此而僅傳，寬延中，根本伯修仿邢昺疏例改換體式，已失皇氏之舊。如八佾中‘子曰射不主皮’條，馬融注‘射有五善’下，及‘以熊虎豹皮爲之’下，邢疏文俱貫入，乃知舊鈔義疏，原於唐卷子本，承學者以邢疏文錄於紙背，而後人傳寫誤混入之正文”云云。據此，則彼國亦以是書爲有所竄亂。　李慈銘桃華聖解盦日記云：“亦乾隆中得之於日本，論者或與孝經孔傳、孝經鄭注並疑其僞，然疏解詳密，條理秩然，文法辭氣，大類六朝，必非彼國所能贋作。其所引自江熙所集十三家外，有樊光、王朗、張憑、見隋志。梁冀、當作覬，晉人，見隋志。殷仲堪、沈居士、沈峭、熊埋、所引凡七八條，皆作埋。褚仲都、見隋志。顔延之、顧歡、秦道賓、太史叔明、見隋志。琳公諸家。又引虞氏贊一條，即隋志所載論語九卷鄭玄注晉散騎常侍虞喜讚也；又引虞喜曰一條，述説苑孔子見伯子事，疑即隋志所載論語新書對張論十卷虞喜撰者也。又引張封溪曰一條，又公冶長下云别有一書，名爲論釋云云。即載公冶長解鳥語事。其餘佚文古義，往往而有，正不必以偶與釋文不合疑之。 南齊書顧歡傳，不載其注論語，隋書經籍志、經典釋文序錄論語下皆無其名，而皇氏義疏則於‘夫子之求之也’下，‘吾與汝弗如也’下，‘詩、書執禮’下，‘與其潔也’下，‘未知生’下，‘回也其庶乎’下，引顧歡云云凡六條，此足徵顧有論語注甚明，而諸家紀載皆失之。 皇疏於名物典制亦不甚詳，然皆下己意，所引各家，大率空言名理，無一徵實者，鄉黨一篇，遂絶無采用之説，惟載江熙語四條，亦皆泛説耳。蓋六朝人以此佐清言，易、老之外，即及於論語、中庸，故戴顒、梁武皆有中庸注，而郭象、袁宏、孫綽、張憑、蔡謨、庾翼、顔延之、陶宏景、殷仲堪、顧歡皆談玄名宿，附託聖經，以至宋明帝、梁元帝、見金樓子。僧智略、釋慧琳無不注論語矣。” 又荀學齋日記云：“朱蓉生甚疑其僞，謂‘文辭多近鄙俗，甚類日本人文法，間有似六朝者，殆彼國有佚存六朝人著述因參雜爲之，’余謂其書與釋文所引不合者，孫頤谷已舉其‘子行三軍則誰與’音餘‘子溫而厲’子上有君字兩條，然釋文引皇本共五條，其三條皆合，‘曾是以爲孝乎’，皇云曾嘗也。‘子疾，子路請禱’，皇本作子疾病。德行以下，皇别爲一章。又‘患不知也’，俗本作患己不知人也，今皇本正同俗本。則似非全僞也。”

論語筆解二卷

舊本題唐韓愈、李翺同注。　惟鄭樵通志著錄二卷，與今本同，意其書出於北宋之末。然唐李匡乂宣宗大中時人也，所作資暇錄一條云：“論語宰予晝寢，梁武帝讀爲‘寢室’之‘寢’，‘晝’作‘胡卦反’，且云當爲‘畫’字，言其繪畫寢室，今人罕知其由，咸以爲韓文公所訓解。”又一條云：“傷人乎不問馬，今亦謂韓文公讀‘不’爲‘否’。”然則大中之前已有此本，未可謂爲宋人僞撰。　又趙希弁讀書附志曰：“其間翺曰者，李習之也”，明舊本愈不著名，而翺所說則題名以別之，此本改稱韓曰、李曰，亦非其舊矣。

孫志祖讀書脞錄續編云：“俞潛山云：韓退之論語筆解中多異字，有本前人之說者，有不可信者，宰予晝寢作‘畫寢’，則梁武帝已有此說；浴乎沂作‘沿乎沂’，則王充論衡明雩篇。已作‘涉沂’解，此本之前人者也。子在齊聞韶，‘三月’二字作‘音’，則史記引此文‘三月’上有‘學之’二字，不可幷作一字也。回何敢死，作‘回何敢先’，‘吾以女爲死矣’句同。則呂氏春秋勸學篇。引此文並作‘死’；而其上文曰：‘曾點使曾參，過期不至’，人見曾參曰：‘無乃畏邪？’高誘注，畏猶死也。曾點曰：‘彼雖畏，我存，夫安敢畏’，與此一例，不可改爲‘先’也。疑此書乃託名退之者。”　臧琳經義雜記卷六云：“唐李習之論語筆解，好改本文”，歷舉其所說“‘六十而耳順’，‘耳’當爲‘爾’；‘曾謂泰山’，‘謂’當作‘爲’；‘宰予晝寢’，‘晝’當爲‘畫’；‘人之生也直’，‘直’當爲惡'；'子所雅言'，'音'作'言'，字誤也；'三嗅而作'，'嗅'當作鳴鳴之'鳴'；'而貨殖焉'，'貨'當爲'資'，'殖'當爲'櫃'；'吾以女爲死矣'，'死'當爲'先'；'浴乎沂'，'浴'當爲'沿'；'硜硜然小人哉'，'小'當爲'之'；'善人敎民七年'，當作'五年'；'君子而不仁者有矣夫，未有小人而仁者也'，'仁'當爲'備'；'以杖叩其脛'，古文'叩'作'扣'，當作'指'；'君子貞而不諒'，'諒'當爲'讓'；'孔子時其亡也'，'時'當爲'待'；'鄉原德之賊也'，'原'類'柔'字之誤；'猶之與人也'，'猶之'當爲'猶上'"。以爲凡所改易皆無依據，義又淺陋不可從。其卷三云："習之好改字，余旣有辨矣，覆讀之，有可采備一說者。" 歷舉其所說"事君數"章、"子見南子"章、"自行束脩"章及"子曰由知德者鮮矣"、"君子不施其親"各條，以爲或者疑此爲後人託撰。然卽以茲數端論之，似非宋以來學者所能言；且其文繁意複，與唐人義疏極相似。又其所說"可與共學"六句，雜記亦辨之，今皆從略。

孟子音義二卷

因刊正唐張鎰孟子音義及丁公著孟子手音二書，兼引陸善經孟子注以成此書。

錢曾讀書敏求記云："孟子'見梁惠王'、'見梁襄王'，並當與'暴見於王''他日見於王'同音現，宣公前二'見'字無音，學者相承如字讀，非也，未知通人以爲然否？"玉縉案：古無四聲，惟後二見字旣音現自當一律，錢說頗見心細。段玉裁經韻樓集與黃蕘圃論孟子音義書云："此書僅長於邵武士人而繆漏不少"。

孟子傳二十九卷

此本爲南宋舊槧，實作孟子傳，不作孟子解。

案：絳雲樓書目有張無垢孟子解二册，仍作解，不作傳。又有張無垢論語傳一册，陳景雲注云："此是未成之書，雍也以前無垢已恨早出，餘所著未嘗示人也，見陳止齋集。"

尊孟辨三卷續辨二卷別錄一卷

辨李覯常語者十七條。　冠原序於前而繫朱子讀余氏尊孟辨說於後。

黄式三儆居集讀李氏常語云："其駁孟子之說，大略以齊桓、管仲尊周室，孟子勸齊、梁以王，當周顯王時距周滅之年尚遠，不得藐視周室如此，余隱之嘗辨之，朱子復辨之矣。雖然，李氏揚桓公、管仲以抑孟子，尊孟者遂過抑齊桓、管仲，過抑之，則孔聖所稱桓公正、管仲仁皆屬皮毛之相，豈不復令人疑孔聖乎？余氏申孟子勸齊、梁以王之說，朱子已譏其非，朱子則謂孔子尊周，孟子不尊周，由於時措之宜，殆未必然也！周顯王十六年戊辰，齊威王與梁惠王同稱王，旋罷；三十四年丙戌，齊宣、梁惠會於徐州，復稱王，自此諸國多稱王。孟子於愼靚王元年辛丑適梁，二年壬寅適齊，此時二國之稱王久矣，有王之名，無王之實，孟子乃勸其行王政耳！民所歸往謂之王，行仁政而民必歸往，孟子自就民心言之也，孟子言撻秦、楚，何嘗言必黜周命也乎？知是者，諸說之疑皆凍解而冰釋。"

大學章句一卷論語集注十卷孟子集注七卷中庸章句一卷

通行本。

瞿氏目錄有淳祐壬子馬光祖刊本，云："論語卷首有讀論語、孟子文法一篇，孟子集注十四卷，尚仍趙氏古本之舊，不同今本幷爲七卷"，並列四書正文及注文之與今本異者，文繁不具錄。又有宋刊本大學章句一卷，附大學或問二卷；中庸章句一卷，附中庸或問二卷；論語集注十卷，孟子集注十四卷。云："首載朱子原序、論語序說，後有讀論語孟子法一篇，又有凡例及音考，迺刻書人所作者。此本不詳宋何時所刻？然猶仍朱子原本之舊，其佳處往往與淳祐本合"云云。文繁亦不錄。丁氏藏書志有元刊宋本云："每卷後有音考，凡一節之義，一章之旨，一篇之凡，皆有旁抹。衍文加圓圍，誤字加方圍，主意字眼加上下圓圍，其中大學'維新'作'惟新'云云，皆與陳鱣經籍跋文所記淳祐本合。又考楊士奇東里文續編四書集注跋云：'句讀旁抹之法，彙取勉齋黃氏、北山何氏、魯齋王氏、導江張氏諸本之長。宣城張師曾爲之參校，加以音考，蓋今之最善本也，刻版在常州府學。'此則句讀、旁抹、音考一一脗合，其爲常州版所出無疑。"玉縉案：據此，則音考爲張氏所加。陸氏藏書志別有宋刊本論語集注十卷，孟子集注七卷，亦有讀論語孟子法，每卷後有音考，是宋時孟子集注已有幷爲七卷之本。又明正統經廠本學、庸後亦各附或問。

論孟精義三十四卷

後又改其名曰集義，見於年譜，今世刊本，仍稱精義，蓋從朱子原序名之也。

陸氏藏書志有舊鈔本論語集義二十卷，有乾道壬辰自序及淳熙庚子自跋。

大學疏義一卷

此本爲金氏裔孫所刊，蓋出於彝尊經義考之後，然僅存此疏義一卷，其指義及貫序則並佚之矣。

金華叢書本胡序云：“是編雍正間先生十八世孫律重刻於家，首序者滇海趙元祚、東陽王崇炳，而先生指義之說與柳序均散佚無存。”

讀四書叢說四卷

此本凡大學一卷，中庸一卷，孟子二卷，中庸闕其半，論語則已全闕，亦非完書。然約計所存猶有十之五、六，即益以所闕之帙，亦不能足原目二十卷之數，殆後來已有所合併歟？

金華叢書胡序云：“四庫書目稱是書大學一卷云云，余茲從經解集錄中鈔出，均係完本，亦一快事也，重録之。”玉縉案：經解集錄未知誰輯？據阮元揅經室外集，論語叢說三卷，中庸叢說二卷，先後從元板影錄進呈。其中庸叢說提要云：“黃溍爲謙作墓誌，載此書卷數二十，與本傳相符，今所錄者俱遵元板，論語三卷，中庸二卷，合之大學一卷，孟子二卷，得八卷，皆首尾完整。明祕閣書目所載四書叢說，亦止四册，殆與今本相同，蓋未可據墓誌、本傳而疑其尚有闕佚也。”此說足解後來合併之疑。 張氏藏書志有舊鈔本八卷，云：“是本凡大學一卷，論語三卷，中庸、孟子各二卷，合八卷，首尾完整，幷無闕佚，洵希有之書也。惟與元史二十卷之數不符，或經後人合併歟?”陸氏藏書志亦有舊鈔本，并引張說。瞿氏目錄有元至正六年刊本八卷，云:“大學一卷，中庸上、下二卷，論語上、中、下三卷，孟子上、下二卷，前有吳師道序，其子元與門人俞實叟校。”玉縉案:讀論語叢說三卷、讀中庸叢說二卷，阮氏揅經室外集已著錄。

四書通二十六卷

然觀其凡例，於“顏淵好學”章，哀樂、哀懼一字之筆誤，亦必辨明。於“爲政以德”章，初本作“行道而有得於身”，祝洙本作“行道而有得於心”，改本又作“得於心而不失”，刊本先後之差，亦悉加考正。其於一家之學，用心亦勤且密矣。

瞿氏目錄有元刊本，云:“書中朱注與今通行本有異文、異句，爲朱子晚年改定本，每與淳祐本四書合”云云，文繁不具錄。

四書蒙引十五卷別附一卷

嘉靖中，武進莊煦參校二稾，刊削冗複，十去三四，輯成一書而刊之。書末又別附一冊，則煦與學錄王升商榷訂定之語也。

丁氏藏書志有萬曆刊本十五卷，無別附，乃淸初稾而吳同春重刻於嘉靖後者。

論語類考二十卷

此書大致遵陳祥之例，於集注不爲苟同。每條必先列舊說，而蒐討諸書互相參訂，皆以元案二字列之。凡一切杜撰浮談，如薛應旂四書人物考稱有若字子有之類悉爲糾正，較明代諸家之書殊有根柢。

李慈銘祥琴室日記云:"分天象、時令、封國、邑名、地域、田則、官職、人物、禮儀、樂制、兵法、宮室、飲食、車乘、冠服、器具、鳥獸、草木十八門。又各系子目,往往憑臆武斷,其引用古書,亦各稗販,然尚足爲初學帖括者之助。"

孟子雜記四卷

士元嗣輯此書,第一卷敍孟子事蹟,後三卷發明孟子之言,名以傳記,實則經解居多。 故今特附於四書類焉。

李慈銘祥琴室日記云:"分系源、邑里、名字、孟母、孟妻、嗣胄、受業七篇,生卒、補傳、稽書、準詩、揆禮、徵事、逸文、校引、方言、辨名、字同、字脱、斷句、注異、評辭二十三目。既非類書,亦非傳記,似經解而無所發明,故自稱雜記。四庫書目以其無類可歸,姑附之經類,實未當也。其中紕繆,略如類考,而采取較廣,逸文、校引、方言、辨名、斷句、注異之屬,頗有所訂正。至若引桓寬鹽鐵論而謂漢書桓寬傳中載'孟子曰堯、舜之道非遠也而不思之耳'等語,則全是瞽目眯言,似漢書並未寓目。又其序自言孟子後身,生時其父夢一老翁冠袍而入,自稱齊卿孟軻,則尤可笑,孟子千餘年後尚以齊卿系銜自通,令人噴飯滿案。"

玉縉案:李記孟母、孟妻作母妻,二十三作十三,今正。

四書講義困勉錄三十七卷

是書因彥陵張氏講義原本删劉精要,益以明季諸家之説而參配以己意。凡大學一卷,中庸二卷,論語二十卷,孟子十四卷。創始於順治戊戌,草稾尚未全定而隴其歿,後其族人公穆始爲繕寫編次，其門人席永恂等爲之刊板。其曰困勉錄者則隴其所自署也。

翁方綱經義考補正云："陸清獻年譜云：'作困勉錄凡例而其書未就'，今所刊困勉錄，乃其爲諸生時纂輯明季四書講義，而趙魚裳等即以困勉錄名之，實非困勉錄也。"

論語稽求篇四卷

其中有強生支節者，如古人有所師法皆謂之學，即至餺諸學炙，秦青學謳，亦無異訓，朱子注學爲效，原無疵病，奇齡必謂學者業道之名，泛訓作效，與工師授受何別。不知學道與學藝，所學之事異而學字不能別釋，亦猶喻義喻利，所喻之事異而喻字不能兩解，以此發難，未見其然。有半是半非者，如"非其鬼而祭之"注，引季氏旅泰山固爲非類，奇齡謂鬼是人鬼，專指祖考，故曰其鬼。引周禮大宗伯文爲證，謂泰山之神不可稱泰山之鬼，其說亦辨，然鬼實通指淫祀，不專言人鬼，果如奇齡之說，宋襄公用鄫子於次睢之社，傳稱淫昏之鬼者，其鬼誰之祖考耶？有全然無理者，如無所取材，鄭康成注，材爲桴材，殊非事理，即牛刀之戲，何至於斯，朱子訓材爲裁，蓋本諸韋昭國語注，未爲無據，奇齡必申康成假設之說以攻集注，不幾於侮聖言乎？

李慈銘桃華聖解盦日記云："此書佳處固多，然如謂'哀公問社'是問社義，宰我答以社名，樹松曰松社，樹栗曰栗社，是臆造典故，絕無依據。謂'不有祝鮀之佞而有宋朝之美'，是喻無希世之資而徒抱美質以游於人；謂'人之生也直，罔之生也幸而免'，生字如孟子'生斯世也'之生，言人之生於斯世，與世相接，以直道故也，若誣罔而猶在人世，是倖免耳，其誼皆不甚異舊注而故作迂曲。至若'唐棣之華'二節，舊本與'可與共學'節合作一章，漢儒因有反經合道之說，何氏謂偏反喻權道之反，此先儒舊誼之不可從者。取詩中一反字以喻道之可反，聖門說詩，絕無此例，皇、邢二疏，皆謂'樹木之花，皆先合而後開，唐棣之花，獨先開而後合，以喻權道之爲用，先反而後順'，此卽後世辭賦家取義，亦無若此之纖巧。蓋漢人傳論語者此處偶失分章，遂因而附會之，其說實不可通，當以朱子分章爲正。毛氏必申舊說，引王祥傳爲證，謂祥臨歿，屬後人使不澣濯，不含斂，不沐棺槨，不起墳塋，家人不送喪，祥禫不饗祀，雖不用古法，而反經行權期合於道，故終之曰'未之思也夫何遠之有?'正合唐棣是篇以反作正之證。案晉書王祥傳:'祥著遺令，訓子孫，先言生無毗佐之勳，沒無以報，故自氣絕，但洗手足不須沐浴，以至大、小祥乃設特牲，無違余命'，皆言終制之事，其下自言'行可復，信之至也'，至'臨財莫過乎讓，此五者立身之本，顏子所以爲命，未之思也夫何遠之有?'乃是訓子孫之語，與上截然兩事，辭意亦絕不相涉，毛氏任意割裂，強相比附，其謂晉書亦無人能讀耶?又若'君子之道，孰先傳焉，孰後倦焉'，注疏皆無異說，朱子謂倦如誨人不倦之倦，以傳與倦皆指敎者言，尤爲直截。毛氏謂倦卽古劵字，傳與劵，皆古印契傳信之物，傳者符傳，劵者契劵，以喻敎者之與學者兩相印契。案說文:'劵下从力古倦字，券，下从刀，契也'，劵、券迥然兩字，疲倦之倦可作券，未聞書券之券可作倦也。乃又引考工記輈人‘左不券’鄭注，謂券字卽今倦字可驗，案考工記本作終日馳騁左不楗，杜子春云：楗讀爲蹇，書楗或作券，康成謂券今倦字也，輈和則久馳騁，載在左者不罷倦，尊者在左也，是正謂券卽罷倦字，鄭君誼與許同。卽楗爲楗歫，蹇爲蹇澀，亦皆倦極之意，與契券何涉，而强改經文、注文以就己說，其謂周禮亦無人能讀耶？此等恃其博辨，疑誤後人，不可以不正。”

四書釋地一卷四書釋地續一卷四書釋地又續二卷四書釋地三續二卷

雖其中過執己意，如以鄒君假館謂曹國爲復封，以南蠻鴃舌指許行爲永州人者亦間有之。

案：閻潛邱年譜於永州人下附何秋濤案語云：“此是學翼之說，疑許行是永州一帶人，潛邱偶記之，未可執以相病也。”

四書逸箋六卷

如“束帶”一條，不引玉藻“肆束及帶勤者有事則收之”之文；“朋友死無所歸”一條，引白虎通而不引檀弓“夫子曰生於我乎館死於我乎殯”之文；“廛無夫里之布”一條，集注止引載師職，而此不引閭師職“凡無職者出夫布”之文以補之，未免疎漏。至雜記內因論語有夢周公一語，遍引堯、舜、禹、文諸夢事，如夢書、六帖皆爲引入，亦稍涉泛濫。

粤雅堂本曾釗跋云：“考核淹貫，惟所引弘明集予族，不知其出史記；列女傳舜妹繫，不知其爲擊之譌，而誤分繫與戮首爲二人”。又伍崇曜跋云：“內如夷、齊采葛一條，本韓子通解，云罕見引用，而郎瑛七修類稾已載，謂夷、齊采薇而食，言之者多矣，采葛以爲衣，則諸本所無也云云。又老彭一條，引王弼曰：‘老，老聃，彭，彭祖’，而彭祖實卽老聃，邢昺疏殆據世本、史記。又如市井一條，稱古者因井爲市，故曰市井，無他義也云云，然不如引後漢書循吏傳白首不入市井注，引春秋井田記云：‘因市爲井，交易而退，故稱市井’語較爲有據。”玉縉案：余別有書後一篇。

四書類存目

或問小注三十六卷

又既稱此書作於集注之後，而孟子“萬物皆備於我矣”一章，乃於第三條下附記曰：“此條係語類說，第八條係或問說，前輩多疑此爲未完之說，在集注之前，信哉”，是小注又在集注前矣，不亦自相牴牾耶？　王懋竑白田雜著有是書跋，稱任鈐刻是書後自知其謬，深悔爲湯友信所賣。併稱序及諸論皆友信之筆，任鈐未嘗寓目云。

玉縉案：在集注之前者指語類說、或問說，並非指小注，今以爲牴牾，恐作僞者不受也。　王跋見卷八，原目爲“題四書或問小注前”八字，非跋也。文中謂“其書乃老學究所纂輯，自朱子文集、語類、四書大全及蒙引、存疑、淺說、達說、說統、翼注以及近時諸家之說，皆嘗徧覽，其删併文集、語類，較輯釋、大全爲稍勝。而於諸家之說，頗能辨其得失，特其自以删改文集、語類，心有所不安，遂僞撰序文與門人書，託於朱子所自作，以爲可免於大不韙之罪，而不知作僞之罪更有甚焉。”又云：“比於近時坊刻諸講章爲少詳備，初學之士或有取焉”，是此書尚不甚劣。

重訂四書輯釋二十卷

是已爲書賈所改竄。非士毅之舊矣。

陸氏藏書志有元刊本大學章句重訂輯釋章圖通義大成一卷，朱子大學或問重訂輯釋通義大成一卷，中庸朱子章句重訂輯釋通義大成一卷，中庸或問重訂輯釋通義大成一卷，論語集注重訂輯釋章圖通義大成二十卷，孟子集注重訂輯釋章圖通義大成十四卷，四書章圖隱括總要發義二卷，新刊重訂輯釋通義源流本末一卷，是此書共有四十一卷，提要本非原第甚明。陸氏並稱“通義大成元新安道川倪士毅重訂輯釋，新安東山趙汸同訂，鄱陽克升朱公遷約說，新安林隱程復心章圖，莆田後學王元善通考，後學鄱陽王逢訂定，通義總要林隱程復心了見撰，經進源流本末松塢門人京兆劉用章輯”，丁氏藏書志同。據此，則提要此本改題云云亦未明晰。楊紹和楹書隅錄有元本四書輯釋三十六卷，稱“此本以輯釋爲主，益入程復心章圖、王元善通考而卷第仍依道川之舊，當亦建陽書坊所梓。四庫全書存目附載之二十卷，蓋又此本之後續經綴輯者”，與陸稱通義大成爲士毅輯釋凡三十八卷者不合，疑楊亦以意說之耳。楊又云：“薛文清公云：‘集注、章句之外，輯釋最精簡。’黃梨洲云：‘字求其訓，句探其旨，鳩僝精要，考訂譌舛。’萬授一云：‘義理明備，采擇精當，莫如輯釋。’則是書要未可盡廢，特所謂存不足取，亡不足惜，剽竊重複，不足考辨，庸陋鄙俚，不足糾彈者，直置之不問可耳。”此亦尋好話頭，未足信也。

大學管窺一卷

紀字時陳，號龍灣，東光人，弘治乙丑進士，官至吏部尚書，謚靖僖，事蹟具明史本傳。

盧弼四庫湖北先正遺書札記云：“案湖北通志引黄梅志：‘紀，黄梅人，弘治十八年進士，官至廣西按察司副使。’四庫存目云紀東光人，今考太學題名碑錄，東光廖紀，乃弘治三年庚戌進士，此廖紀，弘治十八年乙丑進士，直隸九江衞官籍，湖廣黄梅縣人，存目混爲一人，蓋偶誤也。”

四書湖南講九卷

寅亮，錢塘人。

案寅亮字屺瞻。

三經見聖編一百八十卷

其序稱六經無非孔經，而論語爲著。子思子之書，今名中庸、大學者，實一中庸，統稱孔經編。孟子七篇，則曰孟經編。又言論語子夏述也，中庸子思繼論語而作也，大學即中庸之後小半也，孟子繼中庸而作也。中庸天命之謂性三句，接論語知命章，明是釋詁論語。讀予懷明德，而大學之道在明明德不膠自連，讀國不以利爲利以義爲利，而孟子何必曰利亦有仁義不呼自應。今之所謂四書，實三書也云云，說殊穿鑿。

徐時棟煙嶼樓讀書志云：“譚貞默三經見聖編，謂大學即中庸後小半，乃以論語爲一經，大、中爲一經，孟子爲一經，謂之三經。且謂皆相繼而作，中庸‘天命之謂性’三句，接論語知命章，大學‘在明明德’，接中庸‘予懷明德’，孟子‘何必曰利’，接大學‘不以利爲利以義爲利也’。噫！說經而尚新奇，眞是無所不至，亦覺無所不有矣。”

四書反身錄六卷續補一卷

容之學本於姚江。

黃式三儆居集讀二曲集云：“其四書反身錄，亦有讀之而慕其學者。大抵其書遵陸象山，斥時文之害人，意固切，辭固厲，而遂以詛駡失著書之體。於大學斥朱門之以博物爲格物，於中庸言愚夫婦之良知良能與聖人同。於論語學而章云：‘人若自始至終事事效先覺之所爲，是義襲於外。’於顏淵喟歎章云：‘顏子非學夫子之道。’於默識章云：‘認識本體’，引陸象山言：‘識得朱濟道便是文王’，極口贊歎。於不知而作章，極言見聞擇識之非眞知，眞知人所自具。皆自申明心見性之學而皎皎自異者，其學歸重於陸、王”云云。

樂類

皇祐新樂圖記三卷

後有宋陳振孫嘉定己亥跋。

陸氏藏書志有影寫宋刊本，作嘉熙己亥，蓋嘉熙三年也，嘉定無己亥。

律呂新書二卷

至謂黃鍾六變，律不與本均之聲相應，而不知當用淸聲。又謂二變不可以爲調，而不知二變之調具足五音，若以二變音爲每調之七音，則反爲出調。凡此皆元定之所未及詳者，故特著之以糾其失焉。

淩廷堪燕樂考原云："蔡元定起調畢曲之說，於古未之前聞，蓋因鄭譯之八十四調，去二變而演爲六十調，於心終覺茫然無別，因見沈氏筆談，某調殺聲用某字，又見行在譜子，首一字是某調，章尾即以某調終之之語，又以殺聲及首尾等語不典，遂乃撰爲起調畢曲之言，以爲六十調之分別在此，究之於沈氏之所謂殺聲者又何嘗了然？某調殺聲用某字者，欲作樂時，見此曲殺聲是某字即用某調奏之，非宮調同此抗隊而徒恃殺聲一字以爲分別也。如宮調別無可辨，徒以殺聲辨之，則黄鍾起調畢曲謂之黄鍾宮者改作太簇起調畢曲，又可謂之太簇宮，則宮調亦至無定不可據之物矣。後之論樂者如唐應德、李晉卿輩，咸奉起調畢曲爲聖者，豈知其爲郢書燕說乎？" 沈彤果堂集有是書後記三篇，一，議其於古人生鐘之術有三事未及察。二，議其多截竹之說，不如得古雅正之器，與秬黍之中參錯稽考。三，議其秬黍不足恃之說，謂當以權衡之合古者稱其重以決之。文繁不具錄。竊謂器之雅正，權衡之合古，果何標準？殆亦理論而已。

瑟譜六卷

次曰詩新譜，凡：騶虞、淇澳、考槃、黍離、緇衣、伐檀、蒹葭、衡門、七月、菁菁者莪、鶴鳴、白駒、文王、抑、崧高、烝民、駉十七篇。

案烝民下駉上，有清廟、載芟、良耜三篇，實二十篇，提要誤。經苑本錢儀吉跋云："其經說雩禜篇云：'余之爲瑟譜，妄意爲世用，則擬歌載芟於春社，歌良耜於秋社，歌雲漢於雩旱，其譜須於詠歎之中寓歌哭之意，恐招怪吠，不敢附於譜中。'今攷本書無此三詩，亦可見前賢著述蘄爲世用而慎於立言如此。"其說亦非，特無雲漢一詩耳。粤雅本伍崇曜跋云："六卷後錄記古來論瑟之語綦詳，顧如韓子外儲篇曰：'夫瑟以小絃爲大聲，大絃爲小聲，雖詭其詞以諷，然因是知古者調瑟之法：黃鐘、大呂、太蔟、夾鍾、姑洗、仲呂、蕤賓，用半而居小絃，林鍾、夷則、南呂、無射、應鍾，用全而居大絃。'亦未采入，未嘗非千慮之一失。"此說足補熊氏之遺。

樂律全書四十二卷

是書萬曆間嘗進於朝，明史藝文志作四十卷。今考此本所載，凡書十一種，惟律呂精義內、外篇各十卷，律學新說四卷，鄉飲詩樂譜六卷，皆有卷數，其樂學新說、算學新說、操縵古樂譜、六代小舞譜、八佾綴兆圖、靈星小舞譜、旋宮合樂譜七種，則皆不分卷，與藝文志所載不符，疑史誤也。

丁氏藏書志有明刊本四十七卷，云："是書爲律呂精義內篇十卷，外篇十卷，律學新說四卷，樂學新說一卷，算學新說一卷，聖壽萬年曆二卷，萬年曆備考三卷，律呂融通四卷，附錄一卷，操縵古樂譜一卷，旋宮合樂譜一卷，鄉飲詩樂譜六卷，六代小舞譜一卷，小舞鄉樂譜幷八佾綴兆圖一卷，靈星小舞譜一卷，共四十七卷，前各有自撰表序題跋。"

據此，則提要所見非足本，如提要說，有卷數者三十卷，不分卷者七種，其四十二卷之標目又不知如何計算？

律呂闡微十卷

其作書大旨，則以明鄭世子載堉爲宗，惟方圓周徑用密率起算則與之微異。

陳澧聲律通考六云："江氏書多說'河圖洛書先天納音六合'之類，甚至宮逐羽音，亦以爲出於圖書。淩次仲謂'前人樂書，未洞悉其源流，不得不旁及陰陽易象以惑世而自欺'，余謂如王邦眞之流則無怪其然，江愼修醇儒，非惑世者，而亦如是，此講樂家習氣，自以爲講樂理而不知實自欺也。"

琴旨二卷

其三弦獨下一徽說云云。

淩廷堪燕樂考原云："宮調三弦獨下一徽之說，姜氏爲最精，蓋兼旋宮而言。王坦不得其句讀，妄謂祗得乎當然而未明乎所以然，一何可笑。"又云："旋宮轉調篇云云，說與鄭世子同，亦與唐、宋人同，惟以字譜屬管音五聲二變屬弦音爲誤。蓋字譜卽五聲二變，管音、弦音皆有之。"

四庫全書總目提要補正卷十

小學類一

爾雅注疏十一卷

昺疏亦多能引證，如尸子廣澤篇、仁意篇，皆非今人所及睹。其犍爲文學、樊光、李巡之注，見於陸氏釋文者雖多所遺漏，然疏家之體，惟明本注，注所未及，不復旁搜，此亦唐以來之通弊，不能獨責於昺。惟旣列注文，而疏中時複述其文，但曰“郭注”云云，不異一字，亦更不別下一語，殆不可解？豈其初疏與注別行歟？今未見原刻，不可復考矣。

邵晉涵爾雅正義自序云：“邢疏成於宋初，多掇拾毛詩正義掩爲己說，閒采尚書、禮記正義復多闕略，南宋人已不滿其書，後取列諸經之疏，聊取備數而已。”玉縉案：邵說甚允當。提要此篇，意在專論爾雅本文，故於注及疏不暇舉其得失，轉近敷衍。至疏與注本自別行，近陸心源已將北宋本單疏十卷重雕印行矣，可以復考也。

爾雅注三卷

又汪師韓集有書此書後一篇。　至於議其釋言篇內經文脫

"弇同也"三字,釋水篇內經文脫"水之由膝以下爲揭"至"爲厲"十八字,釋草篇內經文脫"葦醜芀"三字,釋魚篇內經文脫"蛭蟣"二字,釋鳥篇內脫"倉庚黧黃也"五字,皆當爲毛氏刊本之誤,并以詆樵則過矣。

瞿氏目錄有舊鈔本云:"此本惟釋言篇'奄同也'三字不脫,若釋水篇之'繇膝以下爲揭'數處皆脫,是舊本如此,非毛刻舛誤。"

方言十三卷

舊本題漢揚雄撰,晉郭璞注,考晉書郭璞傳,有注方言之文,而漢書揚雄傳,備列所著之書,不及方言一字,藝文志亦惟小學有雄訓纂一篇,儒家有雄所序三十八篇,注云"太玄十九,法言十三,樂四,箴二",雜賦有雄賦十二篇,皆無方言。東漢一百九十年中,亦無稱雄作方言者,至漢末應劭風俗通義序,始稱"周、秦常以歲八月遣輶軒之使,求異代方言,還奏籍之,藏於祕室,及嬴氏之亡,遺棄脫漏,無見之者。蜀人嚴君平有千餘言,林閭翁孺才有梗槩之法,揚雄好之,天下孝廉衞卒交會,周章質問,以次注續二十七年,爾乃治正,凡九千字。"又劭注漢書,亦引揚雄方言一條,是稱雄作方言實自劭始。魏、晉以後諸儒,轉相沿述,皆無異詞,惟宋洪邁容齋隨筆始考證方言斷非雄作,然邁所摘劉歆與雄往返書中,既稱在成帝時,不應稱孝成皇帝一條,及東漢明帝始諱莊,不應西漢之末卽稱莊遵爲嚴君平一條,則未深中其要領。考書首成帝時云云,乃後人題下標注之文,傳寫舛譌,致與書連爲一,實非歆之本詞,文義尙釐然可辨。書中載揚莊之名不作嚴字，實未嘗預爲明帝諱，其嚴君平字，或後人傳寫追改亦未可知，皆不足斷是書之僞。惟後漢許愼說文解字多引雄說，而其文皆不見於方言，又愼所注字義，與今方言相同者不一而足，而皆不標揚雄方言字，知當愼之時，此書尙不名方言，亦尙不以方言爲雄作，故馬、鄭諸儒未嘗稱述，至東漢之末，應劭始有是說。魏孫炎注爾雅莫貈螳蜋蛑字，晉杜預注左傳授師孑焉句，始遞相徵引，沿及東晉，郭璞遂注其書，後儒稱揚雄方言蓋由於是。然劭序稱方言九千字，而今文乃一萬一千九百餘字，則字數較原本幾溢三千，雄與劉歆往返書，皆稱方言十五卷，郭璞序亦稱三五之篇，而隋志、唐志乃並載揚雄方言十三卷，與今本同，則卷數較原本闕其二，均爲牴牾不合。考雄答歆書，稱"語言或交錯相反，方復論思，詳悉集之，如可寬假延期，必不敢有愛"云云，疑雄本有此未成之書，歆借觀而未得，故七略不載，漢志亦不著錄。後或侯芭之流收其殘稾，私相傳述，閱時旣久，不免於輾轉附益，如徐鉉之增說文，故字多於前。厥後傳其學者，以漢志無方言之名恐滋疑竇，而小學家有別字十三篇，不著撰人名字，可以假借影附，證其實出於雄，遂併爲一十三卷以就其數，故卷減於昔歟？反覆推求，其眞僞皆無顯據，姑從舊本，仍題雄名，亦疑以傳疑之義也。

玉縉案：錢繹方言箋疏，於郭序下大半襲提要文，其略可相發者，如云"劭注漢書，引揚雄方言一條，是稱揚子作方言實自劭始。至魏孫炎注爾雅，吳薛綜述二京解，晉杜預注左傳，張載、劉逵注三都賦皆遞相證引，沿及東京，郭氏遂注其書，後儒稱揚子方言蓋由於是。郭氏云三五之篇著，與歆書十五篇之數正合，而隋書經籍志云：方言十三卷，舊唐書稱别國方言十三卷，是并十五爲十三，斷在郭注後隋以前無疑矣。又風俗通義序取答書語詳具本末云：'方言凡九千字'，今計本文實萬一千九百餘字，蓋子雲此書，本未成也，觀其答劉歆書言'交錯相反，方復論思，詳悉集之'，又云：'張伯松屬雄以此篇目，頗示其成者'，又云：'如可寬假延期，必不敢有愛'，其曰'方復論思，詳悉集之'，則正在構綴時也，曰'頗示其成者'，則尚有未成者也，曰'寬假延期，必不敢有愛'，則謂他時成書之後也，書中自十二卷以下，大率皆僅舉其字，不言何方，其明證也。當歆求書時，撰未備，歆欲借觀未得"云云，又云："至宋志又云十四卷，當因劉歆書及揚子答書向附籍末者，亦别爲卷而併數之，無可疑也。" 王先謙郭校本序云："昔班孟堅爲揚子雲作傳，具列所爲書而不載方言，藝文志亦無其目，宋洪邁乃疑是書爲僞託。然考常氏華陽國志述蜀都先賢讚，稱子雲作方言，常書本之陳承祚耆舊傳，其言可信，而班氏獨闕者，蓋因其書不見於劉向、歆父子七略，無所據以入志，遂併傳删自序兩言耳。觀本書載子雲與歆往復二書，知當日裒輯未終，祕不肯出，致世無傳述，原委可悉也。應氏風俗通義言'周、秦輶軒之使'云云，與常書稱'子雲師嚴林作方言'合。至其詞義堅深，表裹經訓，非博覽深思之儒不能爲，雖西漢多文人，然自子雲外無足當之者矣。觀方言載周、召二南、齊、秦、衞、鄭之語足以稽合經文者，可決爲天府舊記所傳，其采自朝鮮、洌水、西甌、桂林諸區者，或出後來訂墜搜遺之力。" 瞿氏目錄有校宋本十卷，云："首題輶軒使者絕代語釋別國方言，次行卽接本文，不載撰人、注人姓氏，宋慶元中，會稽李孟傳得大字本，刊置潯陽郡齋。此明嘉靖間翻刻本，原書有脫文、譌字，不知何人以墨筆校改？覈與戴氏疏證所引曹毅本相合。惟卷十'膊，見也，注，皆音義所未詳'，'皆'改'此'。卷十一'南楚之外謂之蟅蟒，注，亦呼吒咟'，'吒咟'改'虴蛨'，此戴氏所未及者。" 玉縉案：張氏藏書志已及"此"字及"虴蛨"二條，據陸氏儀顧堂續跋影寫慶元本跋，則"皆"正作"此"，"吒咟"正作"虴蛨"，當是校者以原本改覆本，丁氏藏書志有舊鈔本，亦作"此"、作"虴蛨"。

釋名八卷

其書二十篇，以同聲相諧，推論稱名辨物之意，中間頗傷於穿鑿，然可因以考見古音。 又後漢書劉珍傳，稱珍撰釋名五十篇，以辨萬物之稱號，其書名相同，姓又相同，鄭明選作秕言，頗以爲疑。然歷代相傳，無引劉珍釋名者，則珍書久佚，不得以此書當之也。明選又稱此書爲二十七篇，與今本不合。

郝懿行曬書堂文集劉熙釋名考云："熙之名，後漢書不載，而文苑劉珍傳稱撰釋名三十篇，以辨萬物之稱號，珍、熙名字既別，又成國自序釋名凡二十七篇，與三十篇之數又異，恐非卽一書也。蜀志許慈傳，'師事劉熙'，知熙必漢末人。吳志程秉傳，'逮事鄭玄，後避亂交州，與劉熙考論大義，遂博通五經’，薛綜傳亦云：‘避地交州，從劉熙學’，是熙有文學，爲時所重，許慈所師，當卽其人，而不云有所撰述，未知卽作書人不也？唯吳志韋曜傳，稱‘劉熙所作釋名，信多佳者，然物類衆多，難得詳究，故時有得失。而爵位之事又有非是，官爵今之所急，不宜乖誤，作官職訓及辯釋名各一卷’，是熙作釋名，曜傳甚明，非珍作審矣。交州與吳、蜀比近，二邦人士，嘗所從遊，陳壽作志，當得其實。又曜傳亦載劉珍，而釋名定爲熙作，則後漢書以爲珍作者謬矣。但據曜傳尙有官爵篇，而今書闕如，此則敍所稱二十七篇者亦謬也，或後人據今缺本妄改矣。曜辯釋名，宋書百官志引有一條，言伍伯事，蓋卽辯官爵篇之逸文也。又廣韻十八尤郵字下引釋名曰：‘督郵主諸縣罰負，郵殿糾攝之’，亦卽官爵篇之逸文矣。” 顧廣圻思適齋集釋名略例云：“釋名之例有二：曰本字，曰易字。猶有十焉：曰本字，曰疊本字，曰本字而易字，曰易字，曰疊易字，曰再易字，曰轉易字，曰省易字，曰省疊易字，曰易雙字。本字者何也？則冬曰上天，其氣上騰，與地絕也，以上釋上，如此之屬一也。疊本字者何也？則春曰蒼天，陽氣始發，色蒼蒼也，以蒼蒼釋蒼，如此之屬二也。本字而易字者何也？則宿宿也，星各止宿其處也，以止宿之宿釋星宿之宿，如此之屬三也。易字者何也？則天顯也，在上高顯也，以顯釋天，如此之屬四也。疊易字者何也？則雲猶云云，衆盛意也，以云云釋雲，如此之屬五也。再易字者何也？則腹，複也，富也，以複也、富也再釋腹，如此之屬六也。轉易字者何也？則兄荒也，荒大也，以荒釋兄，而以大轉釋荒，如此之屬七也。省易字者何也？則綈，似蝷蠱之色，綠而澤也，以蝷釋綈，而省蝷也之云，如此之屬八也。省疊易字者何也？則夏曰昊天，其氣布散皓皓也，以皓皓釋昊，而省皓皓之云，如此之屬九也。易雙字者何也？則摩挲猶末殺也，以末殺雙字釋摩挲雙字，如此之屬十也。十者非他，二例之分焉者也。第二以上本字例分者二，第四以下易字例分者七，而有第三之一例，半分於本字半分於易字者，在其間以相關通，然則易字之所由生，固生於本字而已。讀者循字而求，凡今本脫誤之當補正者無不可知，至於尤脫誤而非復能補正者亦無不可知也。” 王先謙釋名疏證補序云：“流求珥貳，例啓於周公；乾健坤順，說暢於孔子。仁者人也，誼者宜也，偏旁依聲以起訓；刑者侀也，侀者成也，展轉積聲以求通。此聲敎之大凡也。”又云：“釋名以聲爲書，往往古義、舊音，展卷有會，語其佳處，尋繹靡窮。雖官職致辨於韋昭，食品見非於徐鍇，諒爲小失，無害宏綱，亦有直解可明，而繁詞曲證，良由主聲之作，書體致然。” 陸氏、丁氏藏書志有明翻宋本，並載熙自序云：“論敍指歸，謂之釋名，凡二十七篇。”序後有云：“右釋名八卷，館閣書目云：‘漢徵士北海劉熙字成國撰，推揆事源，釋名號，致意精微。’崇文總目云：‘熙卽物名以釋義，凡二十七目’，臨安府陳道人書籍鋪刻行。” 陸氏儀顧堂集又有宋本是書跋，卽陳本。瞿氏目錄亦有明本，云：“舊不題名，范史作劉珍撰，隋志作劉熙。

竹汀錢氏謂熙作釋名，見吳志韋曜傳，其人爲漢末名士，則隋志是矣。”

匡謬正俗八卷

惟拘於習俗，不能知音有古今。其注漢書，動以合聲爲言，遂與沈重之音毛詩同開後來叶音之說。

案盧氏雅雨堂本載紹興十三年汪應辰題語，論是書之失頗詳，足補提要所未及。

羣經音辨七卷

如卷一言部，“謙，慊也”，下云“鄭康成説謙爲慊，慊，厭也，厭謂閉藏貌”。據禮記注曰：“謙讀爲慊，慊，厭也”，此解正文自謙注。又曰：“厭讀爲黶，黶，閉藏貌也”，此解正文厭然，與上注厭足之厭絕不相蒙，昌朝混而一之，殊爲失考。又卷二丌部，“典，堅刃貌也”，據考工記“輈欲頎典”注曰：“頎典，堅刃貌”，以“頎典”爲形容之辭，不得單舉一“典”字。卷三巾部，“幓，頭括髮也”，幓本帩字之譌，據儀禮注，一以解婦人之髽以麻，申之曰：“以麻者如著幓頭焉。”一以解括髮以麻免而以布，申之曰：“此用麻布爲之，狀如今著幓頭矣。”是括髮免髽，皆如著幓頭，幓頭自是吉服。揚雄方言，帞頭自河以北趙、魏之間曰幧頭，劉熙釋名作綃頭，又有鬢帶、㡌帶等名，豈可以括髮釋之，是皆疏於考證之故。　此本爲康熙中蘇州張士俊從宋槧翻雕。

瞿氏目錄有舊鈔本，云：“張氏刊本，其自跋謂校讎詳審，經七年而梓成，然以此本相核，其譌脱尚多”云云，文繁不具錄。陸氏儀顧堂續跋影宋本跋亦云：“開卷卽見張刻之謬，雕印進呈諸臣銜名稱臣，乃奏進之體，中書門下牒則上行下之文，故平章參知五人姓而不名。宋本張、章、程、王、李諸人之上無臣字，張刊於每人官銜之下姓之上各加臣字，蓋後人見進呈名銜有臣字而妄加，張氏不察，遂以付刊耳。”此外張本誤脫云云，今亦略之。陸氏又云：“張氏所祖鈔本，受之朱竹垞，欲借汲古南宋本，子晉祕不肯出而別示以鈔本，張氏即據以校改付雕。蓋別本亦出宋本，改易行款，照錄而非影寫，又經妄人羼改，故脫誤如此。” 錢泰吉甘泉鄉人稾有是書跋云：“張氏校勘此書，廣覓善本，可謂精審，偶爾檢閱，爲正一字，補脫一條。卷二，‘列，田呼也’，案周禮稻人，‘以列舍水’，注，‘列，田之畦畤也’，釋文，‘畤音劣’，類篇，‘耕田起土也’，呼當爲畤字之誤。膞，礫也，普各反，祗一訓一音，補曰：‘膞，股骨也，音純，禮，膞骼，劉氏音。’若此脫誤非止一端，學者當細檢陸氏釋文以審定眞是，若提要所摘諱字典字之類，則賈氏之疏略，亦有待於後之學人也。” 玉縉案：昌朝辨賁有七音，中有云：“賁，渾戎也，音陸，春秋傳楚子伐賁渾之戎”，不知公羊宣三年傳之賁渾，乃齊渾之譌，即古文陸字，故有陸音，若賁則與陸音絕遠，安得列入賁有七音中。此最巨謬，而提要未之及。

埤雅二十卷

其爾雅新義僅散見永樂大典中，文句譌闕，亦不能排纂成帙。其說諸物，大抵略於形狀而詳於名義，尋究偏旁，比附形聲，務求其得名之所以然，又推而通貫諸經，曲證旁稽，假物理以明其義。中多引王安石字說，蓋佃以不附安石行新法，故後入元祐黨籍，其學問淵源則實出安石，晁公武讀書志謂其說不專主王氏，亦似特立，殆未詳檢是編誤以論其人者論其書歟？觀其開卷說龍一條，至於謂曾公亮得龍之脊，王安石得龍之睛，是豈不尊安石者耶？然其詮釋諸經，頗據古義，其所援引多今所未見之書，其推闡名理亦往往精鑿；謂之駁雜則可，要不能不謂之博奧也。

案新義二十卷，孳經室外集著於錄，後陸芝榮刻之，粵雅堂亦有重刻本。　李慈銘息荼庵日記云："左丞爲荆公高第弟子，前人多評此書爲不及羅氏爾雅翼，其中卻有數病：引書不指出處，一也；多主王氏字說，往往穿鑿無理，二也；即物說詩，每失之迂曲，三也。然徵據晐洽，多存有宋以前舊聞僻義，又時參以目驗，故爲考古所必資也。"

爾雅翼三十二卷

願字端良，號存齋，歙縣人。以蔭補承務郎，乾道二年，登進士第，通判贛州，淳熙中知南劍州事，遷知鄂州，卒於官。事蹟附載宋史羅汝楫傳。

陸以湉冷廬雜識云："羅汝楫子願，知鄂州有善政，曹涇作本傳，引新安續志，謂鄂州大旱，願立日中請禱，致疾而卒。王禕作小集後序亦云然，乃宋史謂知鄂州以父嫌不敢入岳廟。一日，自念吾政善，姑往祠之，甫拜遽死於像前，是欲借以神忠武而適見其妄也。聰明正直如忠武，豈因其父之惡而譴及其子哉？"

駢雅七卷

中間如藻井乃屋上方井刻爲藻文，西京賦注引風俗通，訓義甚明，而謀㙔以爲刻扉之屬，改易舊文，殊爲未確。

李慈銘孟學齋日記云：“駢雅淹串奧僻，固探索難窮，然時失之泛雜，魏氏茂林爲作訓纂，爬羅剔抉，無隱不搜，間亦訂正其誤。卷首讀駢雅識語中言有可議者四事，分條抉摘，尤足爲中尉功臣，然多有未盡者。駢雅中多重述爾雅語，四庫提要譏其複引宂蕪，魏氏謂此書本採駢字，故經史中重言謰語皆所必錄。然愚謂不特爾雅，卽廣雅、說文、玉篇、廣韻等，本專爲小學而設，皆人人必讀之書，中尉旣意在剟拾幽隱，如別有同義之字，則說文、篇、韻等固不妨連綴入之，若僅勦襲單文，則原書各已條貫粲然，無煩采入。駢雅旣蒙雅爲名，爾雅、廣雅之字尤不宜複舉，此自大端之可議者。至其舛誤，卽以釋訓一門言之，如云‘㵃殙，憊極也’，案廣雅釋詁，‘𤸳㵃、殙殈云云，憊極也’，蓋謰語多取雙聲疊韻之字，廣雅自以𤸳㵃爲一事，殙殈爲一事，故集韻、類篇並引廣雅‘𤸳㵃極也’，朱氏誤割㵃、殙爲一事。云‘邊幅，矜持也’，案後漢書公孫述、馬援兩傳，所云‘坐飾邊幅’，‘修飾邊幅’，皆謂其修飾小節，蓋以布帛之邊幅，喻人威儀之末文，中尉訓作矜持誤矣。云‘商榷、揚榷大要也’，案文選吳都賦‘商搉萬俗’，注云：‘廣雅曰：商，度也，搉，麤略也，言商度其大略也。’蜀都賦‘請爲左右揚搉而陳之’，注云：‘揚搉，粗略也’，然則榷、搉字通，榷有略義，揚搉可訓大要，商榷不可訓大要也。愚謂吳都賦商榷之榷，當解如漢書榷酤之榷，漢書武帝紀云：‘初榷酒酤'，如淳曰：'榷音較'是也。韋昭說，'以木渡水曰榷'，此榷字本義，不得以解榷酤，師古從之，其說尤迂曲不可從，榷、較叚借字。吳都賦音推爲角，角較古音同，商推者謂商度比較也，其上句曰'剖判萬士'，則商推兩字亦平用，注謂商度其大略者謬，謂商榷爲大要者尤謬矣。云'乾沒，射成敗也'，此據史記集解服虔說。愚謂乾沒者，竭澤入己之義，故史傳多以隱盜爲乾沒，張守節正義，'乾沒謂無潤及之而取他人也'，其說是而未明顯，服說不可從。云'登來，求得也'，此據公羊傳注'齊人言求得爲得來，作登來者其言大而急出口授也'。然則求得爲得來者，方言之偶異，作登來者，詞氣之偶殊，不得引以爲訓詁。何氏說本附會不可信。云'咋喈，俄頃也'，案咋喈當爲迮遣，公羊傳，'今若是迮而與季子國'，注云，'迮，起也，倉卒意'，說文迮、遣二字相連，左傳'桓子咋謂林楚'，注云，'咋，暫也'，此亦迮之誤，說文無咋喈字。訓纂引鹽鐵論'鄙夫樂咋喈而怪韶濩'，此其字義並非，桓氏此語，蓋以咋喈爲小聲，安得作俄頃解乎？云'倚魁，偏妄也'，此據荀子修身篇，然魁大也，諸書無有訓爲妄者。案楊氏荀子注，'倚，奇也'，方言云：'秦、晉之間，凡物體全而不具謂之倚，魁，大也，倚魁皆謂偏僻狂怪之行'云云，是則楊氏之訓倚魁本不誤，然偏僻狂怪四字尙未當。愚謂荀子云：'倚魁之行，非不難也，然而君子不行，止之也'，蓋以倚魁指逸民之流，倚魁者猶言奇特魁異也，中尉以爲偏妄誤矣。云'感槩，徇私恩也'。案史傳凡云感槩，皆作忼慨用，豈得以徇私恩釋之。云'憑陵，依據也’，據左傳‘介恃楚衆以憑陵我敝邑’，則憑陵者謂憑藉以陵轢之也，憑有依據義，陵豈有依據義乎？云‘樸屬，附著也’，據考工記，‘凡察車之道，欲其樸屬而微至’，注，‘樸屬，猶附著，堅固貌也’，是樸屬當訓堅固，不當訓附著也。云‘家漠，宗寞也’，家漠即宗寞之異文，本無彼此之別，無須複舉。云‘欸乃、靄迺、襖靄、囉唻、旁喻歌聲也’，此尤無謂，欸乃等乃方俗歌謠之土音，並非歌聲，且此等字樂府中所載奚啻千百，如必劉入，則吳儂巴渝累紙難盡，何獨舉此五聲乎？”

字詁一卷

其他若謂大鼎七个之鼏，當從冂諸聲，與從宀者不同。似蛇之鱓，既借徒何切之鱓，又借張演切之鱣，而皆轉爲常演切，漢書注誤以張連切之鱣爲釋。又謂周禮玉人注，瓚讀爲餈饘之饘，說文饡以羹澆飯，釋文餈饘作餈饡，故篇海饘即饡字，內則釋文酏讀爲餈，之然反，饘本又作餈，並之然反，此蓋明酏、饘當並讀爲餈，非謂饘即餈字，若以諸延切饘，何以處玉人注之餈饘乎？又謂干乾字通，引後漢書獨行傳云：“明堂之奠干飯寒水”，又在晉帖所云淡悶干嘔之前。此類則最爲精核，其他條似此者不可枚舉。

劉文淇青溪舊屋文集有黃白山先生義府字詁序云：“其間有兩書俱見者，如毛詩之信信，漢官儀之僕射及考工記兩欒謂之銑，國語執而紡於庭之槐，彼此俱見，當是編纂時偶未及檢。又如義府逋峻條引三國志趙達傳注，而無所申釋，亦是寫者脫誤，既無別本可校，謹仍其舊。是書博大精深，所解釋者皆實事求是，不爲鑿空之談，夫聲音訓詁之學於今日稱極盛，而先生實先發之。”下歷舉各條與廣雅疏證、經義述聞、經傳釋詞及毛、鄭詩考正說同者，文繁不錄。

別雅五卷

惟是古人用字有同聲假借，有轉音變異，有別體重文，同聲轉音，均宜入之此書。　又徵引雖博，而挂漏亦夥。

丁壽昌睦州存稾校別雅書後云：“所引多明人筆記，不盡覆檢原書，又未明音近叚借之例，率以字義疏釋，多所滯核。阮唐山茶餘客話云：‘山夫著書甚富，已刻者僅別雅一種，乃其少作，晚年自言其書不足觀’，今觀書中所引正字通、字彙諸書，皆兔園小說，徒蔑簡牘，無裨雅故，晚年作金石存，皆所不取，吾山以爲少作，信不虛也。余於丁未秋，爰爲之校正，譌者訂之，陋者删之”云云。玉縉案：丁書惜無傳本，許瀚有別雅訂，在滂喜齋叢書中。

急就章四卷

然則所謂章草者，正因游作是書以所變草法書之。　自始至終，無一複字。應麟藝文志考證，標“眞定、常山至高邑”句，以爲此二章起於東漢。

陸氏藏書志有元刊元印本，並載淳熙十年羅願記云：“國朝至道中，太宗皇帝嘗親書此篇，又於顏本外多‘齊國給獻’以下百二十八字，凡爲章三十有四，此兩章蓋起於後漢。案舊篇末說長安中涇、渭街術，故此章亦言洛陽人物之盛以相當，而鄗縣以世祖即位之地，升其名爲高邑，與先漢所改眞定、常山並列，此爲後漢人所續不疑。”是羅氏先有此說。又云：“自東漢杜度、張芝善稾法，始用以寫此章，號章草，說者因謂草書起於游，蓋不察游作此書之意。今篇中所摭蒼頡正字，其體雖不存而其讀具在，因可以見漢世官府市里之名物”，與王愔說異。又云：“顏以慈姓爲祖於宜慈惠和之才子，審姓爲出於審曲面勢者，名忠敬與愛君，而必以爲慕趙盾、鬻拳，解‘距虛’即蛩蛩，以‘檻車膠’爲膠人之目，謂‘老復丁’爲蠲其子孫之役，亦不皆是。”所駁亦切中其失，此篇今在鄂州小集卷四中。瞿氏目錄有舊鈔本，云：“此本但有顏注，無補注，然亦與王氏所錄無異。書中宏字注云，周禮有宏人之官，今本周禮無之，不知顏氏何所據也？” 俞正燮癸巳存稾云：“案‘急就奇觚與衆異’，則有晏奇能、異等倫、各異工。‘羅列諸物名姓氏’，則有列侯、諸將軍、諸物盡訖、遠取財物、姓名訖請言物、名顯殊絕。‘分別部居不雜廁’，則有別故新、所不侵、不足憐、不直錢、裳韋不借、不肯謹慎、莫不滋榮、無不容盛、蝗災不起、共雜診、屛廁淸溷。‘用日約少誠快意’，則有冬日藏、褭約纏、少府。‘勉力務之必有喜’，則有魯賀喜。‘請道其章’，則有請言物、顏文章。止開章六句已多重字。又‘蠡升 玉縉案：本作斗。參升半卮觛’，則當句中複字。”

說文解字三十卷

宋雍熙三年，詔徐鉉、葛湍、王惟恭、句中正等重加刊定。

凡字爲說文注義、序例所載而諸部不見者悉爲補錄，又有經典相承時俗要用而說文不載者亦皆增加，別題之曰新附字。

錢大昕潛研堂集跋是書云："說文解字一書，傳寫已久，多錯亂遺脫，今所存者獨徐鉉等校定之本。鉉等雖工篆書，至於形聲相從之例不能悉通，妄以意說。"歷舉隸取枲聲、𨊻取睘聲、熇取高聲、贛取竷省聲、𪇴取糕聲，徐鉉以枲、睘、高、竷爲非聲糕聲不相近而一一正之，文繁不具錄。

張行孚說文發疑云："據陸氏釋文、文選李善注、一切經音義諸書，皆唐人所作，而諸書中所引說文腴、濤、闉、劇等字，皆在今說文新附中，則知新附諸字皆唐以前所本有，而非始於大徐。說文校議之說，實墒不可易，故大徐於新附祚字曰：'此字後人所加'；於藏字曰：'漢書通用臧，从艸，後人所加'；於逍遙二字曰：'詩只用消搖，此二字字林所加'；於齡字曰：'若當時有齡字則武王豈不達也，蓋後人所加。'而其餘爲大徐所糾鬬者，更難勝數，若新附果出大徐，大徐何爲作此語哉？然則新附諸字，或卽本諸演說文，未可知？"隋經籍志有演說文一卷，庾儼默注，亡，然其書雖亡，而汗簡注尙有引演說文者，則固未盡亡也。

附案：案愼序自稱易孟氏、書孔氏、詩毛氏、禮周官、春秋左氏、論語、孝經皆古文，考劉知幾史通，稱古文尙書得之壁中，博士孔安國以校伏生所誦，增多二十五篇，更以隸古字寫之，編爲四十六卷。司馬遷屢探其事，故遷多有古說。至於後漢，孔氏之本遂絕，其有見於經典者諸儒皆謂之逸書，是孔氏壁中之書慎不得見。

玉縉案：提要此語，迂回不得其指，段玉裁注，以爲"易、書、詩、春秋言某氏者，許易學、書學、詩學、春秋學之宗也；禮周官、論語、孝經不言誰氏者，學無所主也；皆古文者，反對上文'皆不合孔氏古文謬於史籀'而言；所謂'萬物兼載爰明以諭'者，皆合於倉頡古文，不謬於史籀大篆；不言大篆者，言古文以該大篆也。所稱六藝，皆以言古文大篆，即六藝之外所稱載籍，如老子、淮南王、伊尹、韓非、司馬法之類，六藝孟氏、孔氏、毛氏、左氏外，所稱諸家如韓詩、魯詩、公羊春秋之類，亦皆以言古文大篆也。且逐字說之，不必有所稱者，無非以言古文大篆之字形、字音、字義也。上文'萬物咸覩，靡不兼載，厥誼不昭，爰明以諭'，正謂全書皆發揮古文言。其稱易孟氏云云，謂全書明諭厥誼，往往取證於諸經，非謂稱引諸經皆壁中古文本也，易孟氏之非壁中明矣。古書之言古文者有二：一謂壁中經籍，一謂倉頡所製文字，雖命名本相因，而學士當區別，如古文尚書、古文禮，此等猶言古本，非必古本字字皆古籀，今本則絕無古籀字也。且如許書，未嘗不用魯詩、公羊傳、今文禮，然則云皆古文者，謂其中所說字形、字音、字義皆合倉頡、史籀，非謂皆用壁中古本明矣。"段說極曉暢，孟易非壁中，尤足破提要之惑。

說文繫傳四十卷

鍇字楚金，廣陵人。　是書凡八篇，首通釋三十卷，以許慎說文解字十五篇篇析爲二，凡鍇所發明及徵引經傳者，悉加

“臣鍇曰”及“臣鍇案”字以別之，繼以部敍二卷，通論三卷，祛妄、類聚、錯綜、疑義、系述各一卷。祛妄斥李陽冰臆說，疑義舉說文偏旁所有而闕其字及篆體筆畫相承小異者，部敍擬易序卦傳，以明說文五百四十部先後之次，類聚則舉字之相比爲義者，如一二三四之類，錯綜則旁推六書之旨，通諸人事以盡其意，終以系述，則猶史記之自序也。 今相傳僅有鈔本，錢曾讀書敏求記至詫爲驚人祕笈，然脫誤特甚，卷末有熙寧中蘇頌記云：“舊闕二十五、三十共二卷，俟別求補寫”，此本卷三十不闕，或續得之以補入，卷二十五則直錄其兄鉉所校之本而去其新附之字，殆後人求其原書不獲，因摭鉉書以足之，猶之魏書佚天文志，以張太素書補之也。其餘各部闕文，亦多取鉉書竄入，考鉉書用孫愐唐韻，而鍇書則朝散大夫行祕書省校書郎朱翺別爲反切，鉉書稱某某切，而鍇書稱反，今書內音切與鉉書無異者，其訓釋亦必無異，其移掇之迹顯然可見。至示部竄入鉉新附之祧、祆、祚三字，尤鑿鑿可證者；錯編篇末，其文亦似未完，無可採補，則竟闕之矣。此書成於鉉書之前，故鉉書多引其說，然亦時有同異，如鉉本“禰，祜也”，此作“備也”，鉉本“耒，耕多艸”，此作“耕名”，鉉本“逋，前頡也”，此作“前頓也”，鉉本“鶂，大鶂也”，此從爾雅作“天鶂也”。又鉉本禁字下引禮記、禂字下引詩之類，此作臣鍇案禮記曰，臣鍇案詩曰，則鍇所引而鉉本淆入許氏者甚多。又如𦉍字下云“闕”，此作“家本無注，臣鍇案，疑許慎子許沖所言也”，是鉉直刪去“家本無注”四字，改用一“闕”字矣。其憑臆刪改，非賴此書之存，何以證之哉？

嚴元照蕙櫋雜記云："說文繫傳，自宋時已尠善本，近杭州汪氏新刻本，全不校讐，致多舛錯。然楚金於小學亦非有眞知者，所立說多穿鑿無當，抱經先生與翁覃溪書曾極論之。梁山舟舊有校本，予移寫一本，因覆校之，頗多新得。"李慈銘越縵堂筆記云："二徐兄弟爲會稽人，陸氏南唐書載其世系甚詳，而宋史作揚州廣陵人。據陸氏徐鍇傳云：'父延休，唐乾符中進士，仕吳爲江都少尹，卒官，二子鉉、鍇，遂家廣陵'，宋史遂因此而誤，今欽定全唐文從陸氏作會稽人。"　又桃華聖解盦日記云："所附部敍、通論、袪妄、類聚、疑義諸篇，李申耆跋此書，謂'通釋視大徐時出新意，不及大徐之醇確。其引書似都不檢本文，略以意屬，亦不若大徐之通敏。徒以通論諸篇，原本說文，旁推交通，致爲姸美，故宋人重繫傳'云。予觀通論三卷，雖其辭博辨，時能有所發明，然穿鑿者多，瑕瑜互見，其得失亦正與通釋相似。部敍以意附會，強通所不通，不如近儒段氏之謹約，蔣氏和之條貫，惟袪妄一篇，皆駁李陽冰之謬說，最爲可取。類聚、疑義，亦皆有功許氏者也。"　葉德輝郋園北遊文存，有重印錢曾述古堂影宋鈔本說文繫傳跋云："說文繫傳近所傳本有三：一乾隆壬寅汪啓淑刻本，一乾隆甲寅馬俊良龍威祕書巾箱刻本，一道光己亥祁嶲藻刻本。汪、馬本行世已久，人雖知其謬誤，恨無善本代之，乾、嘉諸儒，亦頗援引以校徐鉉本，迨祁本出，人人知汪、馬之非，而益信祁本之足貴矣。祁本出自影宋鈔本，歷經黃蕘圃、顧千里鑒藏，其善處已詳祁序及後校勘記中，然其本出自何人?傳之誰氏?顧氏思適齋文集、黄氏士禮居藏書題跋記曾未言及,今以仿印影本取汪、祁二本勘之,知其同出一源,行字皆有迻改,汪本迻改尤多。木部、心部闕至數十字,桼部脱去部首字,俞、巿、身、㱃、次、旡、鬼、象等部,汪本通部俱脱,馬本亦然。至祁刻校勘記中所舉原鈔及汪、馬各本誤處,此本並同,其汪刻異者,諦審行字,均刻後改之,如一部工篆下'任器',此本'任'作'仕',汪本作'禮'是也,顧細案汪刻,'禮'字微偏,其爲刻後校改痕迹可驗也。示部爨篆下,'讀若舂麥爲麷'之'麷',此本與祁本同,汪本兩'麷'字均作'爨',而'爨'字略小,其必後據鉉改,而原見之本必作'麷'字,亦痕迹可驗也。玉部瓅篆下,'相帶縈帶',汪本無此四字,此本祁本有之,則汪本之譌奪也。玭篆下,'玭,珠之有聲者',祁本無'者'字,校勘記云:'當依汪本作玭珠之有聲者',此本正有'者'字,則又知此本勝於祁所據之鈔本也。略舉前一二篇以見大凡,餘非别作校勘記不能詳也。又二十五卷,據祁刻云:'舊闕此卷,宋鈔本以大徐所校定本補之',故祁本此卷前結銜題名祗徐鉉一行,此本與汪、馬兩刻仍題'徐鍇傳釋、朱翺反切'兩行,則所據之原本又似與祁所見者微有不同。但鉉本用孫愐切音,鍇本用朱翺反切,此本雖題朱翺反切,書中仍用孫愐切音,則此本又不如祁刻所見原本之審愼矣。"

說文繫傳考異四卷附錄一卷

汪憲撰。

陸氏藏書志有舊鈔稾本二十八卷，題“朱文藻撰”，所載文藻識語、與友人書及丁杰跋，其文甚明。書凡考異二十八篇，附錄二篇，謂之二十八卷者，蓋以篇爲卷耳。惟浙江採集遺書總錄稱汪憲撰，提要當據此，實誤。又易說存悔，提要云：“官刑部陝西司員外郎”，不特此處重舉仕履，不合通例，且亦有誤，當稱“憲有易說存悔已著錄”。清吟閣書目有說文繫傳考異四本，稱朱朗齋手稾，朗齋卽文藻字。

說文解字篆韻譜五卷

鉉集載有此書序二篇。　又云：寒部䦨、瀾、漣、灡、闌五字，當在乾、蘭、讕、諫四字之後，豪部高、皋、䓊、羔、膏五字，當在獋、謔、號、䝞、鄂五字之後，皆譌前一行。麻部媧、譁、譇、觰、䕸五字，當在秅、㾆、誇、侉、夸、家、加、茄、葭九字之前，譌後二行。

陸氏藏書志有元刊本，並載鉉序兩篇，後篇稱雍熙四年。其案語云：“以潘氏新刊本較之，無一合者”，據此，則兩本異同處必多矣。　楊氏楹書隅錄有舊鈔本十卷，云：“此本寒部、豪部諸字皆未譌，麻部作媧、譁、誇、侉、夸、秅、㾆、玉縉案：當作秅㾆，原刻誤。譇、觰、䕸、家、加、茄、葭，與明刻亦異，或猶是明人從宋槧鈔出也。”瞿氏目錄有元刊本五卷，云：“寒部䦨、瀾、連、灡、闌五字，在乾、蘭、讕、諫四字之後，豪部高、皋、䓊、羔、膏五字，在獋、謔、號、䝞、鄂五字之後，次序並不譌，足徵此本之善。”

重修玉篇三十卷

今世所行凡三本：一爲張士俊所刊，前有野王序一篇，啓一篇，後有神珙反紐圖及分毫字樣，朱彝尊序之，稱上元本。一爲曹寅所刊，與張本一字無異，惟前多大中祥符敕牒一道，稱重修本。一爲明內府所刊，字數與二本同，而每部之中次第不同，注文稍略，亦稱大中祥符重修本。　卷末所附沙門神珙五音聲論及四聲、五音、九弄反紐圖，爲言等韻者所祖。蓋反切生於雙聲，雙聲生於字母，此同出於喉吻之自然，華不異梵梵不異華者也。中國以雙聲取反切，西域以字母統雙聲，此各得於聰明之自悟，華不襲梵梵不襲華者也。

楊紹和楹書隅錄有元本大廣益會玉篇三十卷，並載許氏藏本袁芳瑛跋云："此本題曰大廣益會，非復上元本之舊，然如張刻野王序，'升崧岱而告平'，'岱'此作'岳'；進書啓，'燿必無傳'，'燿'此作'懼'；示部'祕蜜也'，'蜜'此作'密'；玉部'瑔，絕緣切'下，張刻脫'貝名'二字；曹刻㫃部'㫃又於蹇，舞皃'，'於'此作'㫃'；'旖，於我切，又於蟻切，旌旗旖旎皃'，此作'於我、於蟻二切，旖旎旗皃'；'旃，於檢切'下，曹刻脫'旗皃'二字；勿部'䬐，呂至切'下，曹刻脫'銛也、快也'四字。如此之類，逐卷逐葉皆是，雖間有一二譌處，均有形迹可尋，則不獨古於諸本，抑亦善於諸本矣。"高均儒續東軒遺集書大中祥符刊本玉篇後云："卷首序目及一部至玉部共計十八葉，均儒爰校以張氏澤存堂重刊宋本，序前標題下多一牒文，目則引篆書偏旁以冠楷目之上，標題曰玉篇總目偏旁篆書之法，其一部、玉部字之次第行款間有不同，楷之點畫精渾，視張刻有過之無不及。牒文爲大中祥符六年牒中書官數人，半已損佚，其集賢殿修撰陳彭年等及史館校勘吳鋭，字蹟顯然，覈與張刻朱序陳彭年適符，吳鋭朱序作吳鋭，字形相類，未知孰是？牒中吳鋭之次主客員外郎，郎字下姓名損佚，或即丘雍亦未可知？大中祥符六年，歲次癸丑，距建隆元年庚申凡五十四年，是卷爲北宋盛時刻本，朱序所謂上元本，似刻在是卷之前，故無牒文，二本何者爲善？無從得校其全，未敢置議。而是卷目有偏旁篆法，所謂凡將、倉頡之篇，倘堪仰溯，而知小學之原有在。張氏所據上元本，未必竟無篆目冠前，或爲後人所遺，是卷篆目完好，洵足見玉篇自一至亥本諸許氏之舊。近人輒謂篆蹦爲楷，始於玉篇，是不知玉篇總目前冠篆目，後刊或遺，益以徵是卷爲僅見矣。”陸氏儀顧堂題跋云：“湘文觀察出示宋刻玉篇殘本，余以所藏元刊及曹、張所刻互校，示部以下，字之序次各有不同，偏旁篆法三本皆無，惟牒文則同，張刻無牒，想所據本偶遺之耳。”吳氏拜經樓藏書題跋記云：“五音聲論內東方喉聲下，注‘可我剛謌，訶可康各’，先君子依松靄先生小學餘論改‘何硬互鄂，行聿亨額’。中央牙聲下，注‘更硬牙格，行幸亨客’，改‘更我剛格，訶可康客’八字。”王詠霓函雅堂集答家達泉書云：“玉篇後附神珙音切，考神珙在唐元和之後，與孫強之修於上元初者相去一百四十餘年之久，是玉篇音切，不無可疑。案小徐說文繫傳固用朱翱反切，而篆韻譜一書則以李舟切韻爲定，李舟在孫愐之前，其音當更可據，今取以校之，與唐韻亦有異同，可知古人反切之字原無一定。唐書引字林、玉篇並有反切，則野王舊本有之，說文亦有之，即音隱所載。足下可檢以相參，不必改從唐韻也。” 玉縉案：既云華不異梵梵不異華，安得云反切生於雙聲，雙聲生於字母，當云反切字母，同生於雙聲。又錢大昕潛研堂答問及十駕齋養新錄，謂“大般涅槃經所列字音十四字，即影、喻、來諸母，所載比聲二十五字，與今所傳見溪羣疑之譜，小異而大同，然則唐人所撰之三十六字母實采涅槃之文，參以中華音韻而去取之，今人謂出於華嚴則妄矣。”據此，則提要云梵不襲華亦未盡合。 余廷燦存吾文集復紀大宗伯書云：“今論聲韻者，隔數百里即別爲方音，隔數百年即別爲流變，即不方言不流變，亦必審聽於脣、齶、喉、舌之界，嚴析於陰陽清濁之微，所爭者僅在豪芒秒忽，即曹割部分，幾若鄰封敵壘之各不可犯。況梵書、梵音，遠局昧谷，代憑大鴻臚譯經潤文，揣聲測響，甚至有累數譯而莫能通，歷數十傳且莫能定者，其爲方言流變萬萬矣。而當日就其書索其音，謂即可同中國之書，等中國之音，其亦果有合於中國聲韻之元乎？抑又聞晁公武之論曰：齊、梁以前，此學未傳，至沈約依定四聲始以之爲文章，是則六經、諸子、騷、賦中古音之寬緩洪厚，一變而爲今韻之尖利輕儇者，其潛移暗換，似皆自字母入中國始之，亦自沈約定四聲乃成之也。後人有增損字母者，有欲掃除字母廓而清之者，此不獨字母有所罣漏，不足以該括，恐亦因字母實有所戾於古人之諷誦而不足以厭後人之聰聽乎？宜前輩亦獨有取於東原之論古音者也。若夫蒺藜爲茨，終葵爲椎，不聿爲筆，奈何爲那，又似前乎華嚴十四字，六經中已具反切之端倪者。然則中國之有反切，與西域之有反切，其孰先孰後，固不必如東原之執爭，而切音之同不同，則正不可不辨"云云。玉縉案：廷燦輯戴東原事略，就聲韻考蒐采檃括，紀昀貽書謂宜刊去此條，而括其與江愼修論古音者補入，廷燦因復此書，卽欲依昀說删補，歷城周永年見之，謂何如兩存其說，一以見東原之博學淹通，未必不有武斷，一以見先生之好古精核，至不肯背負死生，尙論、尙友者，可省括而知所從違。遂仍事略舊本，附昀書及此書，幷詳記其顚末，蓋不以昀言十四字在反切前爲然也。　李慈銘孟學齋日記丙集上十一云："許氏於大字、人字皆分兩部，以偏旁所從有籀文、古文之别也。自、白同字，僅省一筆，亦分兩部，玉篇合大字爲一部，段氏譏其致古籀偏旁殺亂不分，予謂玉篇實六朝俗字，卽如說文白部之'者'，从白从㳄聲，㳄古文旅，而玉篇入之老部，與耇、耋等字一例，夫'者'从老，是何義乎？後人以其書時代未晚，尙存古義，故尊奉之，不知希馮爾時不過徇俗之書也。玉篇既爲唐孫強所改竄，而宋人復增益殺亂之，希馮之眞亦不可得見，然如'者'入老部，必是原本如此。"

干祿字書一卷

其中如虫蟲、啚圖、商商、涑涑，截然兩字而以爲上俗下正。

周亮工字觸云："姓有苻、符，苻堅其先本姓蒲，以讖文改爲苻，符融其先魯頃公孫，仕秦爲符璽郎，卽以爲氏，故堅之姓从艸，融之姓从竹，干祿字書曰：'从艸者爲姓，从竹者爲印'，尙未詳考。"玉縉案：前說本晉書苻洪傳，後說本廣韻，但此可以說漢之符融，若晉之苻融卽堅弟，不得从竹，周說駁顏良是而殊未分晰。

五經文字三卷

唐張參撰，參里貫未詳？ 劉禹錫國學新修五經壁記云："大曆中，名儒張參爲國子司業，始詳定五經，書於講論堂東西廂之壁。積六十餘載，祭酒皥、博士公肅再新壁書，乃析堅木負墉而比之，其製如版牘而高廣，背施陰關，使衆如一。"觀此言，可以知五經文字初書於屋壁，其後易以木版，至開成間乃易以石刻也。 考册府元龜稱周顯德二年，尙書左丞兼判國子監事田敏獻印板書五經文字，奏稱臣等自長興三年校勘雕印九經書籍。然則此書刻本在印板書甫創之初已有之，特其本不傳耳。

嚴可均唐石經校文云："五經文字三卷，大曆中顏傳經撰，唯序例張參作。序內有云：'乃命孝廉生顏傳經收集疑文互體，受法師儒以爲定例'，則張氏亦明言之，而史志以爲張參撰者蓋以序例統全書，猶晉書稱御撰也。唐書無張參傳，而其姓名尙見於表傳，獨顏傳經湮沒不彰，宜表出之也。" 朱彝尊曝書亭集是書跋云："孟浩然集有送張參明經舉覲省詩，錢起集有送張參及第還家作，而郎官石柱題名，參曾入司封員外郎之列，蓋參在開元、天寶間舉明經，大曆初佐司封郎，尋授國子司業者也。今其姓名僅一見於宰相世系表，一見於藝文志小學類，他不詳焉。" 錢大昕潛研堂金石文跋尾云："予考唐書李勉傳，'嘗引李巡、張參在幕府，後二人卒，至宴飲，仍設虛位沃饋之。'又常袞傳，'袞始當國，議增給百官俸，時韓滉使度支，與袞皆任情輕重，滉惡國子司業張參，袞惡太子少詹事趙惎，皆少給之。'是則史於參事，固不止一再見矣。吾於勉傳，見參之見重友朋，又於袞傳，見參之不阿貴近，參雖無傳，未爲不幸也。" 案張澍養素堂文集二十又書五經文字後云："河南少尹李華墓誌銘云：'母夫人敦煌張氏，其舅參，有大名'，孟浩然集有送張參明經覲省詩，蓋參在開元、天寶間舉明經，至大曆中爲國子司業。李勉傳，'勉嘗引張參、李巡在幕府，二人卒，至宴飲，仍設虛位沃饋之。'范傳正言：'唐世士大夫祭祖先，能崇古禮不用紙錢者祇顏魯公與司業二家'，其卓然之行，非有得於經學乎？" 案顧炎武金石文字記亦云："自土塗而木版，自木版而石壁，凡三易矣。"而翁方綱經義考補正載王聘珍說，以爲"書壁者乃諸經本文，刊石者則諸經音義，所云五經文字者也"。殊弗思書壁果爲諸經本文，則張參序云經典之文六十餘萬，兩廂壁能容之乎？劉記"書於講論堂東西廂之壁"，接云"辨齊、魯之音取其宜，考古今之文取其正"，是明指五經文字，而豈諸經本文乎？恐其誤後學，特駁正於此。 楊氏楹書隅錄有影宋精鈔本三卷，並載毛扆跋云："扆購得五經文字一部，係從宋板影寫者，比大曆石本注益詳備，前有開運丙午九月十一日田敏序，案丙午，開運三年也，則田敏之奉詔在後唐長興三年，越十六年至石敬瑭之世而雕成印本,由此觀之,蓋祖五代本矣。石刻舉世有之,但剝蝕處杜撰增補,殊不足據,要必以此本爲正也。"楊氏自爲說云:"石經自明嘉靖乙卯地震損折,多爲後人羼補,紕繆百出,國朝歙項氏、揚州馬氏、曲阜孔氏、高郵孫氏先後重梓,亦第就石經校定,宋以來刻本仍未之見也。馬氏雖未免舛漏,然所據尚是宋拓,最稱精善,孔本覆加讎對,尤審愼不苟,孫氏則取原書自爲編輯,刪移淆亂,非復舊觀矣。此本首載開運丙午田敏序,當是南宋初卷中桓字缺筆。從田氏原本翻雕者,故首尾完具,注文特極詳備。以馬本及孔氏、孫氏校語證之,多相脗合,而諸本所譌誤者反賴此得以考訂異同,誠可謂希世之珍矣。四庫據馬本著錄,未見此序,故引冊府元龜爲證。"

九經字樣一卷

玄度里籍未詳? 近時馬曰璐得宋拓本而刊之,猶屬完善。其間傳寫失眞及校者意改,往往不免,今更依石刻殘碑詳加覆訂,各以案語附之下方。

宣和書譜云:"玄度不知何許人也?精於小學,推原字畫,使有指歸,爲十體書。"玉縉案:新唐志於是書下注云:文宗時待詔。 楊氏楹書隅錄有影宋精鈔本一卷,並載毛扆跋云:"與石刻細校,石刻宀部之末多'寗寍'二字,此本無之,據注云一十一字,五字重文,則無者爲準。又乏字注,'文反正爲乏',石刻誤作'人反正',雨部霝字音'靈',石刻誤音'灵',則此本勝於石刻矣。至釋看字云:'凡物見不審則手遮目看之,故从手',釋蓋字云,'今或作盖者乃从行書廾，與荅、若、著等字皆譌俗'，釋鼎字云：'上从貞，下象析木以炊，篆文𣎳如此，析之兩向，左爲爿，爿音牆，右爲片，今俗作鼎，云象耳足形誤也。'釋晨字云：'从臼，象叉手辰省之義'，其於小學可謂精詳矣。"

四庫全書總目提要補正卷十一

小學類二

汗簡三卷

然據郭若虛圖畫見聞志及蘇軾集所載忠恕小傳，並稱宋太宗時召忠恕爲國子監主簿，後流登州，道卒，則不得爲周人。又陶岳五代史補載周祖入京師時，忠恕爲湘陰公推官，面責馮道之賣國，則先已仕漢，題周更誤矣。鈍吟雜錄載馮舒嘗論此書，以汚、汸、臢、駛諸字援文就部爲疑，然古文部類，不能盡繩以隸楷，猶之隸楷轉變，不能盡繩以古文，舒之所疑，蓋不足爲累。

案宋史忠恕傳，“弱冠，漢湘陰公召之，忠恕拂衣遽辭去。周廣順中，召爲宗正丞，兼國子書學博士，改周易博士。”圖畫見聞記亦云：“初，周祖召爲博士，後因爭忿於朝堂，貶崖州司戶，秩滿去官。”是忠恕不仕漢，嘗仕周，陶岳之言非而李建中之記不誤也。特所記或在太宗未召以前，故不及主簿一官耳。張氏藏書志有馮己蒼手鈔本七卷，並載馮手跋云：“右汗簡上、中、下各二卷，末卷爲略序目錄，共七卷。”其雜錄論沔、汸諸字，實本此跋，其言曰：“如沔字、汸字、泜字、㴊字俱从水，今沔从丏，汸从方，泜从氏，㴊从卤，膌从月而入脊部，郤从邑而入谷部，駛从馬而入史部，朽从木而入丂部，此類不可枚舉。大抵因古文字少，未免援文就部以足其數，其實非也。”可謂切中其失，提要乃謂古文部類不能盡繩以隸楷，不知明明从某之字，奚容紊也。陸氏藏書志、瞿氏目錄亦並有此本，瞿云：“此書今有錢唐汪氏刻本，出自秀水潛采堂，然以此本校之，有可以補正者甚夥。如示部䃼字注，詛此作䄖，案䄖當作祖。王部下此有‘見石經’三字”云云，文繁不具錄。案汪刻即康熙中汪立名本。

佩觿三卷

惠棟九經古義嘗駁忠恕以示字爲視，而反以視爲俗字，今考其中如謂車字音尺遮反，本無居音，蓋因韋昭辨釋名之說，未免失於考訂。又書號八分，久有舊訓，蔡文姬述其父語，自必無譌，乃以爲八體之外別分此體，強爲穿鑿，亦屬支離。至於以天承口爲吳，已見越絕書，而引三國志爲徵；景爲古影字，已見高誘淮南子注，而云葛洪字苑加彡；案此沿顏氏家訓之誤。又陶侃本字士行而誤作士衡，東方朔以來來爲棗，本約略近似，而遂造棗字，均病微疎。

鄭珍巢經巢文集答莫子偲論佩觿書云：“古人著書，各有宗旨，不可以一例繩也。自來字書，唯十五篇如三代鼎彝，都無俗氣，玉篇已下，即雜俗行，學者徒一意泥古，而無所斟酌消息於其間，此戴子常諸公所以爲世詬病也。郭宗正於六書洞見本原，此書乃辨字體之異同，非别字體之正俗，若概以許書例之，則即平聲相對一部，如樗樗、窀宅等已指不勝屈，宗正夫豈不知某即某之正字，某即某之俗字、别出字，而待後人哆口也。”

古文四聲韻五卷

汪啓淑家刊本。全祖望跋稱“所引遺書八十八家，以校郭氏汗簡未嘗多一種，實即取汗簡而分韻錄之，絕無增減異同，雖不作可也”，其説固是。

儀顧堂集有宋本是書跋云：“汪本摹刊頗佳，今從常熟瞿濬之茂才借宋本互勘，汪刊行款與宋刊同而譌脱甚多，如卷三草字老子下脱説文艸篆，丑字汗簡下脱古春秋屯篆，早字義雲章下脱崔希裕纂古㫪篆，罔字下脱纂古𠘧文，其小注之脱佚者更不勝舉。至洒字下之囟篆，忝字下之𠘧、點、䵦三文，皆宋本所無，其爲後人羼入無疑，惜瞿氏藏本原缺卷一、卷四兩卷，不得見宋本之全耳。”鄭珍巢經巢文集跋是書云：“郭宗正汗簡收古文七十一家，夏英公四聲韻收古文標目九十八家，其增多汗簡者：雲臺碑、雜古文、字略、古漢書、古世本、夏書、古案經、亢倉子、三方碑、邱光庭序文、祝尙丘韻、比干墓銘、石椁文、馬田碑、荆山文、天台經幢、蔡邕石經、道德經、庾儼字書、馬日磾集、周書大傳、李守言釋字、庾儼衍説文、玉篇、籀韻、黄庭經、唐韻、崔希裕纂古、滕公墓銘、陰符經、南岳碑、馬日磾集。上標目三十二家，馬日磾集重出，馬田碑即馬日磾集之誤，庾儼衍説文即演説文，滕公銘即石椁文，三方碑即雲臺碑，天台經幢汗簡作天台碑，卽道德經，蔡邕石經卽石經，庾儼字書汗簡作庾儼字說，卽庾儼集，夏書、古案經二家韻中無其字。除上重出標目及韻中無字者十家，又除汗簡，共十一家，是實增多汗簡一十六家。全謝山謂英公古文編八十八家，校汗簡未嘗多一種云云，蓋全氏實未嘗細勘是書，故敢作大言欺誑。觀其言北宋雕本當有全序而今失之，則似因未見序文標目而始云然者。然卽各字下所列書目，其增多汗簡者亦可勘見，而亦似未嘗寓目，何也？”

類篇四十五卷

其所編錄雖不及說文、玉篇之謹嚴，然字者孳也，輾轉相生，有非九千舊數所能盡者，玉篇已增於說文，此書又增於玉篇，時會所趨，久則爲律，有不知其然而然者，固難以一格拘矣。

朱士端彊識編云：“許氏說文爲解經家所宗，然亦有爲後人改竄者，如類篇蓀荃連文，說文明云蓀香艸也，荃芥脃也，類篇乃云蓀亦作荃，此不當幷而幷也。說文趌與跬同，類篇趌下引說文云：半步，而不言與跬同，跬下又引說文云半步，反言或作蹞躍而不言與趌同。說文齵齺連文，皆訓齒蠹，玉篇、類篇齒部齵下引說文齒蠹，牙部齺下又引說文齒蠹，此不當分而分也。如此類者甚多，姑舉一二，字書如類篇，不逮說文遠矣。”又凡類篇引說文有舛誤者，如哺、啍、嘾、嗷、幹、攺、敀、離、譆、脃、臚、圖、瀘、饐諸字，皆有辨正，文繁不錄。　錢泰吉甘泉鄉人稾有跋是書兩則云:"此書部目二百九十六之壬部,从人士,當作王、徵、現、望在此部,與五百二十六壬癸之壬迥別。三百四十二之卯部,音子京切,又子禮切,卿字在此部,與五百三十四卯酉之卯迥別。若印之誤卬,黍之誤香,网部下脫襾部,皆校者之未審爾。"又云:"直齋陳氏謂類篇自寶元迄治平乃成書,歷王洙、胡宿、范鎮、司馬光始上之,則非溫公一人所爲。序爲蘇頲濱之文,集中注云范景仁侍讀託撰,故文獻通考竟以爲頲濱作,所錄文與集中同,與今本小異,今刻本專列溫公銜名,不知者遂以序爲亦出於溫公矣。溫公自有名苑序,注云:慶曆九年作。云以集韻爲本,先以平、上、去、入衆韻正其聲,次以說文解字正其形,次以訓詁同異辨其理,次以經傳諸書之言證其實,當即纂類篇時所爲。類篇既行,名苑遂晦,故晁、陳皆不著錄,馬氏亦僅從序文列其目云。"玉縉案:朱、錢兩說甚精,非提要所及也。

歷代鐘鼎彝器款識法帖二十卷

此本爲明崇禎中朱謀垔所刊,自序稱購得尙功手書本,雖果否眞蹟無可證明,然鈎勒特爲精審,較世傳寫本爲善云。

案近阮元刻本最善,其定香亭筆談云:"薛尙功鐘鼎款識,宋時爲石刻本,故有法帖之名,明萬歷間硃印刊本,訛舛最多,跋語亦删節不全,惟崇禎間朱謀垔所刻尙功原本較爲可據。然板本幷佚,傳寫滋誤,余據吳門袁氏影鈔舊本及家藏舊鈔宋時石刻本互相校勘,更就文瀾閣寫本補正之,以還薛氏舊觀。錢塘吳壽朋文健,明於小學,審定文字，以付梓人；陳秋堂豫鍾精篆刻，爲摹款識；高爽泉塏善書，爲錄釋跋，皆一時之能事也。”玉縉案：張氏愛日精廬藏書志，陸狀元集百家注資治通鑑後載建元跋，稱“馬塞中浼其友倪君東銘攜書來售，有薛尙功手書鐘鼎款識樣本眞蹟，索價太昂，爲桐溪汪公晉賢所得”。又段玉裁經韻樓集有是書二十卷寫本書後，據周伯姬鼎有攸勒字，寅簋有鋚勒字，岐陽石鼓有鋚勒字，外此焦山古鼎亦有攸勒字，以爲鋚省作攸，攸即攸，假借爲鋚字，勒省作革，以鋚飾勒，猶唐、宋人所云金勒，以正詩蓼蕭毛傳“鋚，轡首飾也，”今本作“鞗，轡也”之失。

復古編二卷

是其說復古而不戾今，所以爲通人之論，視魏校等之詭僻盜名強以篆籀入隸者，其識趣相去遠矣。此本爲明萬曆中黎民表所刊，字畫頗爲清析。

李慈銘桃華聖解盦日記云：“此書辨析精嚴，爲治小學者之津轄，然亦有太拘者，如聯緜字中謂伏犧必作虙虧，作羲通，作伏犧非，琵琶必作枇杷，作琵琶非，袈裟必作加沙，作袈裟非。案伏犧本無定字，管子作虙戲，亦作虙羲，莊子作伏戲，鄭君周禮太卜注作虙戲，禮月令注作宓戲，易釋文引孟、京易俱作伏戲，此皆古字也。作宓作戲爲最古，宓即虙之省，羲即戲之通，作伏作犧爲最後，若作虧，則惟太卜及月令釋文兩引作虧，張氏謂必作虙虧，不知何據矣？琵琶胡樂，起於漢世，其字本篆文所無，要不得以木之枇杷當之，作隸書自當從俗作琵琶，若作篆則用‘批祀'可也。袈裟僧衣，起於東晉以後，梵言本無定字，亦當從俗書之，作篆則或用'加沙'耳。" 又云："復古篇末附張子野安陸集一卷，以謙中爲子野之孫也。此據東坡與趙清獻言表忠觀碑篆額帖，以爲子野之孫，而樓攻媿言據謙中篆書金剛經跋，稱其父爲張三先生，又似子野之子。乾隆庚子，安邑葛鳴陽刻本極稱精密，此本又從葛本翻刻，頗有誤字。謙中作此以救正同時王介甫之字說者，後爲黃冠，蓋有託而逃也。其書辨正極嚴，筆畫小異，概以俗謬斥之，雖或失之太拘，然有功於小學甚大，郭忠恕之佩觿，戴侗之六書故，遠非其匹也。葛鳴陽據桂未谷寫本，復取翁覃谿、錢可廬、程魚門各寫、藏本，而丁小雅、宋芝山助之校勘，影槧極精。葛氏又校以元、明間刻本，作校正一卷，更取各家最錄序跋之文，以及張氏平生之著述，復古之宗派，作附錄一卷，其於是書可謂盡心焉矣。" 玉縉案：有述其師說，謂"倉頡十五篇，即是說文目錄五百四十字，許慎分爲每部之首，人多不知，謂已久滅"云云，此最謬妄，倉頡安得有十五篇。即謂誤記史籀大篆爲倉頡，而建武時已亡六篇，許慎時安得有史籀全書供其采取，辨見翁方綱復初齋集與桂未谷論所作說文統系圖及丁杰附論。 瞿氏目錄有馮舒手鈔本，云："此書與安邑葛氏所刊新安程氏舊寫本大致相同，然如𩞄字注云：'別作餰'，刊本譌爲𩟔，無此字也。鉏字注云：'士魚切'，刊本譌士爲七，柴字注云：'師行野次豎木爲區落名曰柴蘺。'案本書蘺字注，艸名，又藩也，別作籬，非，則此从艸是也，刊本乃譌从竹，其足資訂正者不少。

葛氏撰校正一卷頗爲疏略，惜未見此帙也。”玉縉案：黎刻未知如何？俟核。

漢隸字源六卷

凡漢碑三百有九，魏、晉碑三十有一。

陸氏儀顧堂續跋陸師道手寫本跋云：“此本碑目一卷，漢、魏、晉幷計，實得碑三百有九，檢之汲古本亦同，豈提要所見別一本耶？抑有誤記耶？”翁方綱復初齋集有重刻劉球隸韻序議及是書云：“漢碑泐蝕之餘，有不可盡以意斷定者，寧守其常，而所謂廣異聞者可懼也。即如劉氏此書，以孔廟碑‘恭’字下半爲重圈筆，以鄭固碑‘击’字中間直畫誤與左邊横畫相穿，此則漢隸所本無，而嗜異者誤會其石泐之勢以當之，諸如此類，大不可也。而婁氏在南宋時，方且沿劉氏此書以踵襲成書，命曰字原，即如褒斜谷楊淮表紀‘敹’字，是司敹官名，未言篆、隸之隸可通也，而必以隸皆通此乎？凡婁之演說多類此，其爲嗜異，不更甚乎？婁書每一字下，省其某碑之名，止列一二之數，觀者第見其出漢隸，不詳其出某碑？即檢其首卷出某碑，而原碑又皆未能目見而檢尋之，於是但據所摹者命之曰漢隸如此，豈知吾所偶舉恭字、击字之類，尚有不止此者，吾惡能遍勸學者每見一字必理其拓本而加詳之，亦惟可信者信之，稍有疑則闕之，或亦爲學之一端乎？”玉縉案：司敹即司隸，翁氏兩漢金石記楊淮表紀下亦云敹即隸之省。方綱又有跋宋槧漢隸字原，極詆毛氏汲古閣本之失，又有跋隸韻，亦議及是書，兹皆從略。

班馬字類五卷

宋婁機撰。其書採史記、漢書所載古字、僻字，以四聲部分編次，雖與文選雙字、兩漢博聞、漢雋諸書大概略同，而考證訓詁，辨別音聲，於假借通用諸字臚列頗詳，實有裨於小學，非僅供詞藻之撏撦，末有機自跋二則，辨論字義亦極明析。其中有如降，古音洪，眉，古作眉之類，可以不載者，亦有如璇璣玉衡本尚書，袀服振振本左傳之類，不得以史、漢爲出典者，與幾致刑措之幾，不茹園葵之茹，音義與今並同者，一概捃拾，未免小失簡汰。

案是書每韻後附以補遺，凡一千二百三十九字，爲景定間李曾伯撰，蔣氏涉聞梓舊及陸氏藏書志舊鈔本載李自序甚明，不解提要何以絕不及之？錢泰吉曝書雜記，未得其書，疑所補不當有千餘字之多，殊爲失考。蔣光煦跋云："所載婁書字數注文，與行世本互有增損，或各據所見，或出李氏更定，均未可知？"此說可釋錢氏之疑，亦足補提要所未及。　翁方綱復初齋集跋是書云："婁氏蓋精於漢學者，然此書於字之原委猶未分析也。如顏注之類，所宜核正者非一，而皆不論何也？恐亦隨手撮記之冊子，未暇整比者耳。愚近撰兩漢金石記，於婁氏字原頗加攟摭，而於此書亦宜有所訂正，輒欲附作一小卷於拙撰之末，以備考證云。"　瞿氏目錄有舊鈔本，云："是書分卷不與通行本同，顧澗蘋謂字類有繁、簡二本，此繁本也，其足以補正叢書樓本脫誤甚夥，如平聲冬、鍾韻鎔字注，末有'銅屑也'三字，𤅏字注，師古曰下有'如說是也，太宰卽具食官'十字"云云，文繁不具錄。玉縉案：內府所藏，未知何本？蔣氏涉聞梓舊所刊李曾伯補遺本，亦不與瞿錄同，惟其所列增多處，往往即補遺文，而又不盡合，繁本之説恐未然。

龍龕手鑑四卷

晁公武讀書志謂此書卷首僧智光序，題云統和十五年丁酉七月一日，沈括夢溪筆談乃謂"熙寧中有人自契丹得此書，入傅欽之家，蒲傳正取以刻版，其序末舊云重熙二年五月序蒲公削去之"云云。今案此本爲影鈔遼刻，卷首智光原序尚存，其紀年實作統和，不作重熙，與晁公武所説相合，知沈括誤記。又文獻通考載此書三卷，而此本實作四卷，智光原序亦稱四卷，則通考所載，顯然誤四爲三。殆皆隔越封疆，傳聞紀載，故不免失實歟？

瞿氏目錄有宋刊本，云："統和十五年丁酉燕臺憫忠寺沙門智光字法炬序，蓋即讀書敏求記所謂契丹鏤版者也。然考夢溪筆談、郡齋讀書志並稱龍龕手鏡，以鏡爲鑑，當是宋人翻刻，避嫌諱而改，錢氏所見既作鑑字，此本亦然，安得復爲遼刻耶？且遼僧所刻必不爲宋帝諱，統和丁酉，當宋至道三年，亦不能預爲太宗以後諸帝諱，今觀此書序中鏡字闕筆，金部并不載鏡字，宀部完字闕筆，木部并不載桓字，構書作㩁，惇敦作惇𢽳，餘如殷、敬、讓、恆、樹、慎、擴、昀等字悉行刊落，蓋非特不出於遼，恐并非蒲傳正帥浙時所刻矣。又考智光原序稱四卷，而文獻通考引讀書志則作三卷，衢州本同，今以此書核之，乃知晁氏之非誤。蓋書中本以四聲分四卷，各載部目於卷前，而板心則以去、入兩卷統書'龍三',實無'龍四',殆以去聲僅九葉不成卷,故合之,所以又有三卷之稱也。傳鈔之本,板心字或不錄,而近世通行本四卷,又皆分爲上下,盡改舊觀,更難尋究,向非古刻猶存,晁、馬兩家之書復何自而證明歟?"

玉縉案:百宋一廛賦黄丕烈注,亦以作鑑者爲宋刻非遼刻,提要所據本作鑑,乃謂影鈔遼刻,殆爲統和智光序所惑,其以三爲四之誤者,亦未知板心祗有"龍三"無"龍四"耳。

周秦刻石釋音一卷

衍字子行,錢塘人。

案閑居錄陸友仁跋云:至大四年冬,以事逸去,莫知所終?

字鑑五卷

朱彝尊從古林曹氏鈔得,始付長洲張士俊刊行之云。

吳氏拜經樓藏書題跋記云:"又一本張刻,先君子手錄錢處士校語於上,並書簡端云:'余友錢君廣伯,精究六書,尤明說文之學,間爲之考覈偏旁,校正亥豕,并以匡李之失。如鄰字下當補"鄰穀氣也別"五字,潸、散、楙、林等字當詳注其字義,冂不音覓,當與內之冂同,乃門也,引詩曰'灑埽廷內',說文有颺而無颸,諸說使作者復生,亦當心折。'"

說文字原一卷六書正譌五卷

是二書前有至正乙未國子監丞宇文公諒總序,說文字原之首有伯琦自序,題至正己丑,而六書正譌則無序,意其佚脫也。

瞿氏目錄有影鈔元本字原云:"前列京兆宇文公諒、臨川吳當序,次自序。"又有元刊本正譌云:"有自序,又宇文公諒序、吳當後序,"陸氏儀顧堂續跋元槧本跋同。案正譌自序爲至正十一年辛卯。

漢隸分韻七卷

不著撰人名氏,亦無時代,考其分韻以一東、二冬、三江等標目,是元韻非宋韻矣。其書取洪适等所集漢隸依次編纂,又以各碑字迹異同縷列辨析。考吾邱衍學古編有合用文集品目一門,其第七條隸書品中列有"隸韻兩冊,麻沙本,與隸韻爲一副刊,字體不好,以其冊數少乃可常用之,故列目於此"云云,疑卽此本。 要其比校點畫,訂正舛互,亦有足資考證者。前人舊本,寸有所長,要未可竟從屛斥也。

陸氏儀顧堂題跋云:"宋槧元修本,惇字缺筆。案宋史藝文志小學類有馬居易漢隸分韻七卷,卷數與今本合,則是書乃居易所著也。惟分韻與大定六年王文郁平水韻略同,不用禮部韻略,則居易當是金人,非宋人矣。遼、金人著述往往有南宋覆本,如遼釋行均龍龕手鑑、金成無己傷寒論皆是。不然,元人所著,不得收入宋史,金人所刊,不得避宋諱也。或曰:金人著述,宋史誤作宋人,此外有可徵乎?曰:成無己傷寒論前有金皇統元年嚴器之序,宋史旣誤爲器之所著,又誤以爲宋人,此書亦猶是也。" 瞿氏目錄有元刊本,云:"卷一列天下碑錄,而新莽侯鉦、耿氏鐙諸器亦以碑當之,羼雜甚矣。惟隸古點畫最易混淆,得此猶可參考焉。"

六書本義十二卷

撝謙原名古則。

陸氏藏書志有洪武刊本，題餘姚趙古則編注，並載洪武十一年自序稱趙古則。又徐一夔、李飽恂、林右各序，均有趙君撝謙語，林又云："撝謙名古則，"是撝謙其字也。明史本傳云："名古則，更名謙，"亦不言以字行之故，且云更名謙，不言撝謙，今提要所據本已改撝謙，殆其最後之定名歟？

字彙四卷

故其說悉根柢說文，毫釐辨析，於偏旁點畫，分別了然，又該以韻語，便於記誦，亦小學之津筏也。

李慈銘受禮廬日記上集云："在前明中此書最爲有功小學，然過信戴侗六書故之說，又好自出新意，故時有與許氏背者。如謂鬥从𠃨𦥑𠬞𢦏，象兩手各有所執，不从兩士相對。進从隹辵，隹爲翼飛，辵爲步歪，非从藺省。身象人形，非从丿聲。父从又一，又者人也，一者乾也，非从持杖。皆病穿鑿。說斆、學等字尤涉支離，說𦎫字从𡙕从丮，䞇字从坴从丮是矣，而云另有蓺字从幸从丸，音子習反，茅芽也，案說文艸部，'𦔫，艸木不生也，一曰茅根，从艸，𦎫聲'，正與𦎫、墊、絷、蟄等字从𦎫者一例，若云从幸从丸，是何字乎？从幸从丸別無意義，又何取三字合體乎？此所謂失於眉睫者矣。"

隸辨八卷

每字下分注碑名，并引碑語。　今考此書，字形廣狹，與世所刻婁機漢隸字源相同，是陰以機書爲槀本。

案水經湍水注，"湼水出湼陽縣，縣南有二碑，云是左伯豪碑，又南逕安衆縣。"天下碑錄云："左伯桃碑，在安肅軍安肅縣西十五里墓前。"顧氏隸辨左伯豪碑條下，並引此以爲一碑。畿輔通志一百四十二云："豪、桃同聲，古人因聲傳訛容或有之，但碑錄云在安肅軍，水經注云在湼陽，考安衆在漢屬南陽郡，湼陽在魏亦屬南陽郡，皆在今河南南陽府鎮平縣南，安肅軍在宋屬河北西路，在今直隸保定府安南縣治，相去千餘里，其非一碑可知，顧藹吉援據舊說而未考地理，誤矣。" 翁方綱蘇齋題跋漢石經尙書、論語殘碑條云："近日吳中顧藹吉著隸辨，謂曾摹北海孫氏藏本，然所錄字近百名，頗與此不合。蓋顧氏但據洪、婁二書爲之耳，非眞見石本也。" 翁方綱復初齋集跋宋槧漢隸字原云："顧氏隸辨，糾字原之失者凡八十九事，其云誤釋者五十有八，其中可勿糾者五，應存考者七，餘皆顧氏糾正之善，於此書實爲有功。其云誤書者三十有一，其二十有一皆糾正之善，其三則應存考，其七則可勿糾，可勿糾而糾之，則以顧氏見毛本而未見宋本也。顧氏之爲隸辨，意固勤矣，獨惜其於諸碑，旣未見拓本而又未見宋槧字原，又未見宋槧隸釋、隸續，而又於中間妄臆存之、去之若實有據者，此其功固大，而其近理而失眞不能免也。學人必欲以韻集隸，則每韻皆當分爲數類：曰據碑，曰據洪，曰據婁，曰據別本，信者信之，疑者疑之，而無若顧氏之皆決以爲可信也，則庶乎其可矣。" 又跋隸韻云：

"顧氏撰隸辨，雖名爲糾正字原之誤，然實有字原沿此劉刻而顧未及知者，則豈若此隸韻可借以想像原碑之梗概乎？"

廣韻五卷

考世行廣韻凡二本：一爲宋陳彭年、邱雍所重修，一爲此本。前有孫愐唐韻序，注文比重修本頗簡。 世尙有麻沙小字一本，與明内府版同，題曰乙未歲。 考唐志、宋志，皆載陸法言廣韻五卷。

顧廣圻思適齋集書宋槧廣韻後云："世所行廣韻有三，其本各不同。家亭林先生刻，節注本也；吾郡張氏刻，足本也；而揚州詩局所刻，平、上、去皆足，入聲則節注，其兩節注之本又不相同。今於洪鈐庵家獲見所收宋槧，有曹楝亭圖記者，第五册乃別配又一宋本，正揚州本之所自出。證以潘稼堂爲張氏作序言，'見宋鋟於崑山徐相國家，借錄以歸，張士俊得舊刻於毛氏而缺其一帙，予乃畀以寫本，'雖潘未舉所缺何帙，然此無子晉、斧季父子圖記，決非一本可知，張、曹不同之故及節注又不同之故，則皆見此而了然矣。局刻校讎不精，多失宋槧佳處，卽如去聲豔，第五十五㮇同用，陷，第五十七鑑同用，鑑，第五十八釅、第五十九梵同用，次序分合，猶存廣韻之舊，視張刻之依禮部韻略，豔與㮇、釅同用，陷與鑑、梵同用，而移釅於陷、鑑前，改爲釅五十七、陷五十八、鑑五十九者逈勝，乃曹刻反依張轉改，何歟？且其轉改實在刻成之後，故於目錄僅將釅、陷、鑑三大字鑿補，而小字任其牴牾。近時戴東原撰聲韻考，目之爲景祐後塗改，不知其出曹氏手，失在未及見此耳。戴所見世行三刻及明大板外，僅有盧侍講藏舊本，鈐庵家亦有之，卽明大板及亭林本之所自出，節注之祖也，係元代坊板，遜宋槧遠甚。其餘曹依張改字處不少，不知張氏刻書，好爲點竄，如玉篇，如羣經音辨，以舊本勘之，往往失眞，非獨廣韻也。” 又書元槧廣韻後云：“今世之爲廣韻者凡三：一，澤存堂詳本，一，明內府略本，一，局刻平、上、去詳而入略本，三者迥異，各有所祖。傳是樓所藏宋槧者，澤存堂刻之祖也。曹楝亭所藏宋槧第五卷配元槧者，局刻之祖也。此元槧者，明內府刻及家亭林重刻之祖也。局刻曾借得祖本校一過，知其多失眞，澤存堂刻各書，每每改竄，當更不免失眞，惜未知祖本何在？明內府本，得此相校亦多失眞，所謂開卷東字下舜七友東不訾，卽譌‘七友’作‘之後’者也。亭林重刻，自言悉依元本，不敢添改一字，而所譌皆與明內府板同，是其稱元本者元來之本，而亭林仍未嘗見元槧也。至朱竹垞誤謂明中涓删注始成略本，不審何出？但非得見祖本早在元代固未由定其不然矣。其或目此爲麻沙小字宋槧，則書估爲之，無足憑信也。局刻所配入聲與此亦迥異，疑宋代別有略本流傳如此。” 玉縉案：楊氏楹書隅錄有元本廣韻五卷，並載此跋，多删節，不明瞭，楊氏自爲說云：“案元元貞元年，至正十五年，皆歲在乙未，此本以板式避諱定之，似宋末元初所刊，或是元貞之乙未，而紀文達公張本跋中作至元乙未，想偶誤記耳。” 玉縉案：元刊有五、六本之多，詳陸氏儀顧堂續跋，又李慈銘荀學齋日記云："明內府本廣韻，前僅孫愐唐韻序一首，亦不載其論。其書於目錄注同用者皆連綴之，如二冬下即綴三鍾，但以魚尾隔之，不別提行。韻下注文，刊削甚多，如開卷東字下，即删十之七八，而廣韻所最詳者氏姓，考據家所寶貴，此本芟削尤甚。如東下原本云：'又姓，舜七友有東不訾'，又漢複姓十三氏以下，自東門、東郭至東方、東里皆列數之，或并詳其得姓之故，而此本云：'舜之後有東不訾，又漢複姓東方朔'，謬誤蓋不可言。而近人頗有稱之者，謂澤存堂本多經毛斧季、張力臣等改竄，此本轉得其真，此亦如今之議抱經盧氏所校釋文，遠不若通志堂本者，皆眯目一孔，好爲大言，徒見其妄而已。"俞正燮癸巳存稾三十三云："陸法言切韻不見經籍志，蓋隋時官不採錄，唐初書亦未顯，唐藝文志始有陸慈切韻五卷，疑法言一名慈。今提要引唐志云陸法言廣韻五卷，唐志實無此文，廣韻亦是增廣之稱，法言不應先有此名也。"

重修廣韻五卷

初，隋陸法言以呂靜等六家韻書各有乖互，因與劉臻、顏之推、魏淵、盧思道、李若、蕭該、辛德源、薛道衡八人撰爲切韻五卷。書成於仁壽元年，唐儀鳳二年，長孫訥言爲之注，後郭知元、關亮、薛峋、王仁煦、祝尚邱遞有增加，天寶十載，陳州司法孫愐重爲刊定，改名唐韻。此本爲蘇州張士俊從宋槧翻雕。

閻若璩尚書古文疏證七十四條云："人皆言今之韻書多沈

約吳音，眞屬奇寃，約四聲一卷唐已不傳，取士一以陸法言切韻五卷爲準。今之韻書，其部之併，則平水劉淵本也，其字之省，則景祐禮部韻略本也，而酌古沿今折衷於南、北之音者，則陸法言所撰本也。人坐不讀陸法言序耳，讀之自曉。善乎馮氏班有言：‘韻書定於陸法言，廣於孫愐’，法言序云：‘與儀同劉臻等夜集，論南北取韻不同，曰："我輩數人，定則定矣"，遂把筆記之。’洛下爲天下之中，南北音詞，於此取正，永嘉南渡，洛中君子，多在金陵，故音詞之正，天下惟有金陵、洛下也。然金陵雜吳語，其音輕，洛下染北音，其音濁，當法言定韻之夕，如薛道衡北人也，顔之推南人也，當時已自參合南北而後定之，故韻非南音也，今人但知沈休文是吳興人耳。抑尙有未盡者，當開皇初，劉臻等八人同詣法言門宿，夜永酒闌，商榷韻事，不獨薛道衡北也，魏淵、盧思道、李若、辛德源皆北人，不獨顔之推南也，劉臻、蕭該皆南人，法言亦魏郡臨漳人。序云蕭該多所決定，蓋蕭該撰漢書及文選音，顔之推家訓有音辭之篇，並深於小學者。魏著作淵謂我輩數人定則定矣，蓋此八人乃極天下文人之選，一席千載，各各自任。是以進書於朝則抱賞歸家，人皆稱歎，流傳於後則唐以施場屋，號官韻，宋以例九經，令刊行，其重如此，豈若約獨得胸襟，空矜入神，梁天子竟不遵用者哉？"陸氏藏書志有北宋刊本，其案語云："卽張氏刻本所從出，張本辨四聲輕淸重濁法，生字下黑丁，此本生作朱，注曰：‘朱余反，朱，赤也。’朝字下一格，張本黑丁，此本作‘紬，直流反，紬布也’，則較勝張氏所見本矣。”其儀顧堂續跋云：“宋諱玄朗、匡胤、炅、禎皆缺筆，徵、項、佶、桓皆不缺，蓋仁宗時刊本。以張氏刻校一過，乃知張氏所據與此本同，而有增、有改、有缺、有譌。其改者，如卷一，東字下舜有七友，宋譌‘土支’，四江，鏦，短矛也，宋譌‘打鐘鼓也’之類。其增者，如十二齊‘巂上同，又子巂鳥出蜀中’，張於巂上增‘鸝’文，而以‘子巂鳥出蜀中’六字屬之，以‘上同’二字屬巂，六脂蚳下補‘蚔’文，卷三，二十四緩粁下增‘飦’文之類。其缺者，如辨四聲輕清重濁法，宋本，‘朱，之余反，朱，赤也’，張本缺留墨釘，宋本，‘紬，眞流反，紬布也’，張本亦缺留墨釘之類。其譌者，如辨四聲輕清重濁法，‘朱’，張本譌‘生’，幷補盈切，‘補’，張本譌‘府’之類。愚謂張所改，大抵以元版廣韻爲本，宋刻有譌，改之是也，至巂，說文‘周燕也，从隹，屮象其冠也，冏聲’，鸝乃後出俗字，況元刻及明內府本、張力臣校刊本，巂上皆無鸝字乎？粄本飯之俗字，粁、飦二字更後出，有粁字矣，何必更有飦字，蚔字見十二齊，何必又見於六脂，此皆增所不應增者也。其他所增，亦類此者多。近見黎蒓齋覆刊東洋町田久所藏宋本，與此本無一字不同，末三頁此本有刊工魏奇等名，黎本失摹耳。張刻禎、徵、恒、桓皆缺筆，與此本不同，蓋張氏所見之本乃徽宗時印本，經後人挖改廟諱，此則猶仁宗時印本也。惟黎所據之本，桓字不缺避，而敍目云避至桓字止，何也？”玉縉案：黎刻古逸叢書本，坿校札一卷，即校張本異同者，陸所舉即本此。 朱士端說文形聲疏證膞字條云:"廣韻五支,膞、𤎩、𤎫三字並收,凡從𦻏之字,無入支部者,音太不近,獮韻膞下又失收𤎫字,當是支韻誤收。凡從巂之字,支、齊兼收,想由齊韻偶列俗書攜字於攜字下,支韻既收從巂之字,因誤巂爲雋而誤收此三字,不然,何以獮韻不收𤎫字而獨收於支韻乎?其爲誤收,不問可知矣。當削去,併入二十八獮韻內。" 翁方綱復初齋集跋廣韻云:"元無名氏四書辨疑,置郵傳命下,引江南廣韻置字只訓安置設立,中原廣韻兼訓驛,盼字,江南廣韻匹莧切,中原廣韻普患切,今張氏本多'驛也'二字,蓋後人誤加也。張氏本與顧寧人刻本,皆元時所謂江南廣韻者是也。明嘉靖中重編廣韻,所據之原本,是中原廣韻也。"

集韻十卷

兩淮馬裕家藏本。　至謂兼載他切,徒釀細文,因併删其字下之互注,則音義俱別,與義同音異之字,難以遽明,殊爲省所不當省。又韻主審音,不主辨體,乃篆籀兼登,雅俗並列,重文複見,有類字書,亦爲繁所不當繁。

錢泰吉甘泉鄉人稾校集韻跋附錄嚴杰、陳慶鏞二跋,其陳跋云:"凡曹缺處,宋本皆完善,而曹所據本與宋本時有不同。上聲十四賄,宋本以'梁、益謂履曰㞜'六字綴於隧字注,曹本則無此六字,而空白二寸弱,蓋最初版當大書'㞜'字,嚴厚民謂當作屦,㞜字誤,泰吉附注。注云:'梁、益謂履曰㞜',正在曹空白處耳。餘如十四泰,檷、𣗥、䉂、祋、癹、棿、𠛼各注,曹本皆缺,賴此得以正之,是眞可寶哉!"玉縉案:集韻行世者惟曹寅揚州局刻本,與類篇、隸續同時開雕,今此本爲馬裕所藏,未知何人刻?而提要著錄隸續稱揚州本,蓋卽曹本,疑此亦然,故姑錄陳跋於此。黃式三儆居集書集韻考正後云:"集韻載陸氏釋文之音讀與今本異者,可以證宋開寶以前未改之本。然而烘、炷經譌,夂、夊聲淆,造、道體乖,升、外字別,㶁下之眾爲回水,贏下之省天爲少昊,傳寫旣差,校改爲要。引山海經合水之縢魚,入於來需,引地理志美水之西山,混於蕩水,引方言之錬鐇爲錬鐇,鴟鶉爲鶡旦,此皆作者之疏,書中類此者不少。"

切韻指掌圖二卷附檢例一卷

其有成書傳世者,惟光此書爲最古,孫奕示兒編辨不字作逋骨切,惟據光說,知宋人用爲定韻之祖矣。今惟永樂大典尙有完本。

張氏藏書志有鈔本切韻指掌圖一卷,云:"四庫著錄本從大典錄出者,此則原本也。首曰切韻指掌圖要括,邵氏檢例,大半襲要括原文。或卽溫公之檢例歟?"瞿氏目錄有影鈔紹定庚寅刻本,云:"切韻之書,以溫公指掌圖爲最古,而溫公之圖,又以此本爲最古,雖亦不無淆亂,如十六圖庚、耕當在二等,登當在一等,而竟互倒,十八圖之、支兩韻,四等字並列一等,皆誤之甚者。至十九圖幫母下'不'字,蓋在宋時已竄入,故孫季昭示兒編論'不'字當讀逋骨切,以此書'碑彼貝不'爲據,然十圖入聲,亦用此韻,獨無不字,是原書本無不字,其迹猶未盡泯也。考集韻、類篇,皆溫公所修，集韻收不字於勿韻弗紐中，沒韻則不收，與廣韻同。類篇，不，方久切，又重音四：風無切，方鳩切，方副切，分物切，皆無所謂逋骨切之音，是十九圖之不字，明係竄入，季昭考之未詳，誤據爲說，幸留此未經竄入處，得以考見溫公之舊，則此本誠足貴也。”又有影鈔元本云：“序後載有檢例，與宋本同，而又增多數條，即邵氏所斥爲斷非溫公作者，吾邑張氏傳刻永樂大典本，乃幷題爲明邵光祖撰，則由未見宋、元本也。宋本凡遇舌頭、齒頭之二、三等，舌上、正齒之一、四等，脣輕半齒之一、二、四等，皆不作圈，此本亦然，而大典本悉作圈，是不知此數等，非直無字並無其聲也。此本竄改既多，脫譌尤甚，然亦有可資補正宋本、大典本者。如一圖定母平聲一等，宋本、大典本皆作淘，考廣韻豪韻不收淘，則此本作陶是也。二圖精母去聲一等，宋本、大典本皆作粽，考廣韻粽爲俗字，則此作糉是也。十四圖精母入聲一等，宋本、大典本皆作圈，此本作喋，喋蓋嘄之譌，考廣韻鐸韻，嘄，祖郭切，五音集韻同，四聲等子、切韻指南、宕攝合口呼圖內皆有之。又穿、牀、審三母去聲二等，宋本、大典本皆作圈，此本作糉、漴、淙，亦與廣韻、五音集韻、等子、指南諸書合，其類此者正不少也。”陸心源儀顧堂集有影宋鈔是書跋云：“檢例固不如邵氏之詳，其謂‘德洪切東字，先調德字，求協聲韻於圖中，尋德字屬端字母，係入聲內第一等眼字，又調洪字，求協聲韻於圖中，尋洪字即自洪字横截過端字母下平聲第一等眼內，即是東字。此乃音和切，萬不失一，其間有字不在本等眼內，必屬類隔，當以翻四聲調之，必有一得。'其言殊多未了，邵氏謂非溫公作，良有以也。"又有元刊本是書跋云："宋時所行指掌圖，原有檢例，國朝開四庫館時，無以溫公原本進者，故即以邵氏檢例著於錄。惟邵氏書亦從大典錄出而非原本，余得影宋本，又得元刊本，亦快事也"云云。案元刊本已刻入十萬卷樓叢書。 陳澧東塾集等韻通序云："等韻之學，其源出於切語而有異同，嘗就而論之，以爲字母標雙聲之目，呼等析叠韻之條，縱橫交貫，具有苦心，然三十六母，既據當時之音，於隋、唐以前切語之法，稍有併省。又等之云者，當主乎韻，不當主乎聲，乃等韻家則因字母而定四等，於是考之韻書，有異部而同等者，有同部、同類而異等者，加以舌頭、舌上，重脣、輕脣，唐韻時沿古音而後人不解，由是遞切、遞韻，莫能畫一而門法興焉。立一法而猶有不合，又立一法以補救之，而法與法且自爲矛盾，彼徒欲使古書切語盡合等韻，而不能泯其參差之迹，故爲此遷就之說，而學者愈無所適從。自元、明以來，作者又多據當時之音，各矜神悟，各出新制，而實未嘗明等韻本法，或且雜以方音，而其法愈不可訓。余謂聲韻惟齊、梁、陳、隋之際爲最密，其後愈降而愈混，三十六母已爲唐季之音，而等韻家因以立法，其不能盡合隋以前之音者勢也，元、明以後，復不能盡合唐季、宋代之音者亦勢也。今就等韻本法而推究立法之故，表其所長而祛其流弊，爲書一卷曰等韻通，通也者，通其所通，且通其所不通也。"陳漢章謹案：陳澧切韻考外篇云："切韻指掌圖相傳爲司馬溫公作，四庫提要已疑之，近鄒特夫徵君考定爲楊中修所作，有孫覿序，見覿內簡尺牘，確鑿可據。"

韻補五卷

所引書五十種中，下逮歐陽修、蘇軾、蘇轍諸作，與張商英之僞三墳，旁及黃庭經、道藏諸歌，故參錯宂雜，漫無體例。至於韻部之上平，注文、殷、元、魂、痕通眞，寒、桓、刪、山通先，下平忽注侵通眞，覃、談、咸、銜通刪，鹽、沾、嚴、凡通先。上聲又注，梗、耿、靜、迥、拯等六韻通軫，寢亦通軫，感、敢、琰、忝、豏、檻、儼、范通銑。去聲又注，問、焮通震，而願、慁、恨自爲一部，諫、襉通霰，而翰、換自爲一部，勘、闞通翰，豔、㮇、斂通霰，陷、覽、梵通諫，割爲三部。入聲又注，勿、迄、職、德、緝通質，爲一部，曷、末、黠、戛、屑、薛、葉、帖、業、乏通月，爲一部。顚倒錯亂，皆亙古所無之臆說。

瞿氏目錄有宋刊本，云："明人屢經翻刻，若何氏天衢、許氏宗魯並多讎正，而許刻尤稱精善，然以此本核之，知有原本不謁而誤改者。如東韻杠字注，此本云'牀前橫'，與廣韻及太玄釋文合，許本乃於橫下增一木字，雖據說文而不知吳氏自本廣韻也。幢字注，此本云'旛幢童也'，吳氏所引原本釋名，正以見幢有童音，許本刊落童字，是失其指矣。又如支韻嚌字注，此本云'懷音回'，案十五灰古通支，吳氏明載於後，故懷字卽收支韻，且引釋名'懷回也'以證懷有回音，許本乃改回爲而，是不知懷屬匣母而屬日母，不能同也。凡斯之類，猶得推尋校改之迹而見吳氏之眞。”又有鈔本云:“此本行款與宋刊本不同,宋刊支韻淮字下,脫至十餘行,此本特完備,譌字亦少。是書以許氏宗魯重刊本爲最善,以校此本,大致相同,然許本改用古字,篆籀兼登,雅俗並列,不知韻主審音,不主辨體,殊失吳氏之意,此本未經竄易,或尙出嘉禾舊刻歟?案此書排比韻字,實從字母次第,說者謂金韓道昭五音集韻,始以七音、四等、三十六母、顚倒唐、宋字紐,不知已始於吳氏矣。顧其中亂行失次,亦復不少,如支韻日母人字後,綴以精等資、薺、斯、私、玆五字,魚韻日母仍字後,亦綴以精等資、斯、思、詞四字,又一來母鷺字,疑其或有竄亂,則又各本皆同。考徐氏蕆原序有曰:‘才老以壬申歲出閩,別時謂蕆曰:“吾書後復增損,行遽不暇出,獨藏舊書”’,乃知吳氏自有定本,未授徐氏,今本是其初槀,故舛錯若是耳。至如韻部之通轉混注,牴牾尤甚,或詆爲千古所無之臆說,若知其未成之書,不可少寬責備哉?” 楊氏連筠簃本何秋濤跋云:“才老所引之書,如中郎、孔璋、步兵、二陸、文通諸集今皆失傳。又漢、魏文章數十篇,云多他書所闕,類文一書,或云梁昭明太子作文選時所集,今並湮佚,故所引文若王粲馬腦勒、陳琳水精盌諸賦,雖往往奪誤不能盡校,而吉光片羽,彌足寶重。卽習見之書,才老引之亦有與今本異者,如屈原九章‘寃屈而自抑’,寃屈作俛詘,班固幽通賦‘心矇矇猶未察’,矇矇作濛濛,白居易傷宅詩‘洞房溫且淸,寒暑不能干’，干作忓，凡斯之屬，必北宋時本有之，亦復足裨考證。亦有才老引據之誤，如韓退之祭張員外文‘怒頬豕狗’，狗或作豹，乃誤本，而才老收入藥韻，又芹下引爾雅‘焉芹字如此’，案爾雅無焉芹，此文上引徐鍇說，蓋卽因說文繫傳而誤，繫傳蘄下，臣鍇案，爾雅書馬芹字或如此也，考爾雅，惟‘茭牛蘄’下，注云，‘今馬蘄，葉細銳如芹’，其文作蘄不作芹，蓋楚金誤記而才老又誤據之，刻本又譌‘馬’爲‘焉’爾。今於‘豹’則因之，於‘焉芹’則正作‘馬芹’，而附辨於此。先生里建安，其友徐蕆則里甌寧，見蕆爲其叔兢所撰行狀，兢卽著高麗圖經者也。甌寧、建安本同城，故徐序自稱同里，以才老爲舒州人者，揮麈三錄之誤也。” 李慈銘桃華聖解盦日記庚集四七。云：“此書泛濫極矣，然於復古不爲無功。顧亭林正之，僅標舉某韻合者幾字，不合者幾字，而不明言其所以然，且其去取亦有未的者。”

附釋文互注禮部韻略五卷附貢舉條式一卷

禮部韻略，舊本不題撰人，晁公武讀書志云丁度撰。今考所併舊韻十三部，與度所作集韻合，當出度手。故元祐中博士孫諤、紹興中朝散大夫黃積厚、福州進士黃啓宗、淳熙中吳縣主簿張貴謨、嘉定中嘉定府教授吳桂皆屢請增收，而楊伯嵒亦作九經補韻以拾其遺。

瞿氏目錄有宋刊本禮部韻略五卷，附韻略條式一卷，云：“直齋書錄云：‘雍熙殿中丞邱雍、景德龍圖閣待制戚綸所定，景祐知制誥丁度重修，元祐太學博士增補’，然則晁公武謂丁度撰，尚考之未審也。楝亭曹氏所刊，乃景定甲子郭守正重修本，此本卷首有紹定庚寅上巳重刊字，前守正凡三十四年，良可寶貴。且曹本經守正删定，貢舉條格不甚詳備，此則自元祐以來場屋規制一一可考也。”案陸氏藏書志有宋刊九經補韻，並載淳祐四年俞任禮題語云：“自元祐國子博士孫諤陳乞添收，繼其後則黃啓宗有補韻，吳棫有韻補、補音，毛晃有增韻，張貴謨有韻略補遺，近世黃子厚、蔣全甫則又各有論說。然疎者隨韻增輯僅得一二，詳者至盡採子、史、蒼、雅、方言，欲增入二千六百五十五而難於行，此禮部韻之所以至今未備也。”玉縉案：此說足見當時大概，故錄之。

增修互注禮部韻略五卷

其曰增入、曰今圈、曰今正者，皆晃所加，曰重增者，皆居正所加，其辨論考證之語，則各署名以別之。父子相繼以成一書，用力頗爲勤摯。　此本凡宋代年號皆空一格，猶存舊式。末題太歲丙辰仲夏秀巖山堂重刊，蓋理宗寶祐四年蜀中所刻，視近本特爲精善云。

陸氏儀顧堂題跋云：“凡廟諱、舊諱、御名、嫌名例不許用者皆不收，或字同音異准式不礙者隨韻收入，仍注其下曰某某切者系廟諱嫌名，合當迴避，其餘照式許用云云，藉此可見宋代避諱之例，與後世微有不同。䵹字下注云：‘又苦穫切，系御名同音，合當迴避，其忽郭切照式許用’，蓋謂與擴同音也。當爲寧宗時刊本，晃之增注在高宗時，居正重增在寧宗時耳。”　傅增湘藏園羣書題記宋本增修互注禮部韻略跋云:“提要所舉釐定辨正各條及篇中卷尾各式,核之此本,一一皆合,第其言標題‘毛晃增注’下有‘子居正校勘重增’一行,此本無之。又卷末題‘太歲丙午仲夏秀巖山堂重刊’,此本卷末無題記,則别爲一宋本可知。提要謂理宗淳祐四年蜀中所刻,然考之年表,丙午實淳祐六年,疑涉筆偶誤耳。”

增修校正押韻釋疑五卷

宋紹定庚寅廬陵進士歐陽德隆撰,景定甲子郭守正增修。守正字正已,自號紫雲山民,永樂大典所引紫雲韻即此書也。初,德隆以禮部韻略有字同義異、義同字異者,與其友易有開因監本各爲互注,以便程試之用,辰陽袁文焴爲之序,後書肆屢爲刊刻,多所竄亂,守正因取德隆之書參以諸本,爲刪削增益各十餘條以成此書。前載文焴序,次守正自序,次重修條例,次紹興新制,次韻字沿革,次前代名姓有無音釋之疑,次韻略音釋與經、史、子音釋異同之疑,次韻略字義與經、史、子字義異同之疑,次經、史、子訓釋音義異同之疑,次本韻字異、義異經、史、子合而一之之疑,次兩韻字同義異而無通押明文者,次出處連文兩音之疑,次押韻經前史後之疑,次經史用古字、今字之疑,次有司去取之疑,次世俗相傳之誤,次賦家用韻之疑,次疑字,次字同義異,次正誤,次俗字,皆列卷首。其每字之下,先列監注,次列補釋,次列他韻、他紐互見之字,詳其音義點畫之同異,而辨其可以重押通用與否,多引當時程試詩賦某年、某人、某篇、曾押用某字考官看詳故事以證之。每韻之末,列紹興中黃啓宗、淳熙中張貴謨等奏添之字，或常用之字而官韻不收者，如栟欀之欀諸字，則注曰："官韻不收宜知"，考證頗爲詳密。但孰爲德隆原注，孰爲守正之所加，不復分别，未免體例混淆耳。

陸氏儀顧堂續跋云："江西通志進士表無歐陽德隆名，或領鄉解而未第進士，猶孫季昭之稱進士歟？紫雲山在江西安仁縣西北三十里，則守正必安仁人，疑爲平水書籍王文郁、錢唐書肆陳思之類。" 瞿氏目錄有宋刊本押韻釋疑云："嘉熙己亥四明余天任刻本，竹垞朱氏跋此書，任誤柱。前有莊瑞孫及天任序，無袁文焴序，序後有條例十一則。又監韻條式節要，詳列場屋諱字，與今刻禮部韻略前有淳熙重修文書式相同，惟多暗諱一條，如永欽、永康、大行、登遐之類。其諱字載在逐韻者俱用陰文，其分韻即國子監頒行之韻，尚是隋書以來舊部，二十六桓之桓改歡，避諱故也。韻字先列監注，次列補釋，凡字同而義異者，注明不可混押，字異而音同義同者，韻中雖兩列其字，注明不可重押，亦有古人通用而今無申明者，注明不可押。又押韻有疑貳處，必援引前後詩賦，一以南省上庠程文爲憑，其有失誤者錄以示戒。每韻末附載奏添之字，以陰文'新制'二字别之。案郭守正增修本條例甚多，於原書不復分别，此本猶見歐陽氏書眞面目也。"

九經韻補一卷

伯喦字彦思。

陸氏藏書志有宋刊本，題代郡楊伯喦彦瞻集，並載自序亦云伯喦彦瞻。 楊紹和楹書隅錄有影宋鈔本六帖補，並載江鳳彝跋云:"楊伯嵒字彥瞻,號詠齋,楊和王諸孫,居臨安。淳祐間除工部郎,出守衢州,錢塘薛尚功之外孫,弁陽周公謹之外舅。有六帖補二十卷,又有臆乘一書。"玉縉案:伯嵒,楊和武恭王沂中曾孫,官至樞密院檢詳文字,陸氏儀顧堂續跋考之頗詳。

五音集韻十五卷

金,韓道昭撰。道昭字伯暉,眞定松水人。世稱以等韻顚倒字紐始於元熊忠韻會舉要,然是書以三十六母各分四等排比諸字之先後,已在其前。所收之字,大抵以廣韻爲藍本,而增入之字,則以集韻爲藍本。

陸氏藏書志有明刊本,至元庚寅重刊改併五音集韻十五卷,並載崇慶元年自序云:"已前印行音韻旣增加三千餘字,兹韻又以龍龕訓字增加五千餘字。"據此,則不僅以廣韻、集韻爲藍本。又載韓道昇誌語云:"大金皇統年間,有洨川荆璞字彥寶,將三十六母添入韻中,隨母取切,使學流詳而有的,檢而無謬,美矣,未盡善也。泰和戊辰,吾弟道昭字伯暉,先叔之次子也,先叔諱孝彥,字允中,於篇韻之中最爲注意,今卽重編改併五音之篇,暨諸門友精加衆字,得其旨趣,標名於世"云云,是顚倒字紐亦不始於此書。且此書亦如四聲篇海爲孝彥原撰,而道昭改併重編,故有得其旨趣等語,彼書題"滹陽松水昌黎郡韓孝彥次男韓道昭改併重編",此書則題"滹陽松水昌黎郡韓道昭改併重編"。又於道昇誌語後題云:"眞定府松水昌黎郡韓孝彥次男韓道昭改併重編,男韓德恩等同詳定。"然則孝彥夾男字之有無，實無關弘旨，提要本豈脫道昇誌語，館臣徒見標題與彼書異，遂徑以爲道昭撰耶？ 案吳棫韻補尤在韓前，詳韻補下。

四庫全書總目提要補正卷十二

小學類三

古今韻會舉要三十卷

元熊忠撰，忠字子中，昭武人。案楊愼丹鉛錄謂蜀孟昶有書林韻會，元黃公紹舉其大要而成書，故以爲名。然此書以禮部韻略爲主，而佐以毛晃、劉淵所增併，與孟昶書實不相關。舊本凡例首題黃公紹編輯，熊忠舉要，而第一條即云"今以韻會補收闕遺，增添注釋"，是韻會別爲一書明矣。其前載劉辰翁韻會序，正如廣韻之首載陸法言、孫愐序耳，亦不得指舉要爲公紹作也。自金韓道昭五音集韻始以七音、四等、三十六母、顚倒唐、宋之字紐，而韻書一變。

瞿氏目錄有元刊本，云："此書於凡例前首題昭武黃公紹直翁編輯，次題熊忠子中舉要，卷首又載至順二年文宗敕，應奉翰林余謙校正，孛朮魯翀序稱其刊正補削，根據不苟，則復經余氏重定，實出三人手筆矣。王山史山志謂黃氏韻會舉要，乃以蜀王昶書林韻會本而舉其要，余家所藏宋刻書林韻會，不著撰人姓名，乃以韻類典之書，並非韻書,山史所云,乃出自丹鉛總錄,不足據也。”陸氏儀顧堂續跋云:“古今韻會舉要三十卷,附禮部韻略七音三十六母通考一卷,題昭武黃公紹直翁編輯,昭武熊忠子中舉要,前有劉辰翁序,熊忠序,孛朮魯翀序,余謙跋,韻例七條,音例五條,字例十四條,義例五條,以三卷爲一册,首行書名下有甲至癸十字。公紹字在軒,邵武人,咸淳元年進士,著有在軒集。其爲韻會也,蓋以禮部韻略訓釋簡略,博考經史,旁及九流百家,增其注說,又採異體、異義,辨其正俗,以爲饋貧之糧而已,其於禮部韻略九千五百九十字,及續降補遺三百四十四字之外則無增也。至熊忠而删其注說之繁重,增其韻字之遺漏,其以毛晃韻增者一千七百一十字,曰毛氏韻增,以平水韻增者四百三十六字,曰平水韻增,以經、史、子、集可備引用增者六百七十七字,謂之今增,而後在軒原本,有增有删矣。熊忠序云:‘在軒黃公公紹作古今韻會,本之說文,參以籀古隸俗凡將、急就,旁行敷落之文,下至律書、方伎、樂府、方言,靡不悉究,而又檢以七音、六書,凡經、史、子、集之正音、次音、叶音、異辭、異義,與夫事物倫類制度,纖悉莫不詳載。僕館公門,竊承緒論,惜其浩瀚,四方學者不能偏覽,增以毛、劉二韻,及經傳當收未載之字,別爲舉要一編。’是則書中繁徵博引,每字以五韻分清濁及以說文本字爲正,而注明古作某,本作某,或作某,通作某,以及今删、今正、今仍者,皆公紹原本,惟毛氏韻增、平水韻增及今增者,則出熊忠手耳。楊升菴以舉要爲公紹舉書林韻會之要固謬,或以韻會別爲一書而非舉要者，亦未細讀是書矣。熊忠序後有陳宲識云：‘昨承先師架閣黃公在軒先生委刊古今韻會舉要，凡三十卷，古今字畫音義，瞭然在目，今繡諸梓，三復校讎，並無譌誤。’是則舉要付刊，亦出在軒之命，蓋忠本在軒門客，謂舉要亦在軒作，亦何不可乎？蓋公紹在時，已命陳宲刊板，尚未經文宗御覽、余謙點校者，故曰係私著之文，已經所屬陳告禁約也。至文宗見葛元鼎寫本，命余謙以刊本點校，非未見刊本也，觀余謙跋可見。孛朮魯翀序所謂刊本快覩者，將謂刊余謙所校之本，非謂以前無刊本也，此本當是以余謙點校本重刊者，陳宲跋則以舊刊所有仍之耳，若謂卽陳宲所刊，不應有孛朮魯翀、余謙兩序矣。”玉縉案：陸說甚是，提要誤信楊錄，並分舉要、韻會爲兩書固非，至顚倒字紐當始荆璞，見五音集韻韓道昇誌語，提要以爲始於韓道昭亦失之目睫。 鄧氏羣碧樓書目云：“韻會爲黃在軒所著，熊子中病其浩瀚，更爲舉要，熊序後陳宲記云：‘昨承先師架閣黃公在軒委刊’云云，是初刻時卽舉要本，其古今韻會之原著遂終不可復見矣。” 錢大昕平水新刊韻略跋云：“向讀崑山顧氏、秀水朱氏、蕭山毛氏、毘陵邵氏論韻，謂今韻之併，始於平水劉淵，其書名壬子新刊禮部韻略，未審劉淵何許人？平水何地也？頃黃蕘圃孝廉得平水新刊韻略元槧本，前載正大六年許道眞序，知此書爲平水書籍王文郁所定，卷末有墨圖記二行，其文云：‘大德丙午重刊新本，平水中和軒王宅印’，是此書初刻於金正大己丑，重刻於元大德丙午，中和軒王宅，或即文郁之後耶？考正大己丑，在宋淳祐壬子前二十有四年，而其時已併上、下平聲各爲十五，上聲廿九，去聲三十，入聲十七，則不得云併韻始於劉淵，豈淵竊見文郁書而翻刻之耶？論者又謂平水韻併四聲爲一百七部，陰時夫始併上聲拯韻入迥韻，據此本則迥與拯韻之併，平水韻已然矣。金史地理志，平陽府有書籍，其倚郭平陽縣有平水，案金史地理志，平陽府臨汾縣注，有平水，平陽蓋臨汾之誤。是平水卽平陽也，史言有書籍者蓋置局設官於此，元太宗八年，用耶律楚材言，立經籍所於平陽，當是因金之舊，然則平水書籍者，殆文郁之官稱耳。"據此，則併通用之部分，非始於劉淵，提要蓋沿舊誤。瞿氏目錄有影鈔元本新刊韻略云："卷首有貢舉三試程式及章表回避字樣，幷及於皇慶三年、延祐元年云云，是又大德後補刊者。前人皆謂併韻始劉氏淵，壬子新刊禮部韻略爲一百七部，皆據黃氏韻會，此書已併爲一百六部，疑出自劉書之後。且韻會明言禮部韻略九千五百九十字，續降六十三字，補遺六十一字，毛氏增修一千七百十字，劉氏復增四百三十六字，並不言刊去若干字，今案王氏書止九千三百十一字，是顯與劉氏判然二本。又韻會全引劉韻增字，舉以相核，一屋中敊字，不見此書，而此書每韻末新添、重添等一百五十九字，韻會所據僅及一二，其引韻字注語，亦有異同，未可謂劉氏襲是書也。要之，劉書雖不傳，而韻會所引可據，王氏書經後人重刻增易，不足據爲定證，安知非文郁後人，當陰氏既併一百六部之後，因刪減劉書以成之者耶?”玉縉案:瞿氏目錄又有宋刊殘本新編分類增注正誤決疑韻式,云:“通用之韻則兩韻、三韻幷一少押類,如二沃之少押類,不繫二沃後,而幷繫三燭後,五質、六術則幷繫七櫛後”,又可見二百六韻久已合幷,至平水韻而幷去其名耳。陸氏儀顧堂續跋影元鈔平水韻略跋云:“有聖朝頒降貢舉三試二葉,壬子新增分毫點畫正誤字三葉,壬子新雕禮部分毫字樣二葉。每韻後有新添、重添之字,以黑質白章隔之。卷五後有木圖記云云。貢舉程式內,迴避廟諱,據延祐元年中書省咨。試期稱皇慶三年,與元史選舉志合。是韻略刊於大德中,皇慶、延祐續有增添矣。點畫正誤內,有宋諱‘殷、溝、容、敬’等字,則所謂壬子新增者亦必皇慶壬子,而非宋之淳祐壬子,竹汀偶未細考耳。許道古眞序云:‘書於嵩郡隱者之中和軒’,而印書之王宅亦曰中和軒,豈道古之序書於王宅耶?抑王宅襲道古軒名耶?三場程式內,載章表迴避至一百八十餘字之多:‘婦、駕、仙、霸、服、布、孝、愚、過、改、空、忽、掃、慕、出、祭、饗、夢、缺、落、典、憲、法、遷、塵、亢、蒙、隔、離、去、辭、追、考、板、蕩、荒、古、迍、師、剝、草、睽、違’皆在迴避之例,此則歷代所未有也。考試程式,蒙古與漢人皆不同,鄉試二場,蒙古人策限百字,漢人限千字;會試二場,蒙古試時務策,漢人辭賦;御試,漢人策千字,蒙古五百字,皆足補元史選舉表之缺。元史太宗紀,八年丙午夏六月,耶律楚材請立‘編修燕京經籍所’於平陽編集經史,召儒士景陟充長官,以王萬慶、趙著副之,中和軒王宅,或即萬慶後人歟?”

洪武正韻十六卷

濂序乃以陸法言以來之韻指爲沈約，其謬殊甚。法言切韻序又曰:“昔開皇初，有儀同劉臻等八人，同詣法言門宿，論及音韻，以今聲調既自有別，諸家取捨亦復不同，吳、楚則時傷輕淺，燕、趙則多傷重濁，秦、隴則去聲爲入，梁、益則平聲似去，江東取韻，與河北復殊。因論南、北是非，古今通塞，欲更捃選精切，除削疏緩，蕭、顏多所決定。魏著作謂法言曰:‘向來論難，疑處悉盡，我輩數人，定則定矣。’法言卽燭下握筆，略記綱紀。”今廣韻之首，列同定八人姓名，曰:劉臻、顏之推、魏淵、盧思道、李若、蕭該、辛德源、薛道衡，則非惟韻不定於吳人，且序中江左取韻諸語，已深斥吳音之失，安得復指爲吳音?

案王讜唐語林八云:“有人檢陸法言切韻，見其音字，遂云此吳兒直是翻字太僻，不知法言是河南陸，非吳郡也。”據此，則切韻之非吳音，宋人已明辨之。又案:廣韻首列八人，江永古韻標準引朱彝尊云:“法言家魏郡臨潼，其八人惟蕭該家蘭陵，餘則劉臻家沛，顏之推家臨沂，盧思道家范陽，李若家頓邱，辛德源家狄道，薛道衡家河東，類北方之學者。”玉縉案:朱說未及魏淵，俟考。陳漢章謹案:曝書亭集此文，見與魏善伯書，臨潼本作臨漳，江氏引誤。亦不及魏淵，意卽魏德深，以唐諱書其字，鉅鹿人，祖冲，徙弘農，見隋書、北史。

毛詩古音考四卷

大旨以爲古人之音，原與今異，凡今所稱叶韻，皆卽古人之本音，非隨意改讀，輾轉牽就。如母必讀米，馬必讀姥，京必讀疆，福必讀偪之類，歷考諸篇，悉截然不紊。又左、國、易象、離騷、楚詞、秦碑、漢賦，以至上古歌謠、箴銘、頌贊，往往多與詩合，可以互證。　然所列四百四十四字．言必有徵，典必探本。

江永古韻標準例言云："其最有功於詩者，謂古無叶音，詩之韻卽是當時本音，此說始於焦竑弱侯，陳氏闡明之，焦氏爲之作序。其書列五百字，以詩爲本證，他書爲旁證，五百字中有不必考者，亦有當考而漏落者，蓋陳氏但長於言古音，若今韻之所以分，喉、牙、齒、舌、脣之所以異，字母清濁之所以辨，概乎未究心焉。故其書皆用直音，直音之謬，不可勝數，以此知音學須覽其全，一處有闕，則全體有病也。"又云："陳氏知四聲可不拘矣，他處又仍泥一聲，不能固守其說。"

屈宋古音義三卷

其中韻與今殊者二百三十四字，各推其本音，與毛詩古音考互相發明。

錢大昕竹汀日記鈔云："其讀化爲嬉，爲爲怡，則不如顧之得其正也。招魂'砥室翠翹，挂曲瓊些'，本與上寒、湲、蘭、筵韻，古文瓊、璿本是一字也，今改作強，與下文光、張韻，則非其類矣。此沿吳才老之誤，而不考說文故也。"

音論三卷

上卷分三篇：一，古曰音今曰韻，二，韻書之始，三，唐、宋韻譜異同　中卷分六篇：一，古人韻緩不煩改字，二，古詩無叶音，三，四聲之始，四，古人四聲一貫，五，入爲閏聲，六，近代入聲之誤。　其時舊本集韻與別本廣韻皆尚未出，故不知唐、宋部分之異同由於陳彭年、丁度。又唐封演聞見記其時亦未刊行，故亦不知唐人官韻定自許敬宗。

陳澧東塾集跋音論云："亭林云：'自漢、魏以上之書，並無言韻者'云云，澧案尹文子云：'韻商而含徵'，此韻字之見於先秦古書者，亭林偶未考耳。王復齋鐘鼎款識楚曾侯鐘有'𩐁'字，說者以爲韵字，然猶不能無疑，不若尹文子之可據也。"又云："焦弱侯筆乘有古詩無叶音一條，考證精確，不下於陳季立，焦與陳同時，未知二人孰先倡此說？亭林論古詩無叶音，只引陳季立說，後之言古音者，但知季立罕知弱侯矣。"玉縉案：澧載焦竑原文，今從略。　又書紀文達沈氏四聲考後云："齊書陸厥傳，'約等文皆用宮、商，以平、上、去、入爲四聲，以此制韻'云云，此所謂制韻，乃文章聲病，非制爲韻書，亭林音論謂約之前已有韻書，約特總而譜之。戴東原云：'周、沈作四聲，玉縉案：周謂周顒四聲切韻。未區爲二百六部，顧君殊未詳審。'戴氏之言，不特可正亭林之誤，且可正文達之誤。"　左暄三餘偶筆四云："音論謂韻書之見存於今者，惟廣韻最古，廣韻乃唐與宋初人遵用之書，意所謂一東、二冬、三鍾者隋、唐以前相傳之譜，本於沈氏之作，而小字注云獨用、同用，則唐人之功令也。案郭恕先佩觿引隋陸法言切韻序曰：'支、脂、魚、虞共爲一韻，先、仙、尤、侯俱論是切。'又曰：'欲廣文路，自可清濁皆通，若賞知音，即須輕重有異。'是隋時已有通韻之說，不始於唐。唐天寶陳州司法孫愐以切韻爲謬略，增字至四萬二千三百八十三，見孫愐序。更名曰唐韻，宋祥符初陳彭年、邱雍重修，易名曰廣韻，凡二萬六千一百九十四字，見玉海。較唐韻減一萬六千一百八十九字，廣韻非唐韻甚明，則亦不得以廣韻與唐韻爲一書，而謂唐與宋初人之遵用也。”

詩本音十卷

大抵密於陳第而疏於江永，故永作古韻標準，駁正此書者頗多。

江永古韻標準例言云："詩本音改正舊叶之誤頗多，亦有求之太過，反生葛藤。如一章平、上、去、入各用韻，或兩部相近之音各用韻，率謂通爲一韻，恐非古人之意。小戎二章，以合、軜、邑叶驂，以念字叶合、軜、邑，尤失之甚者，今隨韻辨正，亦不能盡辨也。" 周春十三經音略四云："顧氏有云：'古詩中間有一二與正音不合者，此或出於方音之不同，今之讀者不得不改其本音而合之，雖謂之叶亦可，然特百中之一二耳。'此則顧氏亦自知其說之難通，而姑爲遷就者也。" 張成孫諧聲譜二載其父惠言論合韻云："顧氏執本音之說，於古韻不入部者，或以爲無韻，或以爲方音，段若膺譏之，以爲古有合韻，其說最爲有見。"成孫注云："如谷風之嵬、萎、怨，思齊之造、士，抑之告、則，瞻卬之鞏、後，易革象傳之炳、蔚，顧氏皆以爲非韻。小戎之中、驂，七月之沖、陰，公劉之飲、宗，小戎之膺、弓、縢、興、音，大明之林、興、心，易屯象傳之正、民，臨象傳之正、命，離騷之名、均，顧皆以爲方音。”

唐韻正二十卷

至唐韻則本爲四聲而設，非言古韻之書，聲隨世移，是變非誤，概名曰正，於義未協。

王念孫讀書雜志史記劉氏危條下，“危字古音魚戈反，在歌部，不在脂部。晉語‘直不輔曲，明不規闇，檣木不生危，松柏不生埤’，曲、闇非韻，則危、埤亦非韻。荀子解蔽篇，引道經‘人心之危，道心之微’，危微亦非韻。唐韻正危音魚葵反，引此二條爲證，其說疏矣。”

古音表二卷

凡分十部，以：東、冬、鍾、江爲第一；支、脂、之、微、齊、佳、皆、灰、咍爲第二；魚、虞、模、侯爲第三；眞、諄、臻、文、殷、元、魂、痕、寒、桓、刪、山、先、仙爲第四；蕭、宵、肴、豪、幽爲第五；歌、戈、麻爲第六；陽、唐爲第七；耕、清、青爲第八；蒸、登爲第九；侵、覃、談、鹽、添、咸、銜、嚴、凡爲第十。皆以平聲爲部首而三聲隨之，其移入之字與割併之部，卽附見其中。考以古法，多相脗合，惟入聲割裂分配，其說甚辨，然變亂舊部，論者多有異同。

江永古韻標準例言云：“古音表分十部，離合處尚有未精，其分配入聲多未當，此亦考古之功多，審音之功淺。今分平、上、去三聲皆十三部，入聲八部，實欲彌縫顧氏之書。第四部爲眞、文、魂一類，第五部爲元、寒、僊一類，顧氏合爲一也。第六部爲蕭、肴、豪分出一支，不與尤、侯通，第十一部爲尤、侯一類，當分蕭、肴、豪之一支，不與第六部通，而顧氏亦合爲一也。第十二、十三自侵至凡九韻，當分兩部，而顧氏又合爲一也。”張行孚說文發疑云：“顧氏謂古韻兼用方音，可謂獨得古韻之變通，然顧氏不知方音緜雙聲而轉，無以得方音、本音之界限。是故載馳侯與悠、憂爲韻，侯字之本音也，羔裘侯與濡、渝爲韻，侯字之雙聲也，顧氏不知羔裘侯字爲雙聲，於是以侯韻合魚、虞、模爲一部矣。谷風求與舟、游、救爲韻，求字之本音也，終南裘與梅、哉爲韻，求字之雙聲也，求裘古今字。南山有臺基與臺、萊、期爲韻，基字之本音也，絲衣基與紑、俅、牛、觩、柔、休爲韻，基字之雙聲也，顧氏不知終南裘字、絲衣基字爲雙聲，於是以尤韻之半合支、之、脂爲一部矣。篤公劉曹與牢、匏爲韻，曹字之本音也，泉水漕與悠、游、憂爲韻，漕字之雙聲也，車攻敖與苗、囂爲韻，敖字之本音也，絲衣敖與柔、休爲韻，敖字之雙聲也，顧氏不知泉水漕字、絲衣敖字爲雙聲，於是又以尤韻之半合蕭、宵、肴、豪爲一部矣。信如顧氏之說，但據古人用韻之迹，而不辨其孰爲本音孰爲雙聲，則羔裘侯與濡、渝爲韻，載馳侯又與漕爲韻，將謂魚、虞、模與蕭、宵、肴、豪可合爲一部乎？兔罝仇與逵爲韻，無衣仇又與袍爲韻，將謂支、之、脂與蕭、宵、肴、豪可合爲一部乎？采蘋、北山濱與蘋、臣爲韻，召旻頻又與中、躬爲韻，濱卽頻之別體。將謂眞、諄、臻與東、冬、鍾、江可合爲一部乎？至求、裘本爲一字，則轉謂當分隸二部，尤無謂矣。江永謂顧氏考古功多，審音功少，非過論也。”

古今通韻十二卷

案奇齡論例，既云所列五部，分配五音，雖欲增一減一而有所不可，乃又分爲兩界，則五音之例亂矣。既分兩界，又以無入十三韻之去聲與有入十七韻之入聲同用，則兩界之例又亂矣。至三聲之例，本云平、上、去通而不與入通，而兩合之例，又云去、入通而不與平、上通，則三聲兩合，不又自相亂乎？

江永古韻標準例言云："毛氏古今通韻，其病卽在通字，古韻自有疆界，當通其所可通，毋強通其所不可通，若第據漢、魏以後樂府詩歌，何不反而求之三百篇某韻與某韻果通乎？有數字通矣，豈盡一韻皆通乎？偶一借韻矣，豈他詩亦常通用乎？"

唐韻考五卷

其推尋考校，具有條理，唐韻分合之例與宋韻改併之迹，均可由是得其大凡，亦小學家所當參證者矣。

李慈銘桃華聖解盦日記庚集二十云："守山閣本補其失收之音切四十四條，音切下失收之字百一十有五，又疏其謬誤，隨條附案，致爲精密。"又云："其書頗有舛漏，張嘯山雖稍訂正之而未盡，此據守山閣本，雖名爲錢熙祚所校，實皆出張手也。又紀氏於說文之學實未深造，故其大端誤者有二：一，字之子母不以次列，甚至有失載母字者；一，許氏本書，與新附不別，惟取其掇拾之功而已。"

古韻標準四卷

古韻之有條理者，當以是編爲最。

沈垚落帆樓集詩本音解云:"顧氏轉尤、侯入魚、虞,江氏轉魚、虞入尤、侯,則江優於顧;顧氏藥、鐸有分,而江氏不分,則顧優於江。"粤雅堂本伍崇曜跋云:"錢辛楣十駕齋養新錄毛傳多轉音一條,詩句中有韻一條,雙聲亦韻一條,有足與是書相發明者,讀者藉以引伸觸類焉可耳。"玉縉案:詩車攻"決拾既佽"四句,佽與柴韻,調與同韻,蓋調、同雙聲卽所謂雙聲亦韻者。故離騷"勉升降以上下兮,求榘矱之所同,湯、禹嚴而求合兮,摯、咎繇而能調",東方朔七諫,"恐矩矱之不同,恐操行之不調",皆以調、同爲韻,江氏謂調、同非韻,屈、方誤效,段氏音均表已辨之。孔氏詩聲類又引韓非子揚榷篇,"君操其名,臣效其形,形名參同,上下和調"爲證,並足正其失。　俞正燮癸巳類稾七廿九。有書是書後云:"楚詞天問云:'勳闔夢生,少離散亡,何壯武厲,能流厥嚴',嚴蓋莊字,漢人所寫改。管子內業篇云:'泉之不涸,四體乃固,泉之不竭,九竅遂通',心術下篇云:'泉之不竭,表裏遂通,泉之不涸,四肢堅固',通是徹字,漢人傳寫,亦不依韻也。古韻標準云:'因殷武詩嚴、遑連用,屈原遂以嚴、亡爲韻',殆不然矣。離騷云:'求矩矱之所同,摯、皋陶而能調',七諫云:'恐矩矱之不同,恐操行之不調',同、調雙聲,卽韻也。古韻標準云:'因詩弓矢既調射矢既同而誤',古人韻文,取其耳順,後人始分韻部耳。迨語音遞變,始取古韻學之,古人無是也。"　張行孚說文發疑云:"方音由雙聲而轉,江氏以東、冬、鍾、江自爲一部,蕭、宵、肴、豪自爲一部,尤、侯、幽自爲一部，而又不以入聲合平、上、去三聲分部。且謂字固有定音，而方音脣吻稍轉不無微異，古今皆然，審定正音，乃能辨别方音，其說皆塙不可易。然支、脂、之與魚、虞、模無雙聲，而江氏分爲二部，則賓之初筵之呶與僛、郵爲韻，緜之膴與飴、謀、龜、時、兹爲韻，不可通矣。案既無雙聲，又不謂之同部，則同部不同部仍無界限。眞、諄、臻、文與耕、淸、靑、蒸、登、侵無雙聲，而江氏分爲四部，則小戎之音與膺、弓、縢、興爲韻，閟宮之緅與增、膺、懲爲韻，白華之薪、人與烘、心爲韻，雲漢之人、臻與牲、聽爲韻，大明之興與林、心爲韻，不可通矣。則江氏於本音雙聲之辨猶有未覈也。”陳漢章謹案：張氏說文審音止分七部，較顧氏、苗氏更少，故與江不合。

小學類存目

小爾雅一卷

然亦時有舛迕，如廣量云："豆四謂之區，區四謂之釜"，本諸春秋傳"四升爲豆各自其四以登於釜"之文。下云："釜二有半謂之藪"，與儀禮十六斗曰藪合。其下又云："藪二有半謂之缶，缶二謂之鍾"，則實八斛，乃春秋傳所謂陳氏新量，非齊舊量六斛四斗之鍾，是豆、區、釜用舊量，鍾則用新量也。廣衡曰："兩有半曰捷，倍捷曰舉，倍舉曰鋝"，公羊傳疏引賈逵稱俗儒以鋝重六兩者，蓋即指此，使漢代小學遺書果有此語，逵必不以俗儒目之矣。他如謂鵠中者謂之正，則併正鵠之名不辨，謂四尺謂之仞，則考工記澮深二仞與洫深八尺無異矣。漢儒說經，皆不援及，迨杜預注左傳始稍見徵引，明是書漢末晚出，至晉始行，非漢志所稱之舊本。

戴震東原集書是書後云："小爾雅一卷，大致後人皮傅掇拾而成，非古小學遺書也。廣量曰：'豆四謂之區，區四謂之釜'，本春秋傳四升爲豆各自其四以登於釜之文。'釜二有半謂之籔'，本聘禮記十六斗曰籔。'籔二有半謂之缶'，此句無本，'缶二謂之鍾'，所謂'陳氏新量皆登一焉，鍾乃大矣'者，齊舊量蓋先王之制，區斗六升，釜六斗四升，鍾六斛四斗，陳氏從而詭更之，釜登一區則八斗，區登一豆則二斗，豆登一升則五升而鍾實八斛，玆用舊量之豆、區、釜，用新量之鍾，兩法雜施，顯相剌謬。廣衡曰：'兩有半曰捷，倍捷曰舉'，皆於古無本。'倍舉曰鋝'，賈景伯所稱俗儒以鋝重六兩是也，不稽古訓，故目之曰俗儒云爾。"玉縉案：提要此則蓋出震手，故與書後大略相同，實則舊量無鍾，當有脫文。其缶、捷、舉之名必有所本，特今無從取證耳，爾雅似此者多矣，何獨於小爾雅而疑之。賈逵所稱俗儒，乃斥今文尚書歐陽、夏侯說，馬融以爲近是，鄭玄注尚書大傳云："死罪出鐵三百七十五斤"，亦即六兩之說，段玉裁撰異、孫星衍今古文注疏諸書言之，是此說鄭亦不廢也。宋翔鳳訓纂云："小爾雅不出於師授，故賈逵以爲俗儒"，此語尚未盡覈。胡承珙義證云："賈逵習古文者，所云俗儒，猶言今儒，非雅俗之謂也。"宋翔鳳小爾雅訓纂云："中興書目，小爾雅一卷，孔鮒撰，十三章，見玉海四十四。案宋室南渡，古籍淩夷，李軌之書已不傳，當時録館閣書，從孔叢采出此篇，故自後録小爾雅者，並以爲孔鮒所撰，此作僞之徒，捃拾以入孔叢而依託於鮒，撰人名氏，其實不可究知。李軌所解，自不無王肅輩竄定，然尚是漢代孝經家相傳之本，故唐以前無一人以爲孔鮒撰小爾雅者。至分爲十三章，不與爾雅相應，疑本爲一篇，李氏作注，析其章段，然其來已久，姑依其舊。今單行小爾雅注文，悉與孔叢注合，孔叢注係宋嘉祐中宋咸所作，據玉海及李濂孔叢序可知。” 又云：“嘗考七略有小爾雅一篇，蓋爾雅之流別，經學之餘裔也，説詩者毛氏，説禮者鄭仲師氏、馬季長氏，往往合焉。晉李軌作小爾雅略解，傳於唐世，書並單行，故隋、唐諸志並著李軌解，而不著撰小爾雅者名氏，顔注漢書，此亦蓋闕。蓋是書出西京之初，儒者相傳，以求佔畢之正名，輔奇觚之絶誼，則其來已古矣。迭更五季，玆書遂佚，晚晉之人，僞造孔叢書，嘗剌取以入其書，宋人寫館閣書者又就孔叢以録出之，當代書目遂題爲孔鮒所撰，而李軌之解不傳，則唐以前之元本不可復見。今既采自僞書，定多竄亂，根株粗究，涇、渭易明，若夫條分縷晰，舉此證彼，兩漢諸儒，門戶不隔，烏可不知其同異考斯雅訓乎？今之爲康成學者，恆謗譏此書，以爲不合鄭君，同乎俗説，然還案詩、禮，乃鄭君之改易古文，非小爾雅之偭違經義，據其後以疑其前，明者之所不取也。漢之經師，咸有家法，唯有小學，義在博通，就今所傳揚子雲、劉成國、張稚讓諸家之作，多資旁采，尟獲所宗，比之墨守，殆有殊涂。至於此書，則依循古文，罕見湊雜，櫽括以就，源流合一，故中壘之錄，蘭臺之志，入於孝經一家，而不從小學之例，斯其足以貴寶者矣。”玉縉案：不無王肅輩竄定，蓋專指小爾雅一篇，晚晉人僞造，則專指孔叢也。訓纂載佚文九則。

說文解字五音韻譜十卷

燾字仁父，桯史云：一字子眞，號巽巖。

案一字仲仁，見楊誠齋集謝謂墓碑。

續千文一卷

良器里貫未詳。

瞿氏目錄有鈔本，云：“良器名瑋，以字行，長洲人。宋皇祐元年進士，葛剛正重續千文注作二年，此據盧熊府志。”陸氏儀顧堂續跋云：“趙希弁‘續千文一卷，侍其瑗字良器所著也’云云，愚案：良器名瑗，一作瑋，長洲人。漢廣野君之裔，賜氏食其，後有仕武帝爲侍中者，因又合官與氏而稱侍其。家世以武顯，祖憲，始自建業遷長洲，良器獨習儒學，皇祐二年進士，累知建德、固始、永豐縣，通判全州，擢化州，移知池州，致仕，見葛勝仲丹陽集侍其公墓誌。”玉縉案：是書葛序作皇祐元年。

四聲篇海十五卷

道昇序稱泰和八年，歲在強圉、單閼。考泰和八年乃戊辰，而曰強圉、單閼則丁卯矣。較諸他本，多五音類聚。

陸氏藏書志有明刊本改併五音類聚四聲篇海十五卷，並載道昇序云：“時泰和八年，歲在強圉、單閼”，然中有“泰和戊辰”，有“先生次男韓道昭字伯暉，搜尋旨範，考校前規"語，則改併在八年，道昇序安得在七年乎？當是誤記爾雅。

六書泝源十二卷

瞿氏目錄有元刊本六書統泝源，云："各家書目俱曰六書泝源，原本有統字。"

增修復古編四卷

所分諸部，皆以俗音變古法，而所載諸字，又皆以古文繩今體。其拘者如童子必從人作僮之類，率滯礙而不可行，其濫者如仝字之類，引及道書，又蕪雜而不盡確。所分六書，尤多舛誤，如艘字爲國名，孫字爲人姓，階字訓等差，賓字訓客，環字訓繞之類，皆謂之假借，則天下幾無正字矣。其書自平聲至入聲首尾完具，而每韻皆題曰上卷，殆尙有下卷而佚之？

張氏藏書志有明初刊本增修復古編二卷，云："卷上分子卷三，卷下分子卷二"，並載張美和序云："吾友吳氏仲平，取張氏之書，一以說文爲主，詳加校正，增補凡若干字。而又旁閱諸家，若戴侗之六書故，鄭樵之六書略，林罕之偏傍小說，倪鏜之韻釋，周伯琦之字原正譌，趙撝謙之六書本義，取其有合於古可以發明是書之恉者，則附注於下，別立凡例圖說，以就此編，於是形聲、意事、轉借之六義備焉。"玉縉案：其書采及六書本義，則均當爲元末明初人。鄭翼謹案：吳均字平仲，臨川人。洪武末與莆田朱繼、三山鄭觀同寓瓊州，從學於趙撝謙，俱擢高第，見廣東通志三百二十七。

從古正文五卷

案千頃堂書目作六卷，讀書敏求記作一卷，吳氏拜經樓藏書題跋記有舊刻本六卷，云："與千頃堂書目所載卷數同，此云一卷，疑誤。"玉縉案：敏求記一固爲六之誤，提要所見本五卷，殆隆、萬間本，非天順原本歟？

六書賦音義三卷

丁氏藏書志有萬曆刊本二十卷，云："其第八十四部末，題序及音義字三十六萬六千餘字，撵藩司吏吉禎書一條。"據此，則似非三卷所能容，三當爲二十之誤。

廣金石韻府五卷

乃因明朱時望金石韻府而作。

丁氏藏書志有朱雲金石韻府五卷，是時望乃朱之字，提要之例當稱名。蓋未見此書，故四庫亦未著錄。

黃公說字無卷數

景星字黃公。

盧弼四庫湖北先正遺書札記云："案湖北通志，黃公說字一百卷，存目原注湖北巡撫采進本，無卷數。小學考云：'四庫全書目一卷，'誤也，喻文鏊湖北先賢學行略稱爲黃公說字記，卷凡一百三十，亦誤，書實一百卷，黃公原稾本並自繕正本，皆見存武昌柯氏息園。其書先列篆文，次以今隸，而著其義說，意在明偏旁點畫嬗變源流，以正廖氏正字通之謬誤，雖未盡綜覈，要爲宏著矣。"

聲韻源流考

斯同有廟制圖考已著錄。

案圖考在後政書類，當將字里移於此書下。

四聲切韻表一卷

永作古韻標準，知不以今韻定古韻，獨於此書，乃以古韻定今韻，亦可謂不充其類矣。

粤雅堂本伍崇曜跋云："阮文達國史儒林傳稾、江鄭堂漢學師承記均作四卷，蓋誤。提要謂'先生作古韻標準，知不以今韻定古韻，獨於此書乃以古韻定今韻'云云，考錢辛楣十駕齋養新餘錄古今音異一條，稱：'聲音與時變易，未易更僕，論古音四聲者，以緝、合、盍、葉、帖、狎、業、乏爲侵、覃、談、鹽、添、咸、銜、嚴、凡之入聲，今以古音求之，亦有未盡協者'云云。又'古音有入聲，唯支、脂、之、微、齊、佳、灰、咍、魚、虞、模、蕭、宵、爻、豪、麻、尤、侯、幽，此外旦、泛、厭、奄、兼、占等字偶有入聲'云云。善乎王西莊十七史商榷云：'聲音文字，學之門也，隨時而變，此勢所必至，聖人亦不能背時而復古。'然是書論古法七音、三十母不可增減移易，最爲有見，亦談古韻者必不可缺之書也。"